AN
GUIDE BOOK BY A PSYCHIATRIST
IDEAL LIFE

擁抱健康幸福人生，精神科醫師建議的
理想生活指南圖鑑

樺澤紫苑

賴郁婷 譯

前言

你現在過得幸福嗎？
有活出自我嗎？
每天都過得開心嗎？
臉上隨時都掛著笑容嗎？

「不，我一點都不幸福，也活得不像自己。日子每一天都過得好辛苦、好痛苦，我已經忘了自己最近一次開懷大笑是什麼時候了……」
這樣的你，是不是也曾經想過「我想要過不一樣的生活，不想再這樣下去了」？

「我想要過不一樣的生活」。
這應該是很多人的心聲吧。
其實以前我也曾經有過這種念頭。
那是我在美國伊利諾大學留學進行研究的時候，時間從 2004 年（當時我 39 歲）起，一共長達 3 年。

那段留學生涯帶給我相當大的震撼，因為我身邊的美國人大家都過著「屬於自己」的生活方式，把自己和家人擺在第一，然後才是工作。這對他們來說就像呼吸一樣理所當然，而且他們總是隨時掛著笑容，處處替人著想，把日子過得既開心又幸福。

在結束留學、回到日本的前夕，我開始思考自己的人生：「回國之後我要做什麼？」
在到美國之前，我是個精神科的住院醫師，在北海道的某家地方醫院工作。我的生活每天除了看診、寫報告，剩下的就是讀論文和寫論文，除此之外週末還要巡病房，有時候半夜還會被叫去處理緊急病人。雖然這

是一份有意義的工作，可是要說自己每天過得很開心、很滿足，其實並沒有。事實上，當時忙碌的工作所帶來的沉重壓力，甚至讓我一度罹患「突發性耳聾」，差點失去聽力。

「我不想再回到以前那種每天忙到不可開交的日子，我要像在美國認識的那些人一樣活出自我，用笑容迎接每一天。」

於是我開始思考，有什麼是「熱愛閱讀和寫文章的自己」可以做的事？最後，我決定辭掉醫生的工作投入寫作，成為一個作家。

之後，我為自己立下幾個目標，包括「自由運用自己的時間」、「每天睡滿8小時，每週運動2～3次」、「透過情報的分享，提倡預防精神疾病的重要性」等。截至今日，我仍舊每天發行電子報，時間已經長達15年以上。除此之外，我也連續10年每日更新YouTube頻道，還寫了44本書，銷售量累計260萬冊，成功躋身暢銷作家之列。如今我已經57歲了，身體狀況還非常健康，甚至活力和體力都比30幾歲當醫生時還要充沛，生活快樂，每天都過得很開心。

我希望此刻覺得自己「生活一點也不快樂」、「沒有活出自我」的人，大家都能像我一樣，藉由改變生活方式找到快樂的幸福人生，活出自我。這就是我決定寫這本《擁抱健康幸福人生，精神科醫師建議的理想生活指南圖鑑》的初衷。

我從事精神科醫生的工作已經30年以上，也在YouTube上回答過7800多個觀眾的提問。我從這些經驗中，整理出了47個生活基本知識，彙整成這本書的內容，包括「今後應該養成哪些生活習慣，才能為自己提升幸福感？」「今後應該在哪些方面做好節制，才能擁有健康的身體？」「今後該如何改變自我想法，才能提升工作效率？」等。

各位只要把這些知識落實在每天的生活當中，你的人生肯定會開始朝著幸福的方向前進。

這本《擁抱健康幸福人生，精神科醫師建議的理想生活指南圖鑑》可以說是我至今所有著作的「內容總整理」。更正確的說法是，這些不單單只是「總整理」，更是引領各位成功應對「今後時代」最適合、最先進的全新知識。這 47 個生活基本知識，每落實一個，距離擁抱活出自我、每天幸福快樂、充滿笑容的人生就會更近一步，這一點絕對毫無疑問。

既然是「圖鑑」，所以每一篇都附上了插圖，可以幫助各位快速掌握重點，而且日後再重新翻閱時，看到插圖就能馬上回想起內容。沒有時間細讀文字內容的時候，不妨可以參考這種方法。

本書內容除了 47 個生活基本知識以外，還有從電影和新聞、休閒娛樂等不同角度來思考「今後時代生活方式」的「今後生活之道」，以及內容稍微輕鬆一點的「column」。希望各位可以一一細讀這些內容，並且在生活中實踐，找到適合自己的「今後時代的生活方式」。

人生沒有「為時已晚」這種事，不管幾歲、經歷過什麼樣的生活，每個人都可以從現在開始重新展開全新的人生。

衷心期望各位可以將這本書當成人生路上一位為自己提供建議和協助的好夥伴。

2023 年 7 月
樺澤紫苑

擁抱健康幸福人生，精神科醫師建議的理想生活指南圖鑑◆目次

前言 2

第1章 今後時代「掌握更多幸福」的生活方式 11

【01】從現在開始，用感恩的心情看待財富 12
【02】從現在開始，嘗試挑戰「小有難度」的事情 16
【03】從現在開始，給自己一點非尋常的挑戰① 20
【04】從現在開始，給自己一點非尋常的挑戰② 24
【05】從現在開始，嘗試不花金錢和時間的休閒活動 28

休閒娛樂中的「今後生活之道」❶
提升露營樂趣的 5 種方法 32

【06】從現在開始，練習當個收納達人 36
【07】從現在開始，嘗試養植物或是小寵物 40
column 從腦科學談貓的療癒效果 45
【08】現在開始，強化與另一半的感情連結 48
column 遇到喜歡的人應該「勇敢告白」的 6 大理由 54
【09】從現在開始，期許自己退而不休 60
column 晨間散步的好處 65

第 2 章 今後時代「提升自我成長」的習慣 67

【10】從現在開始,當個「行動派」的人 68
【11】從現在開始,把「腦效能」看得比「時間效益」重要 72
【12】從現在開始,練習快速做決定 76

日常中的「今後生活之道」
樺澤的「7 大工具」大公開！ 79

【13】從現在開始,常懷感恩與親切 84

column 讓過度活躍的杏仁核恢復冷靜的 4 個方法 88

【14】從現在開始,讓目標達成率飛速提升 90
【15】從現在開始,善用「追加的效果」 94
【16】從現在開始,當個「貼心周到的人」 98
【17】從現在開始,提升危機應能力 102
【18】從現在開始,看完書之後一定要有所行動 106
【19】從現在開始,磨練自己的「說明力」 110

電影中的「今後生活之道」❶
擅用「非語言溝通」的 3 大方法 115

【20】從現在開始,磨練自己的「辯駁力」 120
【21】從現在開始,別被工作忙碌的壓力擊垮 124

工作中的「今後生活之道」❶
快速提升工作效率的祕訣 128

【22】從現在開始,善用「15 分鐘的空檔時間」 132

體驗中的「今後生活之道」
利用「空檔時間」讓出差好玩 100 倍的方法 136

【23】從現在開始,練習克服上台的緊張,展現從容不迫的態度 140

新聞中「今後生活之道」❶
聰明善用 AI,讓未來變得更美好 143

第3章 今後時代「有助於提升自己和他人」的工作態度　149

【24】從現在開始，不必汲汲營營於職場上的人際關係　150

工作中的「今後生活之道」❷
讓「反對星人」成為夥伴的方法　155

【25】從現在開始，把「調派和人事異動」當成是「重建人際關係的機會」　160

電影中的「今後生活之道」❷
透過自我揭露，建立更密切的人際關係　165

【26】從現在開始，把閒聊當成重要的事情看待　170

column 「讓人難以開口的職場」最容易發生狀況　174

【27】從現在開始，培養受員工信賴的領導能力　176

column 北風動機與太陽動機　180

【28】從現在開始，讓團隊變得更強大　182

新聞中的「今後生活之道」❷
從精神科醫生的觀點解析日本武士隊　187

【29】從現在開始，跟下屬建立良好關係　192

工作中的「今後生活之道」❸
工作頻頻出包可能是精神疾病的徵兆？！　197

第4章 今後時代「穩定情緒」的生活習慣 203

【30】從現在開始，快速甩掉煩惱 204

column 無盡隧道理論 208

【31】從現在開始，把「煩惱轉換成語言」 210

【32】從現在開始，不要小看了五月病 214

【33】從現在開始，不再說人壞話 220

【34】從現在開始，思考「B計畫」 228

【35】從現在開始，小心預防大腦疲勞 232

新聞中的「今後生活之道」❸
為什麼會不想拿下口罩？ 237

【36】從現在開始，適度地「宣洩壓力」 242

電影中的「今後生活之道」❸
如何抑制不斷上升的孩童自殺率？ 246

電影中的「今後生活之道」❹
痛苦的時候就好好大哭一場 250

【37】從現在開始，不要覺得「自己絕對不會被騙」 254

【38】從現在開始，小心成癮症 258

休閒娛樂中的「今後生活之道」❷
露營對心理層面帶來的絕佳效果 262

column 消除對精神疾病的偏見 265

第5章 今後時代「擁抱健康」的生活 269

【39】從現在開始,適量飲酒不酗酒　270
【40】從現在開始,透過優質睡眠改善自律神經　274
【41】從現在開始,為延長健康壽命努力　280
【42】從現在開始,透過睡眠和運動預防阿茲海默症　286

數字中的「今後生活之道」
早期發現失智症的 5 大警訊　291

【43】從現在開始,好好吃早餐　296
【44】從現在開始,有意識地攝取微量營養素　302

column　炸雞能消除「疲勞」?!　307

【45】從現在開始,學習無痛瘦身法　310
【46】從現在開始,做好糖尿病的預防　314
【47】從現在開始,「睡前 90 分鐘」泡澡　318

column　我成為精神科醫生的原因　322

擁抱健康幸福人生的 8 個方法　326

結語──對於 10 年後、20 年後,只有充滿期待的心情　330

內文排版設計：石川直美
內文插圖：浜本ひろし

第1章

今後時代

「掌握更多幸福」

的生活方式

01 從現在開始，用感恩的心情看待財富

2015 年諾貝爾經濟學獎得主，普林斯頓大學的安格斯・迪頓教授（Angus Deaton）發表過一份相當知名的研究報告。

這個研究是透過「正向情緒」、「不憂鬱」、「沒有壓力」等三個指標，觀察收入（年收入）與幸福感的關係。

研究結果發現，年收入超過 4 萬美元（以當時的匯率來換算，大約是 400 萬日圓）之後，幸福感會隨著年收入的增加而等比例上升。

但是，當年收入超過 600 萬日圓之後，幸福感上升的幅度會開始漸漸趨緩；當年收入高於 800 萬日圓，這時候就算增加再多的財富，也不會感到更快樂。

也就是說，這份研究結果告訴我們，**當年收入從 200 萬日圓倍增到 400 萬日圓，會給人帶來極大的幸福感。可是年收入一旦高於 800 萬日圓之後，就算倍增到 1600 萬日圓，也不會因此感到更幸福。**

為什麼會這樣呢？讓我們一起來思考財富與幸福的關係。

關係①：「財富」帶來的幸福感只是曇花一現

一份針對彩券高額獎金得主的調查顯示，中獎帶來的幸福感，頂多只會維持 2 個月。

也有研究進一步發現，2 個月過後，中獎者的幸福感會變得「跟一般人一樣」，甚至「更低」。換言之，**「財富」帶來的幸福感會在短時間內消失，無法長久。**

獲得財富、成功、地位或是榮譽時，我們的大腦會分泌一種叫做

多巴胺幸福 和 催產素幸福

獲得「多巴胺幸福」的時候

10億日圓／中頭彩／考滿分 100分／運動比賽拿冠軍（銀 金 銅）

⇒ **幸福感只會短暫維持**

獲得「催產素幸福」的時候

抱嬰兒／開心聊天／從事志工活動

⇒ **幸福感不會消失**

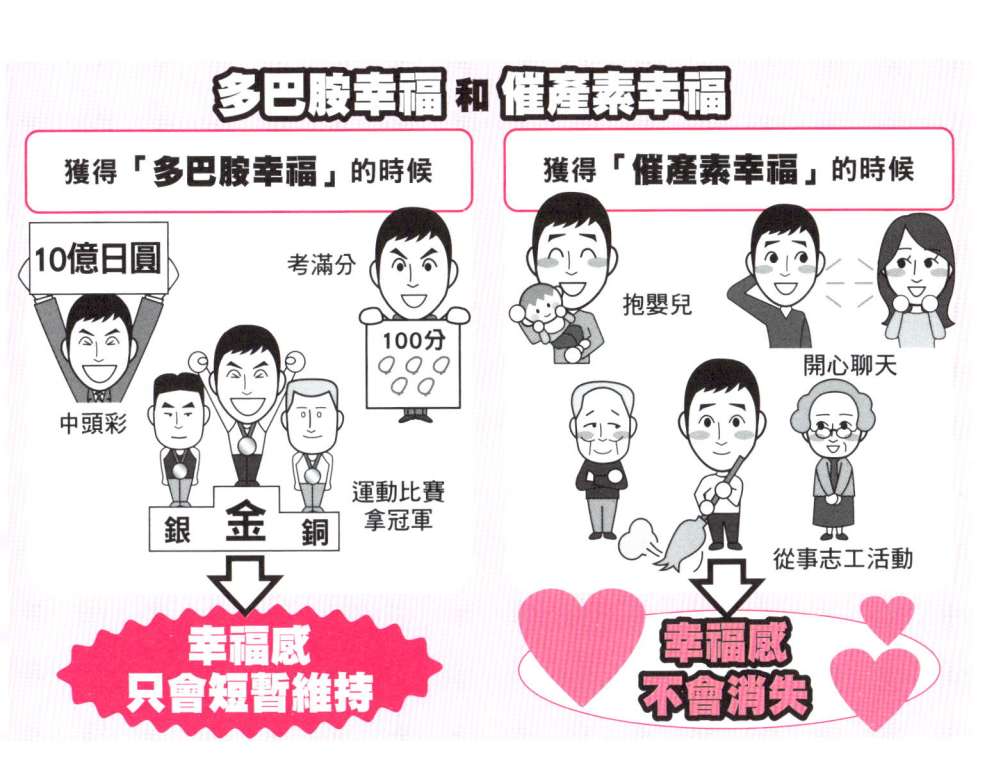

多巴胺的神經傳導物質，使人感到幸福。

公司的大型專案大獲成功！彩券中獎！考 100 分！在運動會上拿到冠軍！這些讓人忍不住大聲歡呼「太棒了！」的幸福感，我稱之為**「多巴胺幸福」**。

多巴胺又被稱為「幸福荷爾蒙」，分泌時會給人帶來非常大的「快樂」和「幸福感」。然而，**這種多巴胺幸福頂多只能維持 2～3 個月。**

這是因為多巴胺會讓人產生「渴望擁有更多」的念頭。薪水從 20 萬日圓增加到 30 萬日圓雖然很開心，可是要不了多久就麻痺了，接著想要 40 萬、50 萬，然後是 100 萬⋯⋯不斷追求更高的收入。

可是，不論收入再怎麼增加，也只會帶來短短幾個月的幸福感，最後讓人掉進「渴望擁有更多」的無底洞裡，永遠得不到長久的幸福。

關係②：「催產素幸福」不會變質或是消失

讀到這裡，很多人可能會感到失望，覺得賺再多錢也不會幸福……事實上，大家先別急著灰心。

確實，多巴胺幸福是一種很容易逐漸減少（價值漸漸消失）的幸福，不過，同樣是幸福，也有一種是「不會遞減、不容易消失的幸福」。

那就是**「催產素幸福」**。

各位想像一下抱著嬰兒的感覺。

嬰兒給人的印象通常是可愛、溫暖，所以抱著嬰兒會讓人有滿滿的幸福感，就算隔天再抱、抱上 100 次，還是覺得很可愛。

抱著嬰兒的時候，我們的大腦分泌的腦部神經傳導物質叫做催產素。催產素通常會在跟人有親密接觸或是身體接觸、愉快地聊天、幫助他人、從事志工活動等時候分泌，會使心跳恢復平穩，讓人感到放鬆，還有提升免疫力的作用。跟人聊天之所以會覺得開心，也是催產素的作用。

這種跟「聯繫」和「愛」有關的幸福，我稱之為**「催產素幸福」**。催產素幸福是一種不會遞減消失，而且也不容易出現變質的幸福。

關係③：「財富」結合「感謝」會帶來更大的幸福

多巴胺幸福很容易就會消失不見，但是只要結合催產素幸福，這種幸福感便能長久維持，不會遞減或是消失。

熱心助人、對人心存感恩，也會刺激催產素分泌。從這個角度來思考，我們應該改變看待財富的心態。

也就是說，**懷著「感恩」的心情面對財富，可以為我們帶來催產素幸福**。

用一般常見的心態看待財富的人,只會得到多巴胺幸福,卻忘了「金錢的可貴」和「金錢的重要性」,變成一個只會追求財富,「渴望擁有更多」的守財奴。這類型的人,要不就是因為害怕財富減少而變得一毛不拔,要不就是因為揮霍無度或是投資失利,為了追求致富而被騙,到最後財產盡失。

但是,如果用感恩的心情來看待財富呢?舉例來說,一個懂得對金錢感恩的業務員在成功賣出商品的時候,除了「開心賺到錢」之外,心裡也會萌生許多感謝,包括「謝謝向自己購買商品的顧客」、「謝謝所有同事」、「謝謝提供協助的工作夥伴」等。

■更多的「感恩」,讓幸福感更長久

成功賣出 1 萬日圓的商品時,不懂感恩的人所感受到的「開心」,充其量不過只是「100% 的多巴胺幸福」。

但是,**如果知道自己的成功是因為有顧客、同事、客戶、工作夥伴等身邊許多人的協助,懂得心懷感恩,這份「開心」的心情,就會變成「70% 的催產素幸福+ 30% 的多巴胺幸福」。**

換言之,感恩的態度會讓金錢帶來的幸福不僅變得更強烈,而且還更長久。

02 從現在開始，嘗試挑戰「小有難度」的事情

我曾經在伊豆高原的斷食道場進行了一星期的斷食。

雖說是斷食，不過也不是什麼都不吃，只有一開始的前3天不吃固體食物，從第4天開始就會吃點糙米粥等恢復食。

雖然在這之前我已經有過兩次斷食的經驗，不過唯獨那一次最難熬，尤其第3天和第4天感覺最痛苦。

一早起床就覺得整個人全身無力，走起路來彷彿重力多了一倍，爬樓梯也很困難。腦袋也一片空白，無法思考，對所有事情都提不起勁。

可是什麼事都不做反而更痛苦，所以早上6點半起床之後，我先做了瑜伽，接著又去晨間散步，藉此轉移注意力。

就這樣，到了第5天左右，感覺身體漸漸變得輕鬆，動作比以前輕快，腳步也更輕盈了。這時候，我感覺從體內湧現一股「再堅持一下！」的力量。

一星期之後的成果如何呢？

我一共瘦了4.2公斤，體脂肪減少2.7%，肥胖程度的指標BMI（Body Mass Index，肥胖指數）降低至26.1。以BMI25以上屬於「肥胖」來看，我只要再稍微努力就能擺脫肥胖，沒有什麼比這更讓我開心了。

結束斷食之後，我內心充滿「成功熬過來了！」的成就感和滿足，身體和心理都感到無比輕鬆，充滿幹勁準備迎接隔天開始的工作，而且感覺到強烈的幸福感。

經歷過辛苦煎熬之後，緊跟著得到的是「鬥志」和「幸福感」。在這裡，我們先從大腦的運作機制來思考。

大腦運作機制①：登頂效果

在斷食的過程中，雖然覺得「好累」、「好痛苦」、「撐不下去了！」，可是幾天之後卻得到滿滿的成就感和幸福感，甚至覺得「其實也沒有那麼難熬」，這之間的轉變連我自己都覺得不可思議。

在挑戰過程中所經歷的痛苦，會在成功的瞬間全部消失，換來的是無比的成就感和幸福感。這種心情就像爬山成功登頂一樣，因此我稱之為「登頂效果」。

出現「登頂效果」的時候，大腦當下所分泌的物質，正是和幸福有關的多巴胺。

大腦運作機制②：舒適區

舒適區（Comfort Zone）指的是一個人平時活動的場所和區域，以及經常往來的人們，簡單來說就是自己能感到安心的「舒適領域」。 舒適區以外有「學習區」（Learning Zone），最外側還有所謂的「危險區」（Danger Zone）（請參照 19 頁圖表）。

假設有個人成功跳過 5 層跳箱，適合他下一次挑戰的高度，應該是 6 層跳箱。如果一下子就挑戰 8 層，當然不會成功，而且還有可能會跌倒受傷。

以這個例子來說，6 層的跳箱就是學習區，8 層則是危險區。

說到挑戰，很多人想到的其實都屬於危險區的範圍，所以會感到擔心害怕，覺得「好難」、「我辦不到」、「萬一失敗了怎麼辦」。

人在擔心害怕的時候，大腦裡的「警報裝置」杏仁核會產生興奮反應，刺激正腎上腺素這種神經傳導物質的分泌。

正腎上腺素會促使人做出「戰鬥」或「逃跑」的反應，當正腎上腺素分泌時，人會產生「想逃離現場」、「不想挑戰」的心情。相反地，有時候也會讓人為了逃離當下的困境而做出戰鬥的反應。也就是說，正腎上腺

素會迫使我們的大腦做出「戰鬥」或是「逃跑」的判斷。

很多人都「害怕失敗」、「害怕挑戰」，可是另一方面又抱怨「沒有什麼好玩的事」、「每天的生活一成不變，好無趣」。

抱怨歸抱怨，可是一旦被交付全新的任務時，心裡又開始擔心害怕，正腎上腺素的分泌開始增加。這就是為什麼大部分的人害怕踏出舒適區的原因。

只不過，**如果永遠不採取行動，幸福物質多巴胺便無法分泌**。因此，我將「多巴胺帶來的幸福」稱為**「Do 的幸福」**。

換言之，想要體會充滿成就感的幸福，必須靠自己主動採取行動（＝Do），也就是強迫自己踏出舒適區以外。

大腦運作機制③：大腦喜歡「小有難度」的事情

說到挑戰，大部分的人都會把目標設定得太難，像是跳過 5 層跳箱之後，一口氣就想挑戰 8 層跳箱。

這時候應該把難度稍微降低，以成功跳過學習區的 6 層跳箱為目標才對。像這種稍微努力一下就有可能成功的「小挑戰」，比較不會讓人心生畏怯，也不會害怕失敗，反而會覺得「有挑戰性」而躍躍欲試。

這種「努力一下就有可能成功」的事情，我稱之為**「小有難度」**的事情。

研究發現，挑戰「小有難度」的目標或是任務，會刺激多巴胺大量分泌。幸福物質多巴胺是一種跟學習有關的神經傳導物質，大量分泌能有助於提高幹勁、專注力和工作效率，還能提升記憶力，使學習變得更有效率。

換句話說，只要給自己小有難度的挑戰，大腦就能隨時體驗到「登頂效果」，達到刺激多巴胺分泌的目的。

應該踏出舒適區到什麼程度？

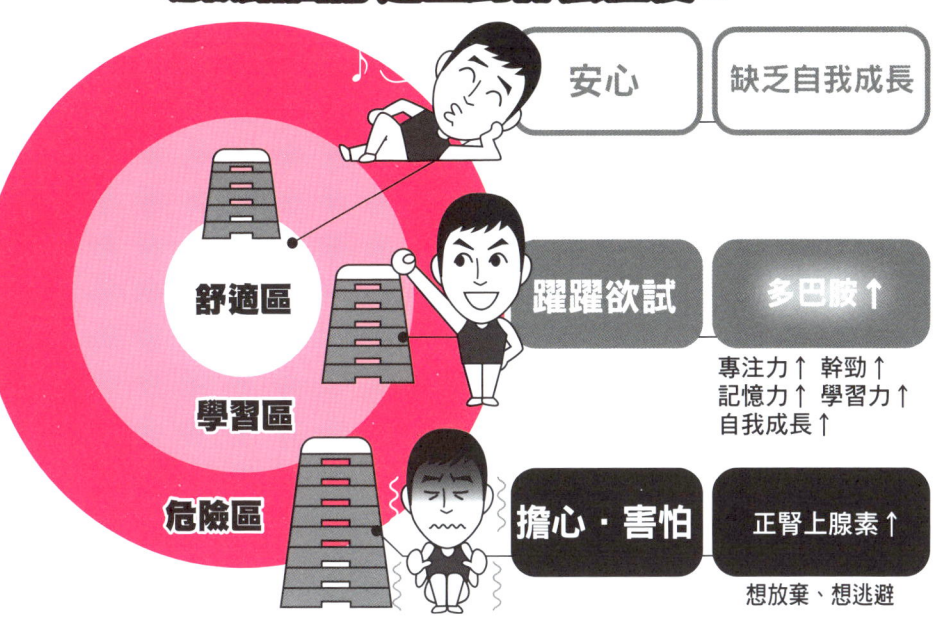

- 舒適區 → 安心 / 缺乏自我成長
- 學習區 → 躍躍欲試 / 多巴胺↑
  - 專注力↑　幹勁↑
  - 記憶力↑　學習力↑
  - 自我成長↑
- 危險區 → 擔心・害怕 / 正腎上腺素↑
  - 想放棄、想逃避

從今天開始，給自己一點全新的小挑戰吧。

試著踏出自己的舒適區。

只要這麼做，每個人都可以揮別無趣的生活，獲得伴隨著成就感、幸福感和刺激的幸福，而且即刻就能擁有。

主動採取行動，主動迎接小挑戰，主動放手去做。只要這麼一點小動作，就能為一成不變的生活創造更多「快樂」。

03 從現在開始，給自己一點非尋常的挑戰①

　　56 歲那一年的秋天，我花了 6 天的時間，完成了從東京到伊勢神宮，總長 370 公里的自行車之旅。

　　我在大學時代就曾經騎自行車環遊日本一周，不過從那之後就再也沒有碰過自行車了，空窗期長達有 30 年之久，所以在挑戰之前，老實說我的心裡也充滿不安。沒想到最後我能順利成功騎完全程，心裡的滿足感和成就感實在無可比擬！

　　這一趟自行車之旅，讓我透過非尋常的挑戰，獲得了許多收穫。其中我想跟大家分享 5 個適用於日常生活和工作上的新發現。

發現①：行動能趕跑不安的情緒

　　我之所以決定要挑戰騎自行車，是因為年過 55 歲之後，我發覺自己的體力似乎變得不如從前。

　　也就是說，這一趟自行車之旅的目的之一，就是為了瞭解現階段自己的體力，不對，應該是說意志力，究竟還剩下多少，並且重新找回自信心。最後，我真的成功騎完全程 370 公里（伊良湖至鳥羽一段搭乘渡輪）。完成挑戰所帶來的成就感和感動，可以說是一次難得的體驗。

　　透過這一次的經驗，我重新體認到，**不安的心情如果什麼都不做，只會愈變愈龐大，最後完全將自己吞噬**。因此，如果想要消除心裡的不安，最好的方法就是起身行動。

發現②：踏出舒適區才能看見自己飛躍式的成長

東京～伊勢神宮370公里完騎！

過程中發現的 **5** 大心得

① 行動能趕跑不安的情緒

② 踏出舒適區才能看見自己飛躍式的成長

③ 早上的3個小時，決定了一整天的效率

④ 每天確實消除疲勞，防止慢性疲勞發生

⑤ 嚴格做好「危險預防」

　　到陌生的環境體驗未曾做過的事情，可以讓自己擺脫日常生活的框架和包袱，進而面對真正的自己。

　　當我騎著自行車，徜徉在大自然的懷抱中，心裡不時有個聲音會告訴自己：「在意那些雞毛蒜皮的事情做什麼，還不如把心胸放大，想想更重要的事情。」旅行可以說是最好的機會，讓人跳脫舒適區，從一個不同於日常的陌生世界來客觀審視自我，進而達到飛躍式的成長。

發現③：早上的3個小時，決定了一天的效率

　　我曾在拙作《最強腦科學時間術》中提到：「早上起床之後的前3個小時，決定了接下來一整天的工作量。」這個說法在我這一次的自行車之旅中也獲得了驗證。也就是說，每天一早前3個小時的騎乘距離，決

定了接下來一整天的總距離。

　　早上前 3 個小時的體力通常都還不錯，可以稍微加快速度，多騎一點距離，就算是騎山路也不是問題。

　　到了中午過後，體力通常已所剩無幾，只能靠滑行來前進。尤其中午 12 點到 14 點這段時間是最熱的時候，會消耗大量的體力和水分，所以到了下午通常只能做 YouTube 直播或是觀光，不太會趕路。

　　第一天的經驗讓我重新體會到早上前 3 個小時的重要性，所以從第二天開始，我會利用早上專心拚速度和距離，盡量不浪費任何一點時間。

　　這個道理運用在工作上也是一樣，如何善用早上前 3 個小時或是中午之前的時間，決定了接下來一整天的工作效率。

　　如果可以要求自己「中午之前要完成 8 成的工作」，相信任何工作對你來說一定都能順利進展。

發現④：每天確實消除疲勞，防止慢性疲勞發生

　　很多人也許認為，每天騎 60 公里以上的自行車，還沒到終點，體力可能就已經耗盡，隔天累到動彈不得。事實上，我在抵達終點伊勢神宮時，體力上並沒有疲憊不堪的感覺，就算再騎個 3、4 天也沒有問題。這一點連我自己也覺得不可思議。

　　其實這是有祕訣的，方法就是**「當天的疲勞當天消除」**。

　　消除疲勞最有效的方法就是泡三溫暖。我是三溫暖的愛好者，恨不得每天都能泡三溫暖，所以這趟自行車之旅的前 3 天，我還特地為自己安排住在有三溫暖設施的飯店。後來只要住到有溫泉設施的旅館或是商旅，我也會進行「冷熱交替浴」，先泡溫泉浴，接著再以冷水淋浴。

　　冷熱交替浴是一種反覆以「42 度溫水浴」和「18 度冷水浴」交替進行的沐浴法，藉由溫水浴的「擴張血管作用」，以及冷水浴的「收縮血管作用」兩者不斷交替刺激下，達到促進血液循環的效果，像幫浦一樣將堆積在體內的疲勞物質沖走並排出體外，是許多專業運動員在比賽之後

用來消除身體疲勞的方法。

三溫暖通常是以冷泉來進行冷水浴，如果在沒有三溫暖的地方或是家裡，可以改用冷水淋浴來代替，方法是先泡 3 分鐘的溫水浴，接著再用冷水淋浴 30 秒，反覆進行數次。不過，我個人偏好的方式是**先泡「溫水浴」7～8 分鐘，接著「冷水淋浴」30 秒～ 1 分鐘，再「休息」3～5 分鐘，以此為一個循環，反覆進行 2～3 次**。這種方法比較接近三溫暖的效果，做完之後會感覺整個人神清氣爽、非常放鬆，全身的疲勞感獲得消除。

除此之外，我會確保每天的睡眠時間達到 8 小時以上，在飲食方面也會特別留意攝取維生素、礦物質和蛋白質，要求自己在飯店吃早餐一定要吃沙拉，確保攝取足夠的蔬菜。多虧了這些方法，讓我能以最佳的身體狀態來迎接每一天。

這些作法同樣適用於日常生活中。總之，想要保持身體的最佳狀態，祕訣就是不要把疲勞帶到隔天。

發現⑤：嚴格做好「危險預防」

騎自行車是一項具有危險性的運動，騎在汽車旁邊時，萬一龍頭不小心失控偏移，就可能造成車禍。另外像是下雨天騎車視線不良，煞車反應也較不靈敏，這些都是必須小心注意的地方。

這趟旅程的第一天就發生了類似的事件，當時我騎在隧道裡，為了閃避路邊的寶特瓶，一個不小心龍頭失控，整個人就摔車了。

我明白一切都是咎由自取，因為我心想反正隧道不長，很快就能通過，所以沒開頭燈，以至於看到路邊的寶特瓶時，已經來不及閃避。

幸好當時後方沒有來車，我只有受到一點擦傷。假使當時一輛卡車從後方經過……我光是想像就覺得頭皮發麻。

我為自己的疏忽深刻反省，警惕自己：「**一有鬆懈，危險隨時會發生。**」

面對工作也是一樣，若是疏於「危險預防」，可是會得到慘痛的教訓。

04 從現在開始，給自己一點非尋常的挑戰②

成功挑戰完自行車之旅回來之後，意外地得到很多人的迴響，連我自己也嚇了一跳，大家都跟我說「你的體力真好」、「你的意志力實在太驚人了」、「你的經驗給了我很大的勇氣」。

對於已經 56 歲的年紀來說，這項挑戰當然也成了我人生中的「重要里程碑」，因此，接下來我想根據這個經驗，跟大家分享不論到了幾歲，都能成功挑戰自我的 5 個心得。

心得①：告訴自己「失敗了也無妨」

在出發挑戰自行車之旅的前一天，我透過自己的 YouTube 頻道和電子報跟大家宣布「我將出發進行為期一個星期的自行車之旅」。不過當時我還不確定自己的目的地是伊勢神宮，只知道「我要朝著西方盡可能前進，看看自己能騎到什麼地步」，而且還給自己留了退路：「萬一體力耗盡，或是下雨等天氣變差，挑戰就畫下句點。」

這充其量只是出於興趣的一項自我挑戰，所以沒有什麼「非成功不可」或是「絕對不能放棄」，最重要的是做得開心，「看自己能做到什麼地步」才是挑戰的目的。

所以就算中途放棄也無妨，最重要的是踏出第一步去挑戰，甚至應該說**只要放手去挑戰，就已經算是「成功」**了。

心得②：設定「100%會成功的目標」

如果一開始就大聲宣告「我要花一個禮拜的時間從東京騎自行車到伊

不論幾歲 都能成功挑戰自我 的5大心得

① 告訴自己「失敗了也無妨」　④ 重視自我價值觀
② 設定「100%會成功的目標」　⑤ 做出挑戰宣言
③ 一步步肯定自己「做到的部分」

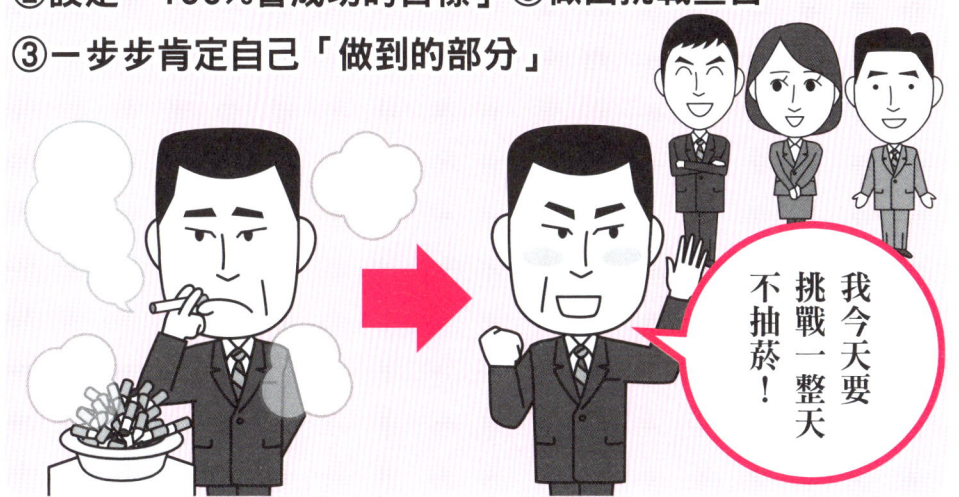

> 我今天要挑戰一整天不抽菸！

勢神宮！」，之後想反悔也來不及了。為了說到做到，就算天氣變差，也只能硬著頭皮繼續前進，甚至還要在晚上趕路。這麼一來，跟車子發生擦撞的風險也會相對提高，或者是耗盡體力，造成膝蓋疼痛或是腰痛等傷害。

假設換個方式，把目標設定為「從東京朝著西方盡可能前進，騎到體力耗盡為止」，最後一定會成功。就算只騎了150公里，也算是挑戰成功。

很多人在面對挑戰的時候，都會害怕失敗。既然不想失敗，**就給自己設定一個「100% 不會失敗的目標」**吧。

心得③：一步步肯定自己「做到的部分」

延續上一點，一開始如果給自己設定太難的目標，中途可能會產生

「我辦不到」的挫折感，讓人喪失幹勁和自信。

一開始如果設定 100 分的目標，最後結果只有 30～40 分，便會對自己感到失望。既然如此，**一開始先設定目標為 10 分左右就好**，這麼一來輕鬆就能達到目標。接著再提高目標為 20 分，同樣也能輕鬆挑戰成功。

像這樣以每 10 分為一個「小目標」，一步一步去挑戰，即便原本只有 40 分的實力，最後做到 50 分甚至 60 分也不再是夢想。

不要只注意到「失敗了」、「我辦不到」、「只拿到 40 分」等負面結果，應該**用「加分」的方式累積自我評價**，例如「做到 10 分了！」「又一個 10 分！」，為自己帶來自信和自我成長的成就感。

以我來說，假設當初騎到靜岡就放棄，我也不會覺得自己「還沒騎到伊勢神宮就放棄」，反而會告訴自己「我成功騎到靜岡了！」，這麼一來才會有下一次的挑戰。

心得④：重視自我價值觀

這世上有太多人是看他人的臉色生活，太在乎別人的想法和眼光，把他人的評價擺第一。把這些當成人生重要決定的依據，最後只會讓自己後悔莫及。

「他人的價值觀」和「自我價值觀」是兩個不同的東西，他人的價值觀不一定是「你真正想走的路」。

不要活在他人的價值觀裡，應該重視的是自我價值觀。**人生要做自己想做的事，才有辦法找到真正的幸福。**

心得⑤：做出挑戰宣言

很多人就算下定決心「我要勇敢挑戰！」，卻因為害怕失敗和後悔，最後只敢暗自行動。

舉例來說，雖然發誓要戒菸，卻因為害怕自己一下子就破戒，所以瞞著大家偷偷進行。只不過，這種作法是撐不久的。

除了一開始目標不要設定得太難以外，**另外還有一點也很重要的是，必須將目標說出來讓大家知道。**尤其是戒菸和減肥，說出來可以得到大家的「監視」，提高成功率。

包括這一次的自行車之旅在內，我在進行任何挑戰之前，都會在 SNS 和 YouTube、電子報上向大家宣告。這時候通常會得到許多正面的迴響，例如「加油」、「我會幫你加油」等。

做出挑戰宣言也許會覺得不好意思，或是擔心自己最後沒做到。可是實際說出口之後會發現只會帶來好處，沒有壞處，因為說出口才能得到他人的加油、鼓勵和共鳴，也會遇到願意提供大力支持的人，使挑戰的成功率大幅提升。

人隨著年齡增長，會變得愈來愈不願意接受困難的挑戰和冒險。可是即便如此，還是要強迫自己踏出舒適區去挑戰非尋常的事物。

不要被年齡絆住了腳步，有想做的事情就儘管放手去做。就算最後沒有得到預期的結果，只要勇敢去挑戰，人都會得到自我成長。

對我來說，**這一趟自行車挑戰之旅的時間雖然不到一個星期，可是最後帶來的自我成長，卻相當於好幾年的經驗。每個人都有無限潛力**，只要你願意放手去挑戰，就有辦法看見自己的潛力。

05 從現在開始，嘗試不花金錢和時間的休閒活動

從事「休閒活動」對心理和身體健康方面都具有非常多效果，包括轉換心情、排解壓力、獲得放鬆、達到運動效果、強化人際關係、刺激腦部活動等。

休閒活動的種類不計其數，有些休閒活動不單單只是休閒，還具備「心理治療效果」、「健康功效」、「刺激腦部活動的效果」等經科學證實效果非常好的附加價值。接下來就讓我為大家介紹幾個既不花錢也不花時間、輕鬆就能辦到的休閒活動。

休閒活動①：三溫暖

近年來掀起了一股三溫暖熱潮。

前面內容中曾提到「泡三溫暖是消除疲勞最有效的方法」，事實上，泡三溫暖還會讓身體從交感神經優位（緊張、興奮）強制切換成副交感神經優位（放鬆），所以就算是不容易放鬆的人，也能達到放鬆的效果。

也有研究論文指出，泡三溫暖能消除大腦疲勞，甚至能預防憂鬱症和改善症狀，對心理層面帶來非常好的正面效果。

我是個很容易熱中於某樣事物的人，原本以為自己應該無法接受三溫暖，可是在學會泡三溫暖的正確方法，並且實際嘗試過後才驚覺，「原來泡三溫暖這麼舒服！」

泡三溫暖10分鐘，接著泡冷水浴1～2分鐘，最後休息（外氣浴，指接觸戶外新鮮空氣）10～20分鐘。

泡三溫暖務必照著這三個步驟進行，尤其是泡冷水浴，一開始可能熬不過10秒鐘，不過只要撐過30秒，就會感覺身體開始漸漸適應低溫，汗

強力推薦！4大「休閒活動」

① 三溫暖
② 戶外活動
③ 街頭散步
④ 加料式思考

腺收縮，防止體溫流失。這時候非但不再覺得寒冷，而且還會從體內開始發熱起來。

下一步就是在身體保持發熱的狀態下進行休息（外氣浴）。在看得見美麗景色的屋外進行外氣浴，是最棒的享受了！不僅身心同時獲得療癒，還會感覺「整個人徹底放鬆」。

想要輕鬆獲得消除疲勞、排解壓力的效果，泡三溫暖就是你最好的選擇。

休閒活動②：戶外活動

根據芬蘭的研究，一個月當中接觸大自然的時間超過 5 個小時，可以大幅減輕壓力，刺激腦部以提升記憶力、創造力、專注力和計畫

力。報告中也提到還有預防憂鬱症的效果。

研究也發現，一個月當中接觸大自然的時間超過12個小時的人，幾乎與憂鬱症絕緣。因此，芬蘭政府一直以來都致力於多接觸大自然的好處。

一個月 5 個小時，等於平均每天 10 分鐘。只要每天花 10 分鐘的時間接觸大自然，身體大部分的壓力就能獲得排解。如此簡單，而且不需要花費任何一毛錢的方法，應該再也找不到第二個了。

我每年都會跟公司員工和錄製影片的團隊一起去露營 1～2 次，除了拍攝 YouTube 影片之外，同時也是為了休息。由於大家終於可以放鬆心情好好聊天，所以聊天的內容也會比平時更加深入。露營的好處很多，能排解壓力，還能活化大腦，更別說 BBQ 有多美味了。而且更重要的是，大家可以一起度過快樂的時光（關於露營的好處，詳細請見「提升露營樂趣的 5 種方法」、「露營對心理層面帶來的絕佳效果」內容）。

如果自己沒有車子，不方便到郊外露營，爬山、健行也是不錯的選擇。以東京都來說，從市中心往郊區的方向搭電車約 1 個小時的路程，就有許多大自然的景點，也有不少套裝行程可供選擇。

假使忙碌到連這一點時間都沒有，或是嫌麻煩、不想動的人，不妨可以試試「Chairing」。Chairing 是指拿著自己的戶外折疊椅，在公園或是河岸邊等任何一個喜歡的地點，坐下來喝杯飲料或是看書等放鬆心情。可以選擇家裡附近的地點，既不花時間也不花錢。或者，即便只是找一張公園的長椅坐下來休息，也能達到放鬆、紓解壓力的效果。

休閒活動③：街頭散步

「很難抽出一整天時間來休息」的人，有一種推薦的作法是，搭電車在沒有去過的車站下車，到附近的商店街走走逛逛。

跟創造力、發想力、記憶力和靈感有關的是一種叫做乙醯膽鹼

（Acetylcholine）的大腦神經傳導物質。研究發現，嘗試、挑戰新事物，或者是到沒去過的地方走走，都能刺激大腦內的乙醯膽鹼增加分泌。

創造力與發想力是工作上非常重要的能力，而這些能力都可以靠休閒活動來提升。換言之，從事休閒活動也有刺激大腦的作用。

一般人對於家裡附近前後 3 站左右的車站，可以說幾乎很少走訪。找個時間隨便在一站下車，隨興地四處走走，在店家買點美味的小菜回家品嘗，或者是找間氣氛不錯的咖啡店坐下來喝杯咖啡，也是不錯的休閒活動。

愈是相信自己的直覺，漫無目的地到處走走，更能刺激乙醯膽鹼的分泌。

休閒活動④：加料式思考

在家吃泡麵時，如果多加一片「融化起司」在上頭，平凡的泡麵就會多了濃郁香醇的滋味。

我自己還會再利用 Tabasco 來改變風味，只要滴上幾滴，絕妙的辣味和酸味扮演了完美的提味作用，讓美味更上一層樓。幾滴 Tabasco 不過就只要幾塊錢，花幾塊錢就能讓美味提升數倍，沒有什麼比這更讓人開心了。

多加一點小工夫，就能讓「開心」和「滿足」大幅增加。我把這種想法稱為**「加料式思考」**。這種作法可以適用在所有娛樂和興趣上。光是思考「今天要給自己加點什麼樣的開心呢」，就足以讓人興奮不已。這個時候，大腦也會分泌乙醯膽鹼。另外像是擬定計畫、想到開心的事情而感到興奮的時候，也會刺激多巴胺的分泌。

利用加料式思考為生活加點料，就能讓每天的「快樂」增加 3 成（我自己的感受值）。換言之，如泡麵般平淡無奇的日常，也能透過加料變身為「最棒的娛樂」。

休閒娛樂中的
「今後生活之道」❶

提升露營樂趣的 5 種方法

我是個喜歡親近大自然和戶外活動的人，每年一到露營的季節，我絕對不會缺席。以下就為大家介紹我自己「提升露營樂趣」的 5 種方法。

方法①：跟不同的人一起露營

跟他人一起從事任何活動，都能刺激大腦分泌催產素。催產素是一種跟「聯繫、愛」有關的神經傳導物質，像是跟家人或是朋友一起吃飯，會覺得比自己一個人吃飯還要美味，也是因為催產素分泌的關係。

如果平常都是一家人單獨露營，不妨可以試著跟其他親友一家人，或是工作上的夥伴一起露營。因為從事「非尋常」、「沒有嘗試過的事物」，有助於刺激大腦分泌乙醯膽鹼，提升創造力。換言之就是會讓露營變得更有新鮮感、更有趣。

人在開心的時候，大腦也會分泌幸福物質多巴胺。可是多巴胺討厭一成不變，如果重複同一套模式，「快樂」和「滿足感」會大幅減少，因此一定要有「變化」，想辦法讓「每天開心」（抱著「享受每一天」的態度生活）。

跟不同的人一起露營，最大的好處是可以跟對方有不同於日常的對話，使得雙方變得更親近，建立起更進一步的關係。這樣的關係在露營結束之後，對日後的人際關係也會帶來正面的影響。

方法②：時間最少3天2夜

我每一趟露營幾乎都是 3 天 2 夜。應該是說，我從來沒嘗試過 2 天 1 夜的露營。

提升露營樂趣的5種方法

① 跟不同的人一起露營
② 時間為3天2夜
③ 不安排太多活動
④ 挑戰「新事物」
⑤ 結束之後馬上做輸出

　很多人露營都是利用星期六、日2天1夜的時間，可是這麼一來，等到抵達營區、搭好帳篷，都已經傍晚了，必須緊接著準備晚餐。隔天早上做完晨間散步，吃過早餐之後，就得開始收拾東西、準備收帳了……這樣的露營模式根本一刻也不得閒。

　2天1夜的露營，扣除掉睡覺時間，能夠好好地在營區享受放鬆的時間，實際上大約只有10個小時。來回營區的車程少說也要好幾個小時，這樣實在太浪費時間了。

　針對這一點，**如果把時間拉長為3天2夜，就會多出整整一天的自由時間，能夠真正放鬆的時間，等於多出了3倍。**

　如果你是「星期五要上班」的上班族，可以請一天年假，安排個3天2夜的露營。時間如果沒有想辦法硬擠出來，是絕對不可能會有的。

　請年假就必須提前完成工作，或是用更有效率的方法來做事，才不會

造成公司和同事的困擾。這種時候就必須具備「時間運用的技巧」。為此，平時重視工作效率就變得相當重要，這對你每天的工作也有很大的幫助。

方法③：不安排太多活動

難得一趟露營，所以很多人會「那個也想做」、「這個也想嘗試」、「還想到附近的景點走走」，安排了滿滿的活動行程。**這樣一來會把自己搞得跟平常的工作模式（緊張模式）一樣，完全得不到放鬆的效果。**

既然要露營，就應該保留更充裕的時間，別安排太多活動，給自己放空的時間。下次安排露營計畫時，記得提醒自己多留一點「空白」，把時間留給放鬆。

方法④：挑戰「新事物」

建議大家露營可以選擇沒有去過的營區。常去的營區好處是熟悉規定，所以比較方便，可是如果要刺激乙醯膽鹼的分泌，不妨可以挑戰不同以往的新事物。

露營挑戰新事物還有另一個方法就是「煮飯」，例如除了常做的料理以外，也可以試著挑戰沒有做過的料理。YouTube 上有很多露營料理的教學影片，可以照著去做，挑戰全新的料理。

看露營料理的教學影片覺得「這個好像很好玩！我也想做做看！」，這時候好奇心受到刺激，會促使大腦增加分泌乙醯膽鹼。

試用全新的「露營小物」，也是挑戰新事物的方法之一。透過休閒活動刺激好奇心，促使乙醯膽鹼增加分泌，對大腦而言就是一種提升創造力和發想力的訓練。

只要做一些跟平常不一樣的事情，或是嘗試新的挑戰，就能輕易達到鍛鍊好奇心的作用，而且還能增加樂趣，使「快樂」加倍。

方法⑤：結束之後馬上做輸出

結束露營回到家之後，記得一定要做輸出，不論是跟家人或朋友分享記錄著開心回憶的照片和影片，或者是從露營過程中發生的問題，思考以

後露營「必須事先準備好○○」。

藉由這樣的輸出，可以讓下一次的露營變得更開心、更自在。

如果是帶著孩子一起露營，不妨在結束之後，跟孩子聊聊這一次露營「什麼事讓你最開心」。假使孩子在露營中成功挑戰新事物，事後也別忘了給孩子一個讚美。因為，從小小的成功體驗中獲得肯定，將有助於提升孩子的自我肯定感。

如果孩子的年紀還小，那麼「畫圖畫日記」就是最適合的輸出方式。將開心的回憶做輸出，特別是「繪畫式的輸出」，會讓記憶變得更深刻。如果少了輸出的步驟，就算是難得的開心體驗，也會很快就忘記。

透過輸出可以強化記憶，使大腦充滿開心的回憶。等到「開心 × 輸出」變成一種習慣之後，就不再只是覺得「露營好開心」，而是「這個星期過得好開心」、「這個月過得好快樂」，每一天都會是開心的日子。

06 從現在開始,練習當個收納達人

不論是生活在整理得一塵不染的屋子裡,或是在井然有序的書桌工作,都會讓人覺得特別舒心。這些可以說是幸福快樂的生活不可或缺的條件。

只不過,這世上有很多人是不會整理東西,也不擅長收納,我自己就是其中之一。

雖然不擅長,可是還是要想辦法克服,所以我從身為精神科醫生的角度做了各種努力,最後整理出以下「5 大收納術」。

收納術①:把東西送人

不擅長整理的人,很多都是因為覺得「這東西丟掉好可惜」,也就是心裡的「可惜鬼」跑出來作怪,讓人沒辦法把東西丟掉。

如果是這類型的人,不妨可以**把東西送給別人**。

我每個月買書的數量幾乎都多達 2、30 本,但是因為書櫃空間有限,所以這些書有一半最後都不會留下來。只不過,一本動輒就要上千日圓的商管書,丟掉實在可惜。放到二手交易平台上或是舊書店賣掉,又嫌麻煩。

既然如此,最好的辦法就是送人。把書送給身邊最需要或是最適合的人,對方通常都會欣然接受。

至於衣服,可以拿到舊衣回收箱或是捐給需要的單位,就能順利躲過「可惜鬼」的阻撓。當然也可以放到二手交易平台上賣掉,如果能藉此賺點零用,整理起來也會比較起勁。

精神科醫生建議的5種收納術

① 把東西送人

② 事先建立「自我原則」

③ 對著東西說出「辛苦你了，謝謝。」

④ 拍照留念

⑤ 大聲說出「整理是一件開心的事！」

收納術②：事先建立「自我原則」

關於東西要不要丟掉，事先決定好自己的準則也很重要。

我處理衣服通常會以「一年」作為原則來判斷，也就是「如果這一年來一次都沒穿過，就丟掉」。因為一整年都沒穿過的衣服，在設計上也差不多已經過時，接下來再穿機率幾乎是零。以這個原則來判斷，很快就能決定衣服要不要留下來，對我來說是很有用的方法。

可是，有些喜歡的衣服，還是會猶豫該不該丟掉。面對這種情況，如果只是默默在心裡猶豫不決，通常會有股衝動告訴自己：「還是留下來吧！」

像這種時候，應該**大聲說出來**：「這件衣服已經一整年沒穿了，應該丟了吧！」這麼一來就會不得不丟掉。

這種作法是利用心理學上的**「認知失調」**的作用，在人的認知當中，一旦出現矛盾的認知，就會覺得渾身不對勁，因而做出修正的行為。

簡單來說，就是覺得「已經一整年沒穿了，應該丟了吧」的自己，跟覺得「丟掉好可惜，還是留著吧」的自己，兩者互相矛盾。但是，如果把「已經一整年沒穿了，應該丟了吧」說出來，它就會變成無法否定的事實。

這時候如果決定「留下來」，就是在欺騙自己，大腦會產生一股強烈的不適感。

這個方法聽起來很不可思議，不過實際試過之後就會明白，當自己把「這件衣服已經一整年沒穿了，應該丟了吧」說出口之後，很輕易地就能戰勝「丟掉好可惜」的念頭。

此外，事先建立「買一件新衣服，就丟掉一件舊衣服」的原則，例如買了一件新襯衫，就要強迫自己丟掉一件最舊，或是一直沒穿過的襯衫，這麼一來自然就能做好衣櫥管理。剛買新衣服，心情正開心（多巴胺分泌），趁著這時候處理舊衣服也比較不會覺得「可惜」。

這個原則也可以改成「買一雙新鞋，就丟掉一雙舊鞋」。只要嚴格遵守自己事先設定好的原則，就能防止衣櫥和鞋櫃上演被衣服和鞋子塞爆的慘況。

收納術③：對著東西說出「辛苦你了，謝謝。」

雖然設定了原則，可是有時候難免會覺得「還是捨不得丟掉」或是「說不定以後用得到」。

有一句神奇咒語，可以迅速消除「捨不得丟掉……」**這種負面的心情，那就是「謝謝」。**

對著要丟掉的東西說：「辛苦你了，謝謝。」再將東西丟進垃圾桶。這時候很神奇地完全不會有捨不得的心情，反而心裡會充滿感謝。每丟掉一樣東西就說一聲「謝謝」，整理起來速度會加快許多，不會再猶豫不決。

收納術④：拍照留念

在處理工作上的紙本文件和資料時，一般人大多會先掃描或以手機等拍照存檔。其實這個方法不僅能用在文件資料上，在整理衣服和鞋子等物品時，也可以先拍照留作紀念，這麼一來就比較不會捨不得丟掉。

例如幾年前常穿，可是最近幾乎不再穿的衣服。這樣的一件衣服，就會讓人捨不得丟掉，因為上頭有著當初穿著它時發生的種種回憶，丟掉就好像會把那些回憶也一同丟棄。

這種帶有回憶的東西，在丟掉之前，可以先為它拍照留念，讓「回憶」轉換成照片保存下來。**接下來只要再對著東西說聲「謝謝」，就不會再感覺依依不捨了。**

收納術⑤：大聲說出「整理是一件開心的事！」

人都不喜歡做「痛苦」的事情，可是如果是「開心」的事情，就會主動願意去做。

大家可以利用這一點，在打掃屋子的時候，大聲地說：**「整理是件開心的事！」** 打掃完之後也可以大聲地說：**「家裡變乾淨，看起來真舒服！」**

這麼做能降低對打掃整理的抗拒心態，感覺打掃變得簡單、開心許多。

這是因為，原本覺得「打掃好麻煩」而產生的壓力荷爾蒙，被多巴胺給取代了，所以才會覺得打掃變成一件開心的事。這也是一種自我暗示的方法。

07 從現在開始，嘗試養植物或是小寵物

孤獨是「孤毒」。實際上在近年來的研究中發現，孤獨會給身心帶來非常大的負面影響。

感覺孤獨的人，死亡率是一般人的 1.3～2.8 倍，心血管疾病的風險 1.3 倍，阿茲海默症的風險 2.1 倍，認知衰退的機率也高出 1.2 倍。

甚至也有研究指出，孤獨也會對心理層面造成極大的負面影響，包括罹患憂鬱症的風險增加 2.7 倍，有自殺念頭的人是一般人的 3.9 倍。

此外，根據美國楊百翰大學的研究，有社交活動的人，比沒有的人早死的風險少了 50%，沒有社交活動的人，早死的風險相當於每天抽 15 根香菸的老菸槍。

可是，每當我提到這個話題，一定會有人問我：「我覺得自己獨處的時候最開心，只要跟人在一起就覺得好累。自己一個人真的就沒辦法得到幸福嗎？」

■雖然「喜歡孤獨」……

很多人都「喜歡獨處」，我也是，比起跟大家在一起，自己獨處的時候感覺更能放鬆。只不過偶爾還是會想跟朋友吃個飯、聊聊天。

雖然「喜歡獨處」，可是如果身邊一個朋友都沒有，也沒有人會來找自己去玩或是聚餐，應該還是會覺得很寂寞吧。「沒有」朋友跟「有一個」朋友，心情上的感覺可是天壤之別。

只要身邊有朋友會來找自己一起去玩或是聚餐，就算實際上不常見

有孤獨感的人 和 沒有孤獨感的人 的健康差異

有孤獨感的人 | **沒有孤獨感的人**

- 死亡率 1.3～2.8倍 >
- 心血管疾病 1.3倍 >
- 阿茲海默症 2.1倍 >
- 認知衰退 1.2倍 >
- 憂鬱症 2.7倍 >
- 自殺念頭 3.9倍 >

面，也會因為有「聯繫感」而不覺得孤獨。

「在人之間」才稱為「人間」，也就是說，人沒有辦法獨自一人生存下去。

跟人一起開心聊天，情人或夫妻、親子之間的親密接觸，都會刺激催產素增加分泌，使人感到「幸福」。除此之外，**一般認為「聯繫感」和「療癒感」也是催產素分泌帶來的效果。**

與人交流往來所感受到的幸福，稱為「催產素幸福」。那麼，「沒有另一半」、「沒有朋友」的人，或者是「喜歡獨處」的人，是不是就無法擁有催產素幸福了呢？

當然不是。接下來就跟大家分享一個簡單的方法，讓你不必跟人往來，也能刺激跟「聯繫、愛」有關的神經傳導物質催產素增加分泌。

第 1 章　今後時代「掌握更多幸福」的生活方式　41

方法①：養植物

　　刺激催產素增加分泌的方法之一就是「做園藝」。說是做園藝，不過不需要種到大型盆栽，像是百圓商店就有在賣的豆苗之類的小盆栽就行了。

　　豆苗其實就是豌豆的嫩葉，富含維生素 C、B1、B6、B12、葉酸和 β- 胡蘿蔔素，稱得上是「保健食品」。

　　將豆苗切除下來的根部放到加水的小盆栽裡，放置在有陽光的地方，每天換水。豆苗長得很快，大約一個星期就可以採收了。

　　其實，我自己也在辦公室的陽台種植豆苗，如果連續幾天都是好天氣，豆苗很快就會長成一大把。看著自己用心照顧的豆苗一天天長大，心裡滿是開心和成就感，也變得更起勁了。

　　照顧植物能刺激催產素增加分泌。在很久以前科學家就已經知道照顧動物能增加催產素的分泌，不過是一直到近幾年才發現，照顧植物也有同樣的效果。

　　有研究顯示，**讓養老院的長者們每天照顧觀葉植物等做一些簡單的工作，能提升長者們的幸福感，死亡率也會減少 5 成。**

　　對年長者而言，請他們照顧植物等於賦予他們「活下去的意義」，有助於提升他們的自我重要感，刺激催產素分泌，獲得意想不到的健康效果（死亡率下降）。

　　自我重要感指的是自己為他人做出貢獻，感覺自己被需要，是提升自我肯定感的重要因素之一。

　　自我重要感愈高，就會懂得珍惜自己，不再動不動就責怪自己或自我貶低，因此自我肯定感也會跟著提升，變得更有自信。也就是更容易感受到「幸福」。

　　當然，這個效果會發生在每個人身上，不僅限於年長者。養植物只需要幾百塊的成本，也不會花費太多時間，就能得到這麼棒的效果，非常推薦給感覺孤獨和希望擁有幸福的你。

增加催產素分泌的簡易方法

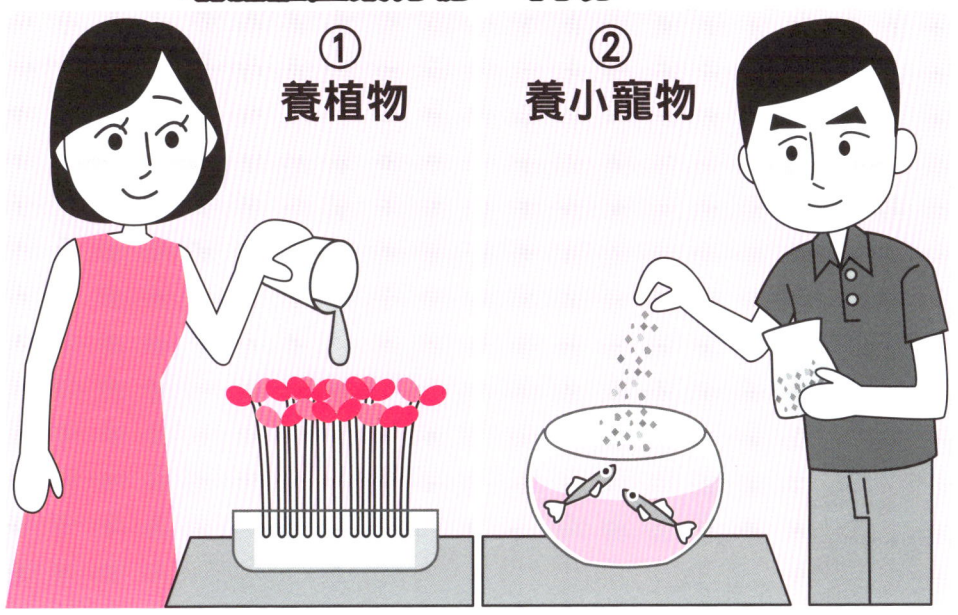

① 養植物　　② 養小寵物

方法②：養小寵物

不論是小貓或是小狗，又擼又抱的，實在十分療癒。這是因為跟寵物之間的身體接觸和相處，能刺激催產素增加分泌，效果就和跟人相處一樣。

有趣的是，**跟寵物玩的時候，飼主和寵物雙方都能獲得催產素分泌的效果**。舉例來說，擼貓的時候，貓會露出一副舒服陶醉的樣子，因為這時候貓的體內也正在分泌催產素。簡單來說，會給飼主和寵物都帶來效果的行為，就是「撫摸寵物」。

研究也發現，跟小狗玩 5 分鐘，體內的壓力荷爾蒙皮質醇的分泌會明顯減少。就算只是跟動物四目相接，沒有直接的身體接觸，同樣也能刺激

催產素增加分泌。

可惜的是,很多公寓大樓都禁止住戶養寵物。另外像是工作經常加班、出差的人,要照顧小狗小貓也有一定的難度。

如果是這類型的人,建議可以飼養像是金魚、熱帶魚等寵物魚,或是小鳥、倉鼠等小動物和昆蟲。比起常見的小狗小貓,這些小動物所需要的照料相對簡單許多,一樣可以獲得療癒效果。

舉例來說,有研究**讓患有阿茲海默症的長者飼養倉鼠,3週之後發現長者的食慾變好,食量也變大了,4個月之後體重明顯增加**。還有研究指出**對於高血壓患者有降低血壓**等等的正面效果。

column　從腦科學談貓的療癒效果

　　貓給人的印象就是「可愛」、「療癒」，而實際上抱貓、擼貓也真的會讓人「放鬆」，感覺自己「被療癒」了。

　　貓之所以能療癒人，除了14頁介紹的「催產素」的分泌，以及壓力荷爾蒙皮質醇的減少之外，還有其他的原因。接下來就讓我從腦科學的角度來為大家解說。

原因①：活化大腦

　　研究發現，跟貓互動有助於活化大腦。研究人員透過「餵食飼料和水」、「用玩偶鬥貓」、「對貓下指令」、「擼貓，替貓梳毛」等4種不同的方法跟貓互動，發現不管是哪一種方法，大腦前額葉皮質的活動都會變得更加活躍。

　　換句話說，跟貓互動除了能獲得療癒以外，還有活化大腦的效果。

　　尤其是「對貓下指令」的時候，腦功能的活躍程度最為明顯。

　　貓通常不會遵照飼主的意思去行動，常被說是很「傲嬌」的一種動物。就算對貓下指令，貓也不會理你。這種「令人焦躁」、「怎麼做貓才會聽話？」的心情，讓人對貓變得更感興趣和關注。

　　「傲嬌的貓」跟「順從的狗」完全不同，可是正因為牠們「不受指使」，反而更吸引人，惹人喜愛。

原因②：貓的呼嚕聲具有安撫、療癒的效果

　　貓有時候喉嚨會發出呼嚕呼嚕的聲音，研究發現這個聲音可以安撫人心，發揮療癒的作用。

　　貓的呼嚕聲頻率約為25Hz，屬於低頻率。20～50 Hz的聲音可以安撫人體的緊張感，使副交感神經處於優位。

　　不僅如此，這個低頻的聲音也能刺激血清素分泌。血清素又被稱為是「大腦的指揮官」，具有調整神經傳導物質分泌，以及控制憤怒、焦慮等情緒的作用。

因此研究認為，貓的呼嚕聲能給人帶來各種正面的作用。

■看貓咪影片或是玩貓咪玩偶，也能獲得同樣效果嗎？

說到擼貓能刺激催產素分泌，一定會有人問：「可以用貓咪玩偶代替嗎？」

事實上，真的有實驗去比較真貓和貓咪玩偶刺激催產素分泌的效果。結果顯示，玩貓咪玩偶同樣能刺激催產素分泌，只不過效果還是不如跟真貓互動。

YouTube 上有很多觀看次數超過一百萬的貓咪熱門影片。科學家認為，看貓咪影片也有刺激催產素分泌、降低皮質醇濃度的效果，但是跟真貓互動的療癒效果還是最好。

不論是貓咪玩偶還是貓咪影片，療癒的效果都不如真貓。假使真的很喜歡貓，可是在空間上和時間上都不允許養貓的人，也許可以換個方法，像是到可以擼貓的「貓咪咖啡店」，或者是到有養貓的親友家跟貓玩，就能獲得催產素分泌的效果。

為了瞭解貓帶給人類的療癒效果，我特地找了許多研究報告，意外發現這方面的相關研究其實非常多。

如今，社會漸漸走向少子高齡化，且預估到了 2040 年，全日本的單身人口將會逼近 4 成。到時候，拯救日本人孤獨感的重要關鍵，說不定就是貓了。

貓能療癒人的2大原因

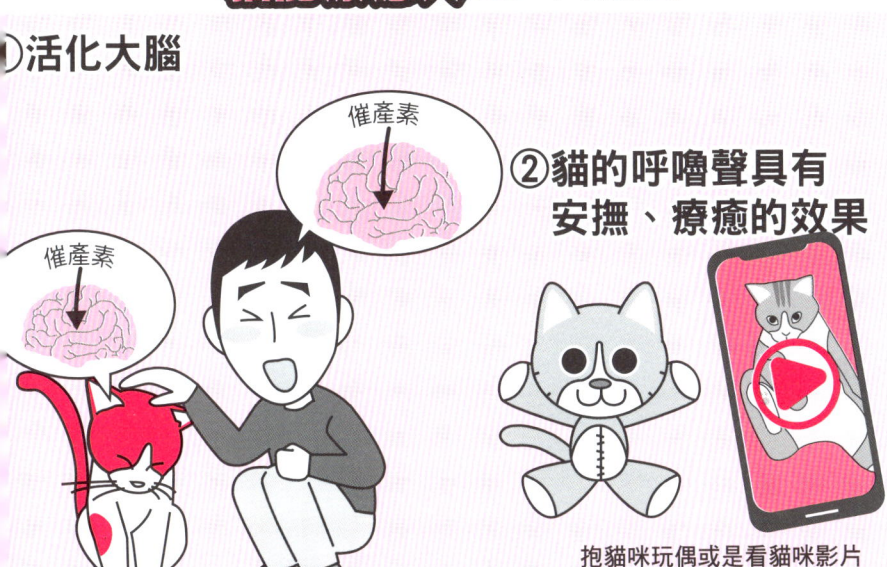

①活化大腦

催產素

②貓的呼嚕聲具有安撫、療癒的效果

催產素

抱貓咪玩偶或是看貓咪影片也能刺激催產素分泌

08 從現在開始，強化與另一半的感情連結

關於結婚跟幸福的關係，相關的研究非常多，其中有個針對結婚與「人生滿意度」的研究相當有名，研究結果如下頁圖表所示。

從這個圖表可以看出，人在剛結婚的時候，「人生滿意度」會暫時提升，可是才過沒多久，對幸福的感覺就會漸漸地麻痺，過了 2 年左右，滿意度會下降至負數。

另一方面，也有以下這樣的調查結果。

某項研究調查針對日本全國 20659 位成年男女，分別請他們從未婚和已婚的身分，用 1～10 分為自己的幸福程度評分。結果發現，男性「已婚者」的平均分數有 1.62 分，女性則為 1.06 分，兩者的幸福分數都比「未婚者」來得高（PiPEDO Research Institute 調查）。

也就是說，**相較於上述的研究，這份調查的結果比較正面，顯示已婚者的幸福感比未婚者高。**

為什麼會出現這樣的差異呢？其實，關鍵因素同樣是跟「愛、聯繫」有關的神經傳導物質——催產素。

孤獨感和寂寞感是導致幸福感降低的最大因素。結了婚之後就有另一半，也許還會有小孩。假期跟另一半和小孩之間有深厚的感情連結，大腦就會分泌催產素，讓人感到幸福。

可是，如果夫妻感情不好，經常吵架，這樣的關係就會變成壓力，可能導致「催產素幸福」減少。因此，並不是「結了婚就一定能幸福」，結婚之後也必須用心維繫兩人之間的愛情火花，建立深厚的感情連結，才能擁有幸福。

接下來就跟大家分享婚後如何維繫愛情火花的祕訣。

結婚與「人生滿意度」研究

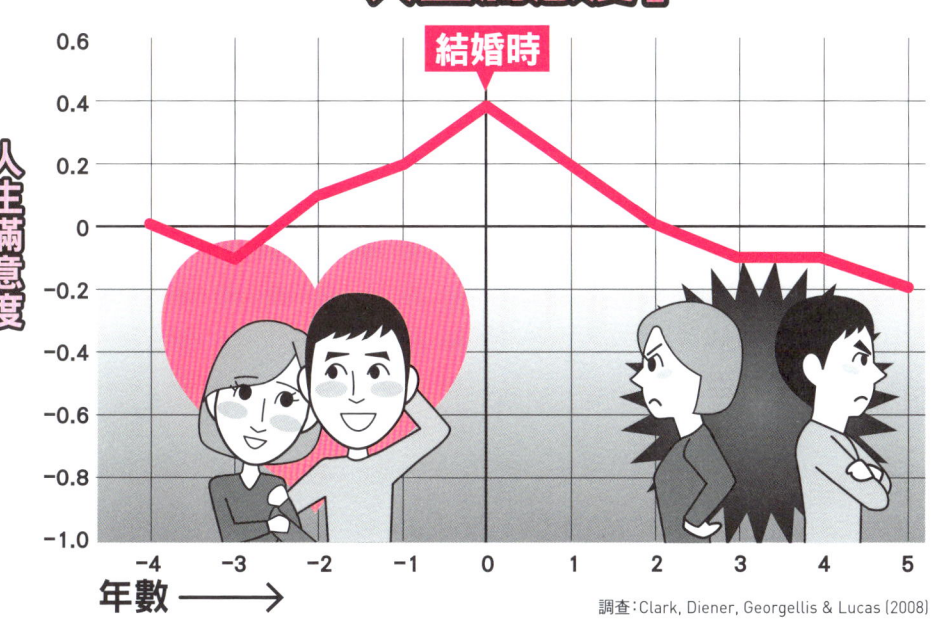

調查：Clark, Diener, Georgellis & Lucas (2008)

祕訣①：把「多巴胺愛情」轉換成「催產素愛情」

跟愛情有關的神經傳導物質有多巴胺和催產素兩種，所以跟幸福一樣，愛情也有**「多巴胺愛情」**和**「催產素愛情」**兩種型態。

「多巴胺愛情」就如同「熾愛」一詞，是熱情的愛，裡頭包含了亢奮、興奮、心跳加速等各種情緒。這種愛會對對方產生「更多」的要求，例如「想再見到對方」、「想得到對方更多的愛」等，所以也可以說是一種「渴求式的愛」。

剛結婚的前2、3年，人生的滿意度之所以呈正數，是因為這時候雙方之間的愛還屬於「多巴胺愛情」。不過，接下來這股「多巴胺愛情」就會急速冷卻。

另一方面,「催產素愛情」就像「友愛」和「慈愛」,背後是放鬆、穩定、安心、對彼此的信任等。這種愛會令人滿足,只要跟對方在一起就夠了。

由此可知,婚後如果想維繫愛情的火花,一定要讓兩人之間的「多巴胺愛情」慢慢轉變為「催產素愛情」。

祕訣②:每天說3次「謝謝」

研究發現,催產素會透過以雙方愛情為基礎的穩定人際關係和身體接觸而分泌,除此之外就如同前述所言,「親切」和「感謝」也會刺激催產素的分泌。而且,**不管是「親切待人的人」和「被親切對待的人」,還是「付出感謝的人」和「被感謝的人」,彼此都能得到催產素分泌的效果。**

不僅如此,感謝也會刺激「幸福物質」腦內啡這種神經傳導物質的分泌(詳細請見「13 從現在開始,常懷感恩與親切」一節內容)。

因此,**如果想要增加催產素和腦內啡的分泌,最好的方法就是每天說 3 次「謝謝」**。

其中一次是「謝謝」另一半。每天上床睡覺之前,要把今天自己說過的「謝謝」,一一寫成一行日記記錄下來。

這些感謝的話語和感謝日記蘊藏著驚人的效果。

我曾做過一項實驗,找來 31 位受試者每天寫感謝的話和感謝日記,一共為期 10 天。實驗結束之後,許多受試者都覺得「自己的人際關係變好了,尤其是跟另一半的感情」。

只花 10 天的時間,每天跟另一半說「謝謝」,並且把這些感謝記錄下來,夫妻關係就獲得改善。

這就是催產素的效果。自己和另一半都因為催產素的分泌而獲得催產素愛情,以及催產素幸福。

愛情有「多巴胺愛情」和「催產素愛情」兩種。只要懂得這個道理，就能擁有幸福的夫妻關係。

＊

可是感情再好的夫妻，難免也會有關係緊張的時候。這時候怎麼做才能化解緊張的關係呢？我把方法也一併傳授給大家吧。

方法①：懂得「刺蝟困境」的道理

造成關係緊張的原因很多，不過其中最大的原因，就是遠距工作讓兩人長時間待在同一個屋子、同一個空間下。

夫妻兩人長時間在一起之所以會關係緊張，原因是因為彼此之間的心理距離太近了，以至於很容易看見對方的缺點。覺得對方說的每一句話都很討厭，很想告訴對方「拜託讓我一個人靜一靜！」。

各位有聽過「刺蝟困境」的說法嗎？

在寒冷的天氣下，兩隻刺蝟如果想靠近對方來取暖，就會被對方的刺給刺痛。

可是分開又會覺得冷。也就是說，彼此靠得太近會互相刺傷對方，離得太遠又感覺寒冷。

靠得太近就會傷害對方，距離太遠會感覺寂寞。這個道理也適用於人際關係，保持適當的心理距離，才是讓人最舒服的狀態。

要化解這種兩難的困境，最好的辦法就是**「跟對方保持心理距離」**。

例如設定彼此互不干涉的「不可侵時間」；利用隔板把空間劃分出自己的區域和對方的區域，設定彼此的**「不可侵領域」**。這些作法看似簡單，卻能讓彼此心裡感覺放鬆，關係不再緊張。

方法②：主動分擔「家事和育兒」

如果已婚男性的你，太太是家庭主婦，那麼白天家裡就是「太太的領域」，這是無庸置疑的。

雖然那還是你的家，可是以那段時間來說，那個家其實並不屬於你。

當在家遠距上班的你處在那樣的空間裡，就會造成打掃時的麻煩，還會製造更多垃圾，讓太太心煩氣躁。尤其如果你「不做家事也不幫忙」，太太的怒氣就會來到爆炸的臨界點。

想要避免太太生氣，你必須積極主動地把家事攬下來，想辦法減輕太太的負擔。

舉例來說，可以工作告一段落之後，主動去洗碗、倒垃圾、照顧小孩。這些理所當然的「關懷」和「體貼」有沒有做好做滿，對夫妻關係可是會有天壤之別的影響。

方法③：中午外食&到咖啡店工作

身為男性的你，在家遠距上班的時候，你的午餐和飯後整理，通常都是誰負責的呢？如果不是你自己，應該就是太太了吧。

也就是說，你在家吃飯會增加太太家事的工作量。

有時候我在家寫作，如果過了中午一點多工作還沒結束，太太就會傳簡訊問我：「你還不吃午餐嗎？」

先生一整天待在家裡，對太太來說其實會有快窒息的感覺。如果先生可以出門去吃飯或是散步，哪怕只有一個小時，對太太而言就多了「神聖的自由時間」，可以一個人好好地「放鬆」。

我在同一個地方工作久了，專注力會變差。這種時候如果去吃個飯，改變一下環境，就能重新恢復專注力，接下來工作也會比較順利。

如果你是公司允許可以在家遠距工作的人，中午過後不妨就把工作帶

靠得太近會受傷
（互相刺傷對方）

刺蝟困境

離得太遠會太冷
（感覺寂寞）

保持適當的距離，就能互相取暖又不會受傷
（維持良好關係）

到外面的咖啡店去做，給太太保留一點「放鬆的時間」，也有助於提升你自己的工作效率。

column 遇到喜歡的人應該「勇敢告白」的6大理由

根據 2020 年的日本國勢調查，男性的終身未婚率比 1985 年增加了 6.5 倍（從 3.9% 上升到 25.7%），女性是 3.8 倍（從 4.3% 上升到 16.4%）。預估到了 2040 年，男性的終身未婚率將逼近 30%，女性也高達 20%。如果再加上離婚後的單身人數，2020 年的單身人口就佔了全國人口的 4 成，這個數字預估到了 2040 年會增加到 5 成。

這 4 成的單身人口，並非每個人都不想結婚，其中有很多人應該「還是想結婚」。

只不過在結婚之前，很多人「根本連戀愛都談不了」，或者是「有喜歡的人，可是不敢告白」。實際上，我的 YouTube 頻道「精神科醫生樺澤紫苑的樺頻道」也經常收到這方面的來信求救。

對於這一類的問題，我的建議通常只有一句話，就是「鼓起勇氣跟告白」。以下就是我的理由。

理由①：告白的成功率有三分之一

根據一份以 1000 位男女為對象，詢問戀愛和暗戀相關經驗的問卷調查（Poolside 公司），以前曾經不敢跟暗戀對象告白的人，有三分之一的人「後來才知道其實對方也在暗戀自己」。從這個數字可以推測，「告白的成功率可能高於三分之一」！

33% 的成功率究竟算高還是低，答案因人而異。不過既然已經超過 30%，不試試看的話，豈不是很吃虧嗎？

理由②：不告白只會讓別人有機可乘

大家可以試著想像一下，如果自己不敢告白，3 個月後、1 年後、10 年後會變成怎樣呢？

不告白，就等於讓別人有機可乘。一個充滿魅力、令人苦戀的對象，當然不可能一輩子都不談戀愛、不結婚，不是嗎？也就是說，你不告白別人會，搶

不告白會吃大虧的6大理由

①告白的成功率有三分之一　　④「愛上跟自己告白的人」的法則

②不告白只會讓別人　　　　　⑤告白能引起對方的「注意」！
　有機可乘

③不告白就沒有成功的機會　　⑥告白一次被拒絕，
　　　　　　　　　　　　　　　也還有下一次的機會！

先你一步贏得跟對方交往的機會。

理由③：不告白就沒有成功的機會

　　嘗試過後失敗，跟沒有嘗試而得不到結果，各位覺得哪一個比較讓人後悔？

　　答案當然很明顯。以告白的成功率來說，沒有嘗試去做的成功率是 0%，嘗試去做的成功率則有 33%（根據上述的調查數字）。

　　很多人都會因為擔心「如果失敗了怎麼辦？」「萬一被甩了怎麼辦？」，所以對告白猶豫不決。可是，不告白就「沒辦法跟對方交往」，結果跟「被甩」不是一樣嗎？

　　0% 跟 33% 的機率，該選擇哪一個，答案應該不用我說吧。

理由④：「愛上跟自己告白的人」的法則

假設 A 男暗戀 X 女。X 女對 A 男的好感度，以滿分 10 分來說有 9 分，對另一個同樣暗戀她的 B 男的好感度則有 8 分，比 A 男少 1 分。

有一天，B 男向 X 女告白。這時候，X 女會選擇 A 男還是 B 男呢？

她會拒絕 B 男，繼續等待比較喜歡的 A 男告白嗎？

從心理學的角度來說，X 女的選擇會是⋯⋯

跟 B 男交往的機率非常高！

理由是**人會「愛上跟自己告白的人」**。

這在心理學上稱為**「吸引互惠」**（reciprocity of attraction），指人很容易喜歡上對自己有好感的人。換句話說，告訴對方「我喜歡你」，或是表示「好感」，有助於提高對方對你的好感度。

B 男在告白之前的好感度雖然只有「8 分」，可是在告白之後，分數立刻提升到「9 分」，甚至是「9.5 分」。

女生通常會喜歡「勇敢說出自己的心意，個性大方的人」、「比較強勢，會保護自己的男生」。喜歡「個性扭捏，從不主動採取行動，也不會說出自己想法的男性」的女生，恐怕很少吧。

換言之，從心理學的角度來說，**「搶先」告白對自己絕對有利**。

即便 X 女對 A 男非常有好感，可是到最後，很可能是跟先告白的 B 男交往，因為根據「吸引互惠」的法則，人很容易會愛上跟自己告白的人。

理由⑤：告白能引起對方的「注意」！

假設你跟喜歡的對象告白，結果被拒絕了。就算得到的結果是這樣，也不需要感到沮喪，完全不必放在心上。

這是因為，對方對你的好感度也許原本只有 7 分，當你跟她提出「請跟我交往」的請求時，就算被拒絕了，可是根據「吸引互惠」的法則，在你告白的那一刻，你的分數就已經從 7 分提升到 8 分、9 分。

不僅如此，在你告白之後，對方會開始注意到你。假設對方原本對你就有好感，在你告白之後，她會開始不由自主地偷偷觀察你。除非她原本就「非常討厭」你。

對方原本只把你當「同事」看待，現在則是把你當成「異性」在注意。

人會愛上「跟自己告白的人」！

X女 / **A男** 好感度 **9** 分
B男 好感度 **8** 分
B男主動向X女告白

這時候毫無疑問的，她會開始比以前更仔細地觀察你。

你的優點和魅力，很可能會因為這樣而被對方看見。

人的大腦一旦升起注意天線，就會開始蒐集相關情報。告白，就是促使對方的大腦升起「以你為對象的注意天線」的方法。

理由⑥：告白一次被拒絕，也還有下一次的機會！

「告白之後如果被拒絕怎麼辦？」很多人都有這種擔心，我通常會跟對方說：

那就再告白一次吧！

我的朋友C對喜歡的女同事告白，第一次就直接被拒絕。可是他沒有放棄，半年之後又再次告白，結果還是被拒絕了。

半年之後他第三次告白，這次終於得到女生的正面回應，兩人最後順利走上紅地毯。

很多人都只會用「失敗」或是「成功」、「0」或是「100」的二分法來

思考結果。可是，告白就算失敗了，也不代表以後就完全沒有機會，或是人生從此變黑白。

假如 C 第一次告白失敗就放棄，最後就不可能跟喜歡的人步入禮堂。

女生有時候耳根子較軟，所以就算一再被拒絕，只要不放棄，她一定能感受到你的「認真程度」。

還有一種可能是，她藉由「拒絕」來測試男方，想知道對方究竟有多喜歡自己。

如果從「吸引互惠法則」來思考，比起第一次告白，第二次的成功機率會高出許多，因為對方的好感度已經比你第一次告白時，要來得更高了。

因此，就算告白被拒絕，也不表示以後就再也沒有機會，不必急著馬上放棄。

■提高成功率的方法

以上說明了不告白會吃大虧的 6 大理由。但是，我想應該還是有很多人覺得「這些道理我都懂，可是還是不敢行動」。

很多不敢告白的人，都是因為設想了最糟糕的情況──告白被拒絕，從頭到尾都只是在做「失敗」的想像練習，所以才會連告白都不敢就直接放棄。

如果是這類型的人，**建議可以做「成功」的想像練習**，想像「假使告白成功了，下一步該怎麼做」。像是「第一次約會要去哪裡？」「約對方去迪士尼樂園好了？」「晚上就到米其林星級的高級法式料理餐廳吃飯？」等。一想到這些「假使告白成功」之後的事情，就讓人興奮不已。也許有人會說「這些都是癡心妄想！」，可是，就算是妄想也沒關係。

這種興奮不已的心情，會促使「幸福物質」多巴胺增加分泌。體內多巴胺濃度高的人，眼神會充滿光輝，整個人散發出「幹勁」和「自信」，使對方產生「跟這個人在一起應該會很開心」、「跟這個人在一起應該會很幸福」的印象。

相反地，**總是想像著「萬一被拒絕怎麼辦」和「失敗」的人，體內會分泌正腎上腺素。**正腎上腺素是不安和恐懼的源頭，也就是說，告白的

時候心裡如果想著「萬一被拒絕怎麼辦」，臉上的表情會看起來就像是剛看完恐怖電影一樣充滿恐懼。這種僵硬的表情，讓人怎麼看都感覺不到幸福。沒有人會想跟這樣的人交往，當然告白就會失敗。

這種「常想著『失敗』的人，通常很容易失敗」的法則，也適用在運動、工作及所有的人際關係上。

■「失戀」的驚人效果

看到這裡，如果還擔心「萬一告白被拒絕怎麼辦」、「害怕失戀受傷」的人，我還有一句話想分享給你：

「失戀」其實是很棒的一件事。

失戀也是有好處的，那就是**「心理韌性會變得更強韌」**。

心理韌性也可以稱為「撐過壓力的力量」、「心理彈性」、「心理的柔軟度」。

失戀也許會讓人傷心，接著陷入深深的沮喪。可是，從沮喪中重新站起來，就是鍛鍊心理最好的練習，所以才說最好趁年輕時，多經歷一些「失戀」和「失敗」的體驗。

心理韌性強的人，就算多少承受著壓力，也能遊刃有餘地輕鬆應對。換言之也就不容易有憂鬱症等精神疾病，即便遭遇逆境也能聰明應對。

失戀可以為自己帶來這般驚人的能力，既然如此，萬一失戀了，就開心地告訴自己：「我的心理韌性現在變得更強韌了！」

很多人就算有喜歡的對象也不敢告白。事實上，「告白」非但能提高對方對你的好感度，甚至最後還會為你帶來「好結果」。這種心理學的法則，大家一定要多加善用。

09 從現在開始，期許自己退而不休

2022 年 9 月 8 日，英國女王伊莉莎白二世以 96 歲的高齡與世長辭。如今雖然被稱為「人生百年時代」，可是實際上像女王一樣能夠保持健康長壽的人，應該還是不多。

近百歲高齡的伊莉莎白女王，究竟是如何保持健康、讓自己做到終生現役的呢？

接下來，就讓我們從大家都知道的女王的生活習慣等各方面來探討原因吧。

原因①：不引退

伊莉莎白女王在位時間長達 70 年，是歷代英國君主中在位最久的人。據說直到離世前兩天，她都還帶著一貫的笑容處理著國家事務。

近年來 FIRE（Financial Independence, Retire Early）這種人生規劃方式漸漸受到注目，也就是透過資產管理達到經濟獨立，實現提早退休的人生。然而，**我個人其實非常不推崇這種提早退休的作法**，反而認為應該向伊莉莎白女王，期許自己終生退而不休。

一份以美國百歲人瑞為對象的研究調查發現，在這些長壽的長者身上，幾乎都能找到一個非常重要的共通點，就是「**目前都還在工作，或者是不久之前都還在工作**」。

有研究指出，**退休會讓人減少 5 年的壽命**。由此可知，退而不休可以說就是保持長壽的重要祕訣。

原因②：與人、動物、植物保持接觸

英國女王伊莉莎白二世終生現役的**7大原因**

① 不引退

② 與人、動物、植物保持接觸

③ 持續為社會貢獻

④ 保持「每天開心」的精神

⑤ 晨間日光浴

⑥ 每天睡滿8小時

⑦ 寫日記

　　伊莉莎白女王在世時雖然終日忙於國事,可是對於跟家人團聚的時間仍然相當重視,除此之外她也熱愛騎馬,經常跟愛犬外出散步。大家都知道女王是個愛狗人士,一生一共養了超過 30 隻柯基犬,甚至還自己進行繁殖。

　　人跟動物的交流、接觸和溝通,會刺激催產素的分泌。催產素具有放鬆作用,有助於提高免疫力和消除壓力,也有預防心肌梗塞和心臟疾病的效果。

　　除此之外,據說女王也很喜歡自己種菜來吃。如同前述,接觸植物也有促進催產素分泌的效果。

　　喜歡和人跟動植物保持接觸,能促使和「愛、聯繫」有關的神經傳導物質催產素的大量分泌。這對保持健康長壽來說,是相當重要的

關鍵因素。

更進一步來說,女王喜歡遛狗和騎馬的興趣,毫無疑問地也是很好的運動習慣。

原因③:持續為社會貢獻

在伊莉莎白女王的國葬上,在送葬行列經過的倫敦市中心,擠滿了許多想跟女王告別的民眾。從這些民眾的採訪片段可以看出,女王不僅深受人民愛戴,更是大家的精神支柱,可以說她將自己的人生完全奉獻給這個國家的人民。

前述中提到,親切待人也有刺激催產素分泌的作用。也有研究顯示,**從事志工活動的人,壽命比一般人多了大約 5 年,罹患心血管疾病的風險也比較低。**

就如同「volunteer high」的說法一樣,從事志工活動的人無論在精神和活動力上,都比一般人要來得更好。

因此,像女王這樣經常為他人、為社會貢獻的人,當然也就更容易保持健康長壽。

原因④:保持「每天開心」的精神

早上一起床立刻享用早茶和餅乾,午茶時間則有巧克力、餅乾、蛋糕等甜點。

這些每天少不了的生活儀式,全是伊莉莎白女王在忙碌生活中的樂趣。

我在拙作《精神科医が教える毎日を楽しめる人の考え方》(暫譯:精神科醫生傳授享受每一天的人生思維)中介紹了一種生活態度叫做「**娛樂優先**」,也就是在生活中保有「休閒娛樂」和「興趣活動」的時間,面對工作時才有辦法發揮專注力。個性風趣、總是走在流行前端的女王,

可以說就是「娛樂優先」的最佳示範。

　　伊莉莎白女王對流行也很有自己的想法，年輕時非常喜歡藍色、黃色、綠色等鮮豔明亮的顏色。後來隨著年紀增長，穿著顏色也漸漸變成以白色和銀色為主要色調。

　　此外，女王也是個興趣廣泛的人，除了騎馬、養狗和園藝以外，也喜歡攝影和收集郵票。這種「旺盛的好奇心」和「對新事物感興趣的態度」，都跟乙醯膽鹼有關。有研究顯示，**罹患失智症的人，體內的乙醯膽鹼濃度會減少，另外，生活中缺少興趣活動的人，罹患失智症的風險也會比較高。**

　　只要保持「每天開心」的精神，即便年齡增長，也不會失去對世界的好奇心，大腦也能永遠保持年輕。

原因⑤：晨間日光浴

　　據說伊莉莎白女王每天早上都會在拉開窗簾的房間裡，在晨光的沐浴下享用早茶。

　　一直以來我都提倡「睡眠，運動，晨間散步」就是保持健康的三大祕訣。

　　其中「晨間散步」指的是在早上起床之後的一個小時內，進行約15分鐘的快走散步，促進血清素分泌，藉此重啟生理時鐘，啟動身體活動，開啟充滿活力的一天（詳細請見「column 晨間散步的好處」）。神經傳導物質血清素又被稱為「大腦的指揮官」，具有調整多巴胺等其他神經傳導物質的分泌，以及控制憤怒、焦慮等情緒的作用。

　　其他效果可媲美晨間散步的活動，就屬「晨間日光浴」了。「晨間日光浴」甚至還能促進維生素D作用，使免疫力提升，達到預防骨質疏鬆症的效果。

　　晨間散步對年長者和身體狀況不佳的人來說，在執行上也許稍微困難了點，可以改成晨間日光浴，也能獲得跟晨間散步一樣的效果。

原因⑥：每天睡滿8小時

我認為影響健康最重要的關鍵，就是「睡眠時間」。**每天理想的睡眠時間應為 8 小時，最少也要有 7 個小時以上，不滿 6 個小時則屬於嚴重睡眠不足。**

那麼，伊莉莎白女王的睡眠時間又是多少呢？

據說，女王每天晚上 11 點就會帶著日記或是書本上床準備睡覺，一直到隔天早上 7 點半起床。假設寫日記、看書直到睡著一共花了 30 分鐘，則女王每天的睡眠時間正好達到理想的 8 個小時！

8 個小時的睡眠時間，才足夠讓身體消除疲勞，釋放精神上的壓力。對於鎮日忙於國事和各種儀式活動的女王而言，確保充足的睡眠想必就是她保持健康的最佳習慣。

原因⑦：寫日記

女王雖然深受人民愛戴，可是由於王室的各種醜聞和紛擾經常成為八卦小報的報導題材，想必一定也常讓她操心，承受著不小的壓力。

我在 YouTube 影片中經常會建議大家，在面對煩心和壓力時，應該「把心裡的話說出來以釋放壓力！」「讓情緒發洩出來」。不過，以女王的立場來說，肯定無法在他人面前說出自己的負面情緒和真心話。

那麼，她是怎麼發洩情緒和壓力的呢？據說，女王會把自己的負面情緒和壓力，寫在每天晚上的睡前日記裡，透過寫日記來整理自己的情緒和抒發壓力。

心理學的研究也發現，**寫日記可以排解壓力，有助於健康**。上述中提到，維持健康的祕訣是「睡眠，運動，晨間散步」，除此之外我也推薦寫日記這個方法。

睡眠、運動、晨間散步（晨間日光浴）、寫日記、「每天開心」（享受每一天）等，這些一直以來我不斷推崇的「有益健康的良好生活習慣」，伊莉莎白女王她全做到了，實在不禁令人欽佩。

column 晨間散步的好處

　　缺乏運動會導致「癌症」、「心臟疾病」、「糖尿病」等生活習慣病，以及「憂鬱症」和「失智症」等精神疾病的風險急速上升。有研究指出，**「每天運動 15 分鐘能降低一半的死亡率」**。

　　至於運動量的標準，一般認為「每天快走 15～20 分鐘」，即可達到每天的最低運動量。實際上有研究顯示，**「每天快走 20 分鐘，可延長 4 年半壽命」**。

　　「每天快走 15～20 分鐘」對一般的上班族來說，輕輕鬆鬆就能達標。可是，這個標準對於年長者和在家遠距上班等「足不出戶的人」而言，肯定都達不到。尤其年長者一旦缺乏運動，最令人擔憂的就是會增加阿茲海默症和「臥床不起」的風險。

　　如果超過一個月都沒有出門，也沒有運動，毫無疑問地身體肌力肯定會衰退。肌力一旦下降，想要恢復就沒那麼簡單了。

　　肌力變差才急著開始運動，很容易就會造成跌倒。跌倒會有骨折的風險，一骨折又得住院臥床好幾個星期，導致肌力下降得更快……這就是為什麼很多人一跌倒就「臥床不起」的原因。

■因應對策就是「每天晨間散步 5 分鐘」

　　針對缺乏運動的情況，我個人最推薦的改善方法就是「每天晨間散步 5 分鐘」。如果可以把時間拉長至 15 分鐘，當然最好，不過一開始可以先從「5 分鐘」做起就好。

　　散步的時間一樣，可是早上散步具有「刺激血清素分泌」和「重啟生理時鐘」的效果，能使情緒穩定，白天充滿幹勁和活力，晚上睡得更熟，達到消除壓力的效果。而且，曬太陽（接觸紫外線）能幫助身體合成維生素 D，可預防骨質疏鬆症、提升免疫力。由此可知，晨間散步是個對健康十分有益的生活習慣。

早上起床之後的一個小時內,外出散步5～15分鐘

- 刺激血清素分泌
- 重啟生理時鐘

達到「排解壓力」「預防憂鬱症」的效果!

　　有些年長者由於體力衰退,散步 5 分鐘就會喘得上氣不接下氣,可是獲得的運動效果卻相當於年輕人散步 10 ～ 15 分鐘。

　　倘若體力真的不允許散步,可以換個方式,在公園找張椅子坐下來,或是坐在家裡曬得到陽光的走廊或陽台,總之只要「曬到太陽」,就能達到「刺激血清素分泌」和「重啟生理時鐘」的效果。

　　跟高齡長輩同住的人,不妨每天早上牽著長輩的手一起出門晨間散步,不只能避免掉入「照護地獄」的深淵,對自己的健康也有正面的幫助。

第 2 章

今後時代「提升自我成長」的習慣

10 從現在開始，當個「行動派」的人

截至目前我已經寫了 43 本書，期間獲得許多讀者的迴響，包括「自從我開始練習輸出之後，我的人生徹底改變了！」「晨間散步讓我的身體狀況變好了！」等。

然而，也有非常多人是看完書之後，「完全沒有任何行動」。以我自己的感覺來說，有所行動的人只佔了 1 成，剩餘的 9 成可以看作是無法付諸行動的人。我把這種現象稱為**「行動的 1 比 9 法則」**。

我對於輸出的定義是**「說」、「寫」、「行動」**。輸出具備改變現實的力量，其中「行動」尤其重要。

假設讀了 100 本書，可是書中的內容一個也沒有付諸行動，那麼現實不會有任何改變，只是徒增大腦的情報量，唯一的收穫只有「自我滿足」。相反地，**所謂輸出，尤其是透過行動，可以帶來「自我成長」，並且改變現實。**

這幾年我一直在思考，有什麼方法可以讓無法付諸行動的人，轉變成行動派的人？以下是我想到的幾種方法。

方法①：降低目標設定

很多自我啟發的書都會教人「把夢想放大！」「把目標訂得更遠！」。但是，太遙遠的目標會讓人感覺無法實現，也就沒辦法刺激跟動力有關的神經傳導物質多巴胺的分泌。簡單來說就是「幹勁」和「積極」無法持久。

舉例來說，有些想瘦身的人會一下子就給自己設定「3 個月瘦 5 公斤」

變身「行動派」的3個方法

① 降低目標設定

3個月瘦5公斤
⇒3個月瘦1公斤

② 把行為細分

待辦清單「寫企劃書」
⇒「在筆記本上寫下內容」、「將內容輸入至文字編輯器中」、「整理濃縮成1頁A4的內容」、「列印出來校對有無漏字或錯字」

③ 降低難度，讓自己踏出第一步

養成「晨間散步」的習慣
⇒每週一次中午前外出散步5分鐘（或是做日光浴，也可以通勤代替）

的目標。這樣的目標，怎麼想也不可能達成。如果有這麼厲害的意志力，早就成功瘦下來了。

這種時候，不如把目標改成「3個月瘦1公斤」。

3個月瘦1公斤，換算下來，一天只要瘦11公克。「飯不要盛太大碗」、「改吃小碗白飯，另外再追加沙拉」、「上健身房運動」、「戒掉巧克力零食」等，這些雖然都只是「小小的行動」，可是應該都有「瘦11公克」的效果。

這種方法就是「降低目標設定」。降低目標設定也許看不見「明顯的效果」，可是，假設成功做到「3個月瘦1公斤」，1年下來就能瘦4公斤！**再大的目標，也是許多「小目標」累積而成。**在設定目標時，從小目標開始嘗試，成功的機率也許會比較高。

方法②：把行為細分

假設眼前有一個完整的大披薩，分量看起來一個人應該吃不完。

於是，你把披薩切成一口大小的 12 等分，看著電視、配著啤酒一塊一塊地吃。很快地不到一個小時的時間，一整個披薩已經被你全部吃完了……

舉這個例子是為了告訴大家，所謂行動就是**「將該做的事情（待辦事項）」細分成許多步驟，然後一步一步去做，不知不覺就能完成許多事情。**

就好比我現在正在寫書稿，「寫書稿」這個行動可以細分成「在筆記本上寫下內容」、「將內容輸入至文字編輯器中」、「調整字數」、「列印出來檢查漏字和錯字」、「決定插圖」等 5 個步驟。

假設時間不夠，這時候可以透過一些方法，讓工作能更有效率地進行，例如把「在筆記本上寫下內容」的步驟提前幾天先完成。

不論是目標、計畫、待辦清單、工作清單等，全都可以透過細分化來順利完成，因為這是一種有效率的做事方法。

細分化有個最大的好處是，**將一個目標分成數個行動，每一個行動的成功，都能給自己帶來「成功的體驗」。**

舉例來說，如果把目標分成 12 個行動，就算其中有一半沒有達成，最後也能得到 6 個小小的成功體驗，因此獲得「我辦得到！」「只要去做就會成功！」的自我肯定感。

這種經驗會讓人日後就算面對困難的課題，也能不畏失敗地勇敢去挑戰。換句話說，「把目標細分成小行動」會讓人產生改變，甚至還能改變現實。

如果一開始就設定遠大的目標，或是太大的行動目標，很可能在一開始就會因為覺得「不可能辦到」而放棄行動。到頭來完全得不到成功體驗，永遠都在害怕「失敗」，毫無自我成長，也改變不了任何現狀。

方法③：降低難度，讓自己踏出第一步

雖然我一直提倡「晨間散步對健康非常有益，大家一定要試試看」，可是依據「1比9法則」，還是有9成的人不會去做。大家的說法都是：「每天早起散步15分鐘，這太難了，我辦不到！」

關於晨間散步的方法，我在我的書中和YouTube影片中，的確告訴大家「在早上起床之後的1個小時內，外出散步（快走）15～30分鐘」。不過，我從不曾在書中和影片中要求大家要「每天進行」。事實上，連我自己也沒有每天做到（笑），如果遇到下雨天，我大多會選擇在家休息。

即便如此，還是會有人誤解我的意思，自己把難度提高，以為「一定要每天晨間散步」，然後告訴自己「我辦不到」。

於是，最近我改變說法了，我會建議大家：**「中午之前外出散步5分鐘，可以先從每個星期1次做起。」**

如果是這樣的條件，相信大多數的人早就都已經做到了。

從0到1，也就是**踏出第一步，往往是最困難的**。假如第一步「每週1次晨間散步5分鐘」已經做到了，接下來要再進一步嘗試「每週2次」，或是把5分鐘增加為「10分鐘」，相信都不會太困難。

如果覺得「太難了」、「辦不到」，就降低難度再試試看。試著做一次也好，做了之後，最困難的第一步就成功踏出去了。

降低目標，細分化，降低難度。透過這3種方法，你也能從原本無法付諸行動，順利變身為行動派的人。

11 從現在開始，把「腦效能」看得比「時間效益」重要

近來在年輕人當中很流行一種說法叫「TP值」，也就是「Time Performance」（時間效益），是仿照「CP值」（Cost-performance）的一種新說法。換句話說，現在有愈來愈多人的想法是：「既然花同樣的時間，得到的結果和效果當然是愈多愈好。」

提高「TP值」的行為，真的能提升效率嗎？以下就讓我們透過提高「TP值」的具體事例，從4個不同的觀點來探討這個問題的答案。

觀點①：倍數播放是浪費時間的行為

有愈來愈多人為了TP值，會用倍數播放的方式來觀看事先預錄好的電影、電視劇和動漫影集。原本2個小時看1部電影，用倍數播放的話，2個小時就能看上2部電影。動漫影集一季12集，原本大概要花4個小時才能看完。如果以2倍速的方式觀看，2個小時就看完了。乍看之下，倍數播放的TP值似乎不錯。

針對這一點，我想說：「我有異議！」我一直都很喜歡「欣賞能撼動靈魂的電影！」「希望透過電影體驗未知的世界！」。對我來說，看電影是為了獲得「感動」這種無可取代的體驗。可是，用倍數播放的方式看電影的人，真能得到「這是我這輩子看過最棒的電影！」這種「無可取代的感動」嗎？我想肯定沒辦法。

我通常看2部電影，就會被其中1部感動落淚。也就是說，以1部電影2個小時來計算，我大概4個小時就會遇到1部賺人熱淚的作品。相反地，倍數播放雖然4個小時能看完4部電影，可是應該連1部令自己感動的作品都遇不到。

有些人選擇倍數播放的理由是「想知道劇情,才能跟得上朋友之間的話題」。如果是這種理由,就算花了時間看電影和電視劇,究竟能為自己的人生帶來何種「效應」或是「成長」或是「正面影響」呢?別說是「提高 TP 值」了,根本只是浪費時間罷了。

　　用 2 倍速看電影或是電視劇,看起來 TP 值提高了 2 倍,可是我認為這麼做只是將時間稀釋成 2 倍。假設「花 1 杯的錢能喝到 2 杯啤酒」稱為高 CP 值,那麼倍數播放的行為就是「花 1 杯的錢,喝到 2 杯兌過水稀釋成 2 倍的啤酒」。

　　也有些人會說:「我很忙,沒有時間停下來好好欣賞。」換作是我,這種時候就會挑選「1 部值得欣賞的電影」,細細地品味。比起隨便找一部電影來看,這種方式能度過雙倍快樂,而且充實的時光。若是最後得到的感動(效果)也是雙倍,就可以說「TP 值也提高了 2 倍」。

　　這種關於時間投資,提高充實度的時間運用方法,我稱之為「時間的濃縮術」。

觀點②:「面對面」討論的效率比線上視訊好

　　新冠疫情期間,多人會議大多會利用 Zoom 等「線上視訊會議」的方式來進行。在確診人數減少、疫情趨緩的現在,還是有很多公司延續了這種會議方式。

　　然而,最近我會刻意將工作上的「討論」,改成面對面進行,而不是透過 Zoom,感覺像是在抵制這股線上視訊的潮流。這是因為,面對面討論可以利用最短的時間,完成包括重要事項的確認等例行作業,剩餘的時間就能用來做一些激發靈感、擬定企劃等發想之類的事情。以我自己的感覺,**面對面討論所激發出來的創意和活絡程度,都是 Zoom 的 2 倍以上。**

　　使用 Zoom 的好處是「可以省下移動時間」,但是就算把這一點納入考量,面對面的好處還是勝過 Zoom。

觀點③：「跟人說話時邊看手機」會讓溝通的效果明顯變差

咖啡店裡經常可以看到朋友或是情人之間聊天的情景，通常這時候雙方的眼睛都是盯著自己的手機，應該是在看跟眼前的對話不相關的新聞，或是 SNS 吧。「跟朋友聊天」和「看手機」兩件事同時進行，這樣的行為看似 TP 值很高，可是，事實上真的是這樣嗎？

與人直接面對面聊天，可以真實而深刻地感受到對方的表情，以及當下的氣氛。這是很棒的一件事！知心的朋友也好，最愛的情人和家人也好，跟這些對象直接接觸聊天，就是最好的「放鬆」，因為只是聊天，就**能促進「療癒物質」、「幸福物質」催產素的分泌增加。**

甚至有研究顯示，即使不說話，只是四目相對，催產素就會增加分泌。反過來說，如果眼睛沒有看著對方，催產素分泌的效果就會比較差。假設在咖啡店聊天 1 個小時，邊聊天邊看手機，跟看著對方的眼睛，邊說話邊進行「表情的傳接球」，兩者帶來的「療癒」效果和「幸福」效果截然不同。「邊看手機邊聊天」會使得溝通的效果明顯變差。也就是說，毫無疑問地這絕對是一種 TP 值很低的行為。

觀點④：忙到捨不得睡覺，工作效率等於喝醉酒的狀態

「工作忙不完！」「時間不夠！」的時候，很多人就會加班到凌晨，或是熬夜完成工作，結果導致「睡眠剝奪」。

大家都以為減少 1 個小時的睡眠時間，可以換來 1 個小時的工作時間，可是從腦科學的角度來說，完全不是這麼一回事。

每天的睡眠時間必須達到 7 小時以上，**若是連續 2 週以上每天睡不到 6 小時，專注力和大腦的工作效率會下降到跟「整晚熬夜通宵」一樣**（美國賓州大學的研究），等同於喝完一大瓶啤酒（633 毫升）之後的「微醺」狀態下的工作效率。

因為工作效率變差，只好再繼續加班。這樣也能算是「高 TP 值」嗎？我想這應該是最糟糕的作法。

睡眠時間與工作效率的關係

連續2個星期以上，每天睡不到6小時……

6小時以下

工作效率等同於剛喝完一大瓶啤酒（633毫升）！

BEER

＝

提升 TP 值當然很好，只不過，**很多大家認為「高 TP 值」的方法，反而會使「大腦的工作效率」變差，也就是嚴重影響「腦效能」**。

12 從現在開始，練習快速做決定

　　這是某一次我去泡溫泉發生的事。

　　這間溫泉在浴場的入口設有「洗髮精專區」，提供各 10 款的洗髮精和潤髮精，客人可以用小塑膠杯分裝自己需要的用量，帶進浴場裡使用。換言之，一共有 20 款的洗髮精和潤髮精可以試用，我心想：「這太有趣了！」

　　一開始我一一細讀每一款的介紹，猶豫著不知道該選擇哪一款。可是漸漸地，我愈看愈覺煩躁，最後什麼也沒拿就直接進浴場了。

　　原因之一是我當時沒戴眼鏡，介紹文字看得很吃力，加上還光著身子，很想趕快泡到浴池裡。不過就算是這樣，隨便選一下其實也花不了多久的時間。

　　那麼，為什麼那時候我會覺得「還要選來選去，好麻煩」呢？

　　我一面泡澡一面思考這個問題，後來想到：「啊！這應該就是所謂的決策癱瘓吧！」

　　選項愈多，人反而不知道如何選擇，以至於無法做出決定。這種心理法則就叫做「決策癱瘓」（decision paralysis）。

■ 當選擇太多的時候……

　　「果醬實驗」是美國哥倫比亞大學和史丹佛大學，共同進行的一項相當知名的心理實驗。

　　實驗內容透過超市擺設攤位賣果醬，A 攤位提供試吃的果醬有「24 種口味」，B 攤位有「6 種口味」。

　　結果發現，人群很明顯地紛紛走向 A 攤位，吸引了許多人停下腳步。但是，若以實際購買的人數來看，A 攤位（提供 24 種口味）試吃的

迅速果斷做出決定的「樺澤流3大決斷術」

❶ 在5秒內做出決斷
❷ 選擇讓自己感興趣的答案
❸ 選擇一開始的答案

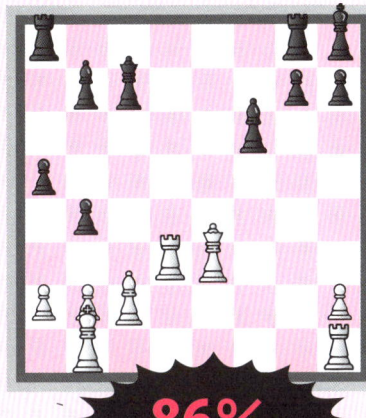

「5秒內所下的棋步」和「深思熟慮30分鐘後所下的棋步」

86% 一致！

人當中,只有3%的人最後買了果醬。相較之下,B攤位(提供6種口味)試吃的人當中,有30%的人買了果醬,兩者的購買率相差10倍之多。

從這個實驗結果可以清楚知道,當選項太多的時候,人會變得猶豫不決,最後什麼也沒有買,也就是無法做出決定。

■ **快速做決定的方法**

遇到像這種必須從眾多選項中選出一個的情況,到底該怎麼做呢?

以下要介紹的「樺澤流決斷術」,可以讓你在短時間內果斷做出決定。

決斷術①:在5秒內做出決斷

據說專業棋士「在 5 秒內所下的棋步」，和「深思熟慮 30 分鐘後所下的棋步」，有 86% 是一致的。

換言之，5 秒內所下的棋步，也就是「直覺想到的第一個判斷」，準確度非常高（第一步棋理論）。

這個理論的意思是，面對自己的專業領域，5 秒內所做的決定，跟深思熟慮之後做出的決定，兩者的差異並不大，因此大可以在 5 秒內果斷做出決定即可。

決斷力②：選擇自己感興趣的答案

就算要大家「在 5 秒內做出決斷」，應該還是有很多人會覺得：「如果這麼簡單就辦得到，就不用煩惱了。」

因此，第 2 個方法要教大家的就是，「選擇自己感興趣的答案」，因為「那個答案」，通常就是自己下意識想要的答案。

人在遇到感興趣的事物時，幸福物質多巴胺會增加分泌。**在多巴胺大量分泌的狀態下做決定，通常成功率都很高**。相反地，做出「自己不感興趣的決定」會引發壓力荷爾蒙的分泌，所以通常很容易失敗。

決斷力③：選擇一開始的答案

冷靜下來仔細想想就會發現，在做決定的時候，除了一開始的答案以外，後續出現的想法很多都是帶有算計，或是符合常識、保守、無趣的考量。

假設「你想看的電影明天就要下檔，今天是上映的最後一天。可是工作還沒做完，你考慮放棄不去看」。

這種時候，「去看電影」就是你真正的想法，是下意識的聲音，是自己感興趣、躍躍欲試的決定。「工作還沒做完，還是別去算了」只是內心的藉口罷了。如果總是做出基於算計或是面子的決定，決定也會變得愈來愈無趣。

> 日常中的「今後生活之道」
>
> ## 樺澤的「7大工具」大公開！

　　我平時會隨身攜帶公事包，每個提過我的公事包的人，都會被它的重量嚇一跳：「好重！」有一次我特地秤了一下重量，竟然重達 5 公斤。

　　總是積極透過 SNS 與 YouTube 影片傳遞資訊情報的我，給人的印象大多是擅長使用數位工具。事實上，我到現在對於傳統工具仍然非常堅持，這也是我的公事包的重量祕密。

　　以下就特別為大家公開我的公事包裡的「7 大工具」。

7大工具之①：筆電和周邊配備

　　首先，我最重要的工作工具就是筆電，每天的開機時間大概有 10 個小時以上吧。包括正在寫的書稿在內，我的許多重要資料，全部都存在筆電裡，簡直可以說「重要的程度僅次於性命」。

　　我平時最喜歡用的是「Let's Note」（Panasonic）的最高階機型。對我來說，筆電是「最常使用的工具」，處理速度會直接影響到工作速度，所以我堅持一定要選用最高規格的機型。

　　其他和筆電一樣隨身攜帶的還有變壓器和滑鼠。如果少了這兩樣東西，就沒辦法在咖啡店或是共享空間工作。

　　可是有時候急著出門，就會忘記放進公事包。所以，後來我在「家裡」、「公事包」和「辦公室」三個地方，都各準備了一套變壓器和滑鼠。

　　從此之後就再也沒有發生過「啊！忘了帶滑鼠」之類的情況了。

　　挑選滑鼠時我最重視的是「操作的流暢度」，如果使用起來卡卡的、流暢度差，心情上難免會覺得煩躁，也會影響到工作速度。

　　我最中意的滑鼠是羅技的「M325」，平均每 1～2 年更換一次新滑鼠，

前後加起來已經使用超過約 10 年。

7大工具之②：行事曆、記事本、筆記工具

平時的行事曆管理和做筆記等，我都是依賴紙筆等傳統工具。

我現在用的行事曆是 Franklin Planner 的行事曆（Original, 2 Pages A Day）。這一款行事曆用起來十分順手，我已經連續用了 19 年都沒有換過。

現在有很多人會用手機裡的 Google 日曆來規劃行程，但是我並沒有這麼做，因為**每次一拿出手機確認行程，一不小心就會打開 SNS 或是新聞來看，造成分心**。紙本行事曆還有一個好處是，可以一邊講電話一邊確認行程，非常方便。

我最常用的記事本是「MD Notebook 筆記本，A4 變形，5 mm 方格」（淺綠色）。這也是我愛用 10 年以上的記事本，紙質非常好，寫起來的手感很流暢，有助於激發靈感。平時不論是開會內容、突然靈光乍現的想法，還是書稿和演講的草稿等，我都會依照時間順序寫在這本記事本上。

至於用來寫行事曆和記事本的筆，我平時會根據書寫內容和當下的心情，分別使用兩款不同的原子筆，包括「ZEBRA SURARI 0.7mm」和「PILOT Acroball 0.5mm」。「SURARI」一如其名，最大的特色就是寫起來的流暢度非常好，在想事情的時候，我通常都會用這支筆來記錄。「Acroball」的筆尖較硬，筆壓較強，適合用來寫比較小的字，所以我大多是用來記錄行事曆。

我也會隨身攜帶不同顏色的螢光筆，因為我看書的習慣都是以輸出為前提，所以會邊看邊畫重點。除此之外還有粗、細兩款不同的簽字筆，因為經常會遇到簽書的要求。這些全部加起來，我的筆袋隨時都備有 10 支左右不同功能的筆。

「隨身帶著 10 支筆」聽起來似乎很沒有效率，可是如果能根據不同的工作內容，使用最適合的筆，效率會提高 2～3 成（我個人的感覺）。而且，用自己喜歡的筆，心情上會比較開心，書寫也會變成一件快樂的事情，對工作反而能帶來正面幫助。

規劃行事曆、做筆記　**最好依賴傳統工具！**

利用手機做行事曆管理或是做筆記，
很容易一不小心就分心滑起手機，
造成專注力變差！

7大工具之③：拍攝影片的器材

　　我的隨身公事包裡一定少不了的東西就是攝影器材。具體來說除了手機以外，還有自拍棒、耳機、充電器、充電線、防風設備（麥克風防風罩）。以自拍棒來說，可以三腳站立的款式最方便，不論是巧遇美景，或是突然多了 30 分鐘左右的空檔時間，就能馬上開始進行 YouTube 直播。

7大工具之④：商管書1本

　　每次外出時，我都會偷偷在公事包裡放一本商管書，利用搭電車往返的 1 個小時時間讀完。一個月下來，光是搭電車的時間，就能讓我看完 10 本以上的書。

就像之前提到的,看書的時候,我會邊讀邊用螢光筆畫重點,方便日後的輸出。這種作法讓我更容易記住書上的內容。

7大工具之⑤:耳塞

最近最讓我滿意的東西就是耳塞,已經成為我在咖啡店和共享空間使用筆電工作時不可或缺的必需品。

現在遠距工作的人愈來愈多,在外面最怕遇到旁邊坐的人正在視訊會議,或是講電話講得太忘情,忘了控制音量。遇到這種時候,耳塞就能派上用場。我也試用過昂貴的抗噪耳機,只不過,我沒有邊工作邊聽音樂的習慣,所以抗噪耳機對我來說效果不大。針對我的需求,最方便的是能夠讓我立刻進入無聲狀態(高度專注狀態)的耳塞。

還有一種情況也讓我很害怕,就是三溫暖的澡堂裡竟然有電視,因為對我來說,**泡三溫暖是我進行冥想,或是和自己獨處的時間**。如果遇到這種情況,耳塞就又能派上用場了。

7大工具之⑥:眼鏡擦拭布

拋棄式的眼鏡擦拭巾,和眼鏡擦式布,也是我隨身必備的物品。基本上我都是使用拋棄式的擦拭巾,擦拭布只是預防擦拭巾臨時用完時的備品。

眼鏡如果太髒,給人的印象會很差,所以我在接受採訪或是跟人見面開會之前,以及進行視訊會議、拍攝 YouTube 影片之前,一定會先將眼鏡擦拭乾淨。

這個行為除了是最基本的儀容禮儀之外,在某種意義上來說也是一個儀式。因為對我而言,**在拍攝 YouTube 影片之前把眼鏡擦乾淨,可以讓我的專注力瞬間提升,充滿幹勁,告訴自己:「好,開始工作吧!」**

7大工具之⑦：眼藥水

眼藥水對我來說是一種放鬆的物品。

工作一整天，到了下午如果覺得眼睛酸酸澀澀的，我就會點眼藥水，閉上眼睛稍微休息個一分鐘。這段時間我會完全放空，所以等到睜開眼睛之後，**除了眼睛不再覺得酸澀，感覺專注力也恢復了，就像跟冥想完一樣。**

我平時常用的眼藥水是需要眼科醫生處方的「Myopine」（改善調節功能眼藥水）。這種眼藥水點了之後，眼睛的調節功能會立刻獲得改善，看得更清楚。即便是身為醫生的我，也是直到最近才知道「眼藥水能讓視力瞬間變好」。

在電影院看電影之前，我也會先點一滴，讓自己用更清晰的視野欣賞電影。

除了以上「7大工具」之外，我的公事包裡還會隨身攜帶名片，以及牙刷和牙間刷等潔牙工具。

面對工作的時候，我十分講求要有效率和豐富的創造力。以刺激思考、激發靈感的效果來說，就如同前面介紹的行事曆和記事本，傳統的紙筆工具肯定勝過數位工具。

每天提著好幾公斤重的公事包四處移動，看起來似乎很沒效率，不過對我來說，這些就是我的「移動辦公室」。只要有張桌子，咖啡店也好、飯店也好，我隨時隨地都能在熟悉的環境下工作。另外像是耳塞、眼鏡擦拭布、眼藥水，則是我用來轉換心情和放鬆不可或缺的重要工具。

13 從現在開始，常懷感恩與親切

在奧運和世界盃等國際運動賽事上，比賽或是競技結束之後，通常都會訪問選手。這時候幾乎每個選手都會說：

「我要謝謝總教練、教練、隊友、工作人員、家人，以及所有支持我的人。」

每個人開口都是感謝再感謝。

簡直可以說「感恩是成功與成長的絕對法則」。

對他人心懷感恩，為什麼能給自己帶來成長，甚至是壓倒性的成功和成果呢？這一節就讓我們一起來思考感恩的效用。

效用①：變得更有能力對抗逆境

從腦科學來思考就會很清楚。

心懷感恩的時候，大腦會分泌幸福物質腦內啡。

腦內啡減緩疼痛的效果，是一般癌末患者常用的麻醉性止痛藥嗎啡的6倍。除此之外，人在被逼到極限的狀態下，大腦也會分泌腦內啡。 拳擊手被對方擊中不太會感覺疼痛，就是因為腦內啡的緣故。

另外，有時候跑步跑了約30分鐘之後，身體會突然變得輕鬆，有一種很「嗨」的感覺。研究發現，這種「跑者嗨」（Runner's High）的情況，也是因為腦內啡的分泌。人在面臨危機和煩惱的當下，為身體減緩疼痛，帶來「幸福感」、「亢奮感」、「很嗨的感覺」，讓人從「痛苦」中解脫的緊急支援物質，就是腦內啡。

即使在極度痛苦的情況下，腦內啡也能緩解疼痛和痛苦，給人帶來精神上和身體上的力量，讓人有能力去對抗、克服痛苦。如此厲害的物質，

就是靠心懷感恩來獲得分泌。

　　活躍在世界舞台的選手和運動員們，想必每天一定都進行著難以想像的長時間嚴苛訓練。以一般的意志力來說，要持續這種狀態好幾年，根本不可能。

　　然而，時時心懷感恩的選手和運動員們，通常都很懂得運用腦內啡的效果，因此就算辛苦，也能靠著滿足感和成就感去克服困境。

　　同樣地，就算在正式比賽場上被逼到絕境，腦內啡會促使人發揮出超凡的專注力和能力，讓人獲得壓倒性的勝利。

效用②：擺脫緊張的情緒

　　感恩和親切，兩者有著無法分割的關係。

　　親切待人，會換來對方的感恩。當對方也回報以親切的態度，自己也會感恩對方。這時候雙方體內都會分泌的一種神經傳導物質，就是「跟聯繫有關的幸福物質」催產素。

　　面對正式比賽，就算是經驗豐富的選手，一定也會感到「緊張」。很多選手就是因為過度緊張而導致實力無法完全發揮，最後輸掉比賽。

　　緊張的時候，大腦的杏仁核會過度活躍，使人產生擔心、害怕的感覺。杏仁核是位於大腦底部一個外形像杏仁的器官，作用類似「危險警報裝置」，人在「擔心」、「害怕」的時候，杏仁核通常都是呈現興奮狀態。杏仁核一旦過度興奮，身體就會過度用力而變得緊繃，導致最後輸掉比賽。

　　催產素具有抑制杏仁核過度興奮的作用，換言之，倘若抱著感恩、親切的心情上場比賽，此時催產素分泌就能抑制緊張的心情，使選手能夠發揮原本的實力。如果再加上腦內啡的作用，甚至能激發出超越原本的力量。

效用③：欺騙大腦

在 2021 年的東京奧運上，許多金牌得主的感言除了感謝以外，大家都說：「下一屆的巴黎奧運，我一定會再拿金牌！」獲得銅牌和銀牌的選手同樣也都展現了奪牌的決心：「下一屆巴黎奧運我一定要雪恥，拿下金牌！」絕對沒有人會說：「這次可以拿到銅牌，我已經心滿意足了。」

這是因為，**一旦感到滿足，多巴胺就會停止分泌，而多巴胺是一種跟動機、幹勁有關的神經傳導物質。**

人在「設定目標」和「達成目標」的時候，身體都會分泌多巴胺。選手們之所以才剛奪牌，就已經決定 3 年後的目標，是因為他們都很清楚，倘若現在不先設定目標，多巴胺就會停止分泌，使人喪失繼續努力的動力。

因此，**在達成目標的那一刻，就必須緊接著設定下一個目標。**即使心裡覺得「實在太開心了，雖然只拿到銅牌」，也要大聲說出「下一次我要拿金牌！」以展現決心，藉此來欺騙大腦。

效用④：強化動力，持之以恆

「感恩、親切×目標設定」，也就是催產素和多巴胺的相乘效果，對大腦而言是最強的組合（詳細請見「01 從現在開始，用感恩的心情看待財富」）。

多巴胺雖然會讓人產生「欲望」，可是這樣的效果會逐漸遞減（效果漸漸變差）。假設達成目標之後，為自己下一次設定了相同的目標，這時腦內的多巴胺就會慢慢停止分泌。

在過去的奧運金牌得主當中，也有一些選手陷入「燃燒殆盡」的狀態，成績停滯不前，遲遲毫無起色，最後只好就此引退。之所以會這樣，就是因為很難有超越世界金牌的目標設定。

不過厲害的是，**催產素可以抑制多巴胺效果遞減的現象**，因為「為他人行動」所帶來的喜悅（催產素的喜悅），永遠不會遞減。

心懷感恩與親切的驚人效果

感恩
「非常感謝大家的支持！」

→ 分泌腦內啡
- 提升專注力
- 感到幸福和亢奮
- 緩和疼痛
- 緩解壓力
- 提升免疫力

在極限狀態下發揮出最佳能力

親切
「回應大家的加油！」
他者貢獻、社會貢獻、從事志工活動等

→ 分泌催產素
- 獲得放鬆
- 感到幸福
- 緩解壓力
- 消除不安、害怕的心情
- 提升免疫力
- 提升記憶力和學習效果

即便被逼到極限，也能放鬆應對

　　如果只是以（為自己）「奪牌」為目標，很難保持動力。但是，如果是「為了團隊」、「為了支持自己的粉絲」、「想透過自己的活躍表現來推廣這項競技」等，以「他者貢獻」和「社會貢獻」為目標，動力會愈來愈強，而且更容易保持不變。

　　懂得感恩的人必定會成功。這個道理不僅適用於奧運比賽，在人際關係和工作上也是一樣。只在乎「為了自己」、「只要自己好」的人，不只得不到他人的協助，就連自己的動力也會漸漸喪失。

column 讓過度活躍的杏仁核恢復冷靜的 4 個方法

大腦裡的杏仁核平時都是處於關機的狀態,可是一旦受到壓力的刺激,就會開始啟動。假設長期承受壓力,造成杏仁核一直過度活躍,就很難恢復關機的狀態。

簡單來說,杏仁核的啟動就像「火災警報」響起。當警報 24 小時不停地響,會發生什麼事呢?

杏仁核一直處於過度活躍的狀態,會使得壓力荷爾蒙皮質醇的分泌增加,造成心理和身體上的不適,成為「憂鬱症」的發病原因之一。這時候人會變得更衝動,最糟糕的情況是「自殺」的機率也會提高。為了避免這種情況發生,以下就為大家介紹 4 個幫助杏仁核平靜下來的方法。

方法①:言語情報的輸出和輸入

對大腦進行言語情報的輸出和輸入時,掌管理性、邏輯和思考的前額葉皮質的作用,可以抑制杏仁核的過度活躍。這時候的「言語情報的輸出和輸入」,具體來說最好是「接收讓人放心的情報」、「向他人傾訴自己的煩惱和擔心」(發洩內心壓力)、「寫下心裡的不安和憤怒」、「寫日記」等行為。

也就是透過「瞭解」、「說」、「寫」等言語性的輸入和輸出,讓大腦慢慢「放心下來」。

方法②:增加催產素的分泌

跟「愛、聯繫」有關的荷爾蒙催產素具有十分強烈的放鬆效果,以及平靜、療癒的效果,因此當催產素分泌的時候,可以幫助興奮的杏仁核平靜下來。

可刺激催產素增加分泌的行為,包括夫妻、親子、夥伴等跟親密的人之間的互動、對話和身體接觸,跟寵物之間的互動,親切行為、他者貢獻、志工活動等。換言之,與人接觸互動而獲得療癒的時候,體內的催產素就會增加分泌。

方法③:為自己保留放鬆的時間

「杏仁核過度活躍」簡單來說就是「大腦處於興奮狀態」,或是「大腦處於戰鬥模式」。像是滑手機、玩電玩遊戲等視覺性的娛樂活動,都會刺激大腦

幫助興奮的杏仁核平靜下來的 4個方法

① 言語情報的輸出和輸入
- 接收讓人放心的情報
- 向他人傾訴自己的煩惱
- 擔心
- 寫下心裡的不安和憤怒
- 寫日記

② 增加催產素的分泌
- 跟親密的人互動
- 跟寵物互動
- 親切行為、他者貢獻、志工活動

③ 為自己保留放鬆的時間
- 好好泡個澡
- 不過度滑手機或沉迷電玩
- 每天發呆10分鐘

④ 睡眠、運動、晨間散步
- 確保每天睡滿7小時以上
- 適度運動
- 早上起床1小時內，外出散步5～15分鐘，接觸陽光

興奮，切換成戰鬥模式。

人在放鬆的時候，大腦的戰鬥模式才有辦法獲得解除。因此，每天至少要為自己保留10分鐘左右「悠閒」、「慢下來」的時間，例如好好泡個澡，或者是什麼事都不做，放空自己發呆等。

方法④：睡眠、運動、晨間散步

在睡眠不足的狀態下，杏仁核很容易過度興奮。杏仁核過度活躍則會影響睡眠，讓人無法熟睡，造成大腦疲勞，陷入惡性循環的狀態。想要避免這種情況，方法就是確保每天的睡眠時間達7個小時以上。

另外，運動可以減少皮質醇分泌，也就是說，運動能降低杏仁核所引起的壓力反應。

以簡單就能做到的運動來說，我最推薦的是「晨間散步」（詳細請見「column 晨間散步的好處」）。晨間散步可以刺激血清素分泌，血清素具有減少正腎上腺素分泌的作用。正腎上腺素是一種跟「戰鬥或逃跑反應」有關的神經傳導物質，當分泌減少時，不安的心情也會跟著平靜下來。

14 從現在開始，讓目標達成率飛速提升

我每年都會給自己設定「年度目標」。

有一年，包括工作上和生活上，我總共給自己設定了 12 個目標，一年後再回過頭來看，達成率高達 8 成。這並沒有什麼特別，我每年的目標達成率差不多都是這個數字。

根據某項研究的結果，**一般人在年初設定的目標，到年底的達成率大約只有 8%**。相較之下我的達成率高出了 10 倍之多。

接下來就跟大家分享我自己「提升目標達成率 10 倍以上的 5 個習慣」。

習慣①：把目標寫下來

美國哈佛大學做過一項研究，問參與研究的學生「你現在有什麼目標嗎？」，得到的結果為 84% 的學生「沒有目標」，13%「有目標但不會寫下來」，3%「有目標，而且會把目標寫下來」。

從這個結果來看，有目標的學生只有 16%，而且其中多數人都不會把目標寫下來。

經過 10 年之後，研究人員再針對這些人進行年收入調查，發現「有目標但不會寫下來」的人，平均年收入是「沒有目標」的人的 2 倍。另外，**「有目標，而且會把目標寫下來」的人（3%）的平均年收入，是其餘 97% 的人的 10 倍以上。**

如果只是把目標寫下來，年收入就能達到其他人的 10 倍以上，當然要寫下來才不會吃虧！

習慣②：把目標貼在行事曆的第一頁，每天提醒自己

目標與年收入的關係

相較於「沒有目標」的人
10年後年收入
約2倍
有目標但不會寫下來

相較於「沒有目標」和「有目標但不會寫下來」的人
10年後年收入
10倍以上
有目標,而且會寫下來

13%
3%
84% 沒有目標

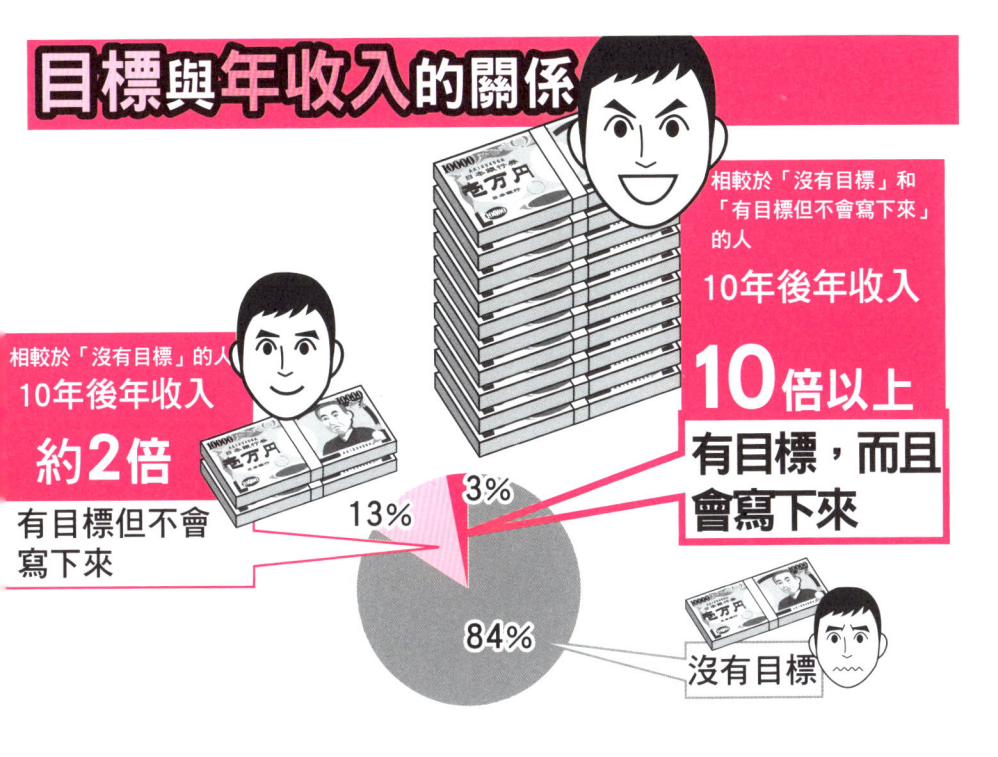

　　大部分的人都無法達成目標,其中的理由根據研究,最大的原因就是**「忘了目標是什麼」**。

　　這麼一來當然就無法達成目標。換句話說,假如能記住自己的目標,隨時提醒自己,達成率一定會大大提升。

　　我每年都會把「年度目標」貼在紙本行事曆的第一頁,這麼一來每次翻開行事曆就會看見,自然就會想到自己的怠惰,例如「糟糕!最近針對○○的目標完全沒有任何進度」。這時候就能即時修正自己的行動。

　　沒有使用紙本行事曆習慣的人,可以在「電腦桌面」或是「手機待機畫面」上顯示目標,這麼一來每天至少會看到10次以上,就算不想看也得看。

如果要做到「不想看也得看」，把目標列印出來貼在洗手間，也是個不錯的方法。只要每天看，實現的機率就會大大提升，再也沒有比這更簡單的方法了。

習慣③：設定「小有難度」的目標

前面「02 從現在開始，嘗試挑戰『小有難度』的事情」一節當中曾提到，人的大腦喜歡挑戰「小有難度」，也就是「稍微有點難度」，必須拚命努力，最後好不容易才能達成的難度。**挑戰「小有難度」的課題時，大腦會大量分泌跟學習有關的多巴胺。**

面對難度太高的目標，例如「業績提升 10 倍！」，心裡的第一個念頭一定是「這肯定辦不到」。**人的大腦不會浪費精力在辦不到的事情上，**所以這時候根本不會分泌多巴胺。

玩電玩遊戲也是一樣。以 RPG 遊戲中和中級魔王的對決來說，假如中級魔王太弱，第一回合就被打倒，對玩家來說一點也不好玩。相反地，如果打了 20 幾回合都打不贏，每一次隊友都幾乎全被殲滅，一樣也不會覺得好玩，甚至會讓人想放棄。

對玩家來說，最好玩的應該是「小有難度」的挑戰，例如差不多打 4、5 回合就能打贏的程度。事實上，很多電玩都是以一連串「小有難度」的挑戰來設計的。

習慣④：以「年度目標」作為行動基準

「年度目標」就是你的行動基準。**一天只有 24 小時，倘若沒有把這有限的時間優先運用在年度目標上，當然不可能達成目標。**

舉例來說，如果是我不太感興趣的聚會，我會先問自己：「這個聚會可以幫助我達成目標嗎？」「能讓我認識出版相關的人嗎？」「可以讓我獲得有助於寫書的有趣題材？」如果找不到任何有助於達成目標的因素，我就會毫不猶豫地婉拒出席。

達成目標跟「時間的運用技巧」也息息相關。我們生活中有太多跟達

成目標無關的「雜事」，必須想辦法盡可能減少這些不重要的干擾，把時間花在重要的事情上。只要像這樣把年度目標作為行動的基準，達成率一定能大大提升。

習慣⑤：也要設定娛樂休閒的目標

年度目標如果只有工作會顯得過於困難，讓人興致缺缺，提不起勁。因此，我每年在設定年度目標的時候，除了工作以外，也會一併為自己設定**「娛樂休閒的年度目標」**。

其中有一項是「每個月看 10 部電影，一年 100 部以上」，而且每看完一部電影一定要寫感想，透過電子報跟大家分享。我隨時都會計算目前看過的電影，例如「1 月已經看了 7 部」，這麼一來只要想到「這個月剩 3 部就達成目標了」，也會更有動力。

我說過，「感到興奮期待」的時候，大腦也會分泌多巴胺。既然如此，**將「興趣」和「玩樂」等讓自己興奮期待的目標也一起放入年度目標當中，當然也就有助於提升整體目標的達成率。**

15 從現在開始，善用「追加的效果」

以前，我曾經特地到千葉縣香取市參加「佐原大祭」，這是獲得聯合國教科文組織認定的非物質文化遺產之一。

高 7～8 公尺、重達 4 公噸，上頭還載著巨大人形的山車，就以觸手可及的距離從眼前經過，迫力感十足。其中山車轉彎的「の字迴旋」，更是精采。

十幾個壯丁用盡全力要讓山車轉彎，山車卻一動也不動。後來一旁好幾個壯丁也一起加入，「追加」施力。終於，在眾人的吆喝聲及適當時機的推動下，山車開始緩緩動了起來。一旦動起來之後，隨著輪子的轉動，就這樣一鼓作氣慢慢讓山車轉彎。

原本 10 個人也推不動的山車，加上 5 個人的力量之後便成功動了起來。這種透過「追加」，讓事物加速進行，順利推動的情況，在我們生活中和工作上也經常可以看見。雖然是很簡單的道理，可是等到真的遇到困境的時候，懂得善用「追加效果」的人卻意外地少之又少。

所以，接下來我想透過這個「追加」的思維，以及物理上的「摩擦係數」的概念，帶大家一起來思考，怎麼讓自己願意去做原本「不想做」、「覺得麻煩」的事情。

方法①：不要太快放棄

我有很多正在服用抗憂鬱症藥物的病患，因為「已經吃了 2 個月的藥，症狀卻完全沒有改善」，於是中途就放棄治療，再也不來看診。我甚至還來不及建議「還是我幫你調整吃藥的次數跟分量，我們再試試看」，對方就突然再也沒有出現了。

順帶一提，根據統計，在精神科，初診之後的3個月內，病患放棄治療的機率高達5成，甚至是更高。

如果吃藥吃了2個月仍然不見效果，可以再繼續「追加」1個月看看情況（時間和期間的「追加」）。或者，倘若吃2顆藥沒有效果，可以試著增加至3顆（量的「追加」），或是「追加」效果不同於目前服用的藥的其他藥物。

明明還有這麼多方法可以透過「追加」藥物來改善症狀，可是很多人卻都放棄得太早。

方法②：抱著「做5分鐘試試看」的念頭開始

我經常跟大家推廣晨間散步的好處，可是，我也很常聽到大家跟我說：「我知道晨間散步對身心健康的好處，可是我就是做不到。」「我每天早上都告訴自己從今天開始去散步，可是想著想著一個月過去了，我還是辦不到。」

大家還記得高中理化教過的「摩擦係數」嗎？

簡單來說就是「接觸面產生的摩擦力與正向壓力的比值」。摩擦係數分為靜摩擦係數（移動靜態物體時的摩擦係數），以及動摩擦係數（移動動態物體時的摩擦係數）。當然，靜摩擦係數會大於動摩擦係數。

如果以摩擦係數來比喻，**沒有辦法開始晨間散步的人，就像要移動靜止的物體，摩擦係數會比較大（靜摩擦係數），而已經有晨間散步習慣的人，摩擦係數就比較小（動摩擦係數）。**

因此，習慣晨間散步的人要把原本散步10分鐘，延長至15或20分鐘，相較之下會比較容易。

這種摩擦係數的概念，除了晨間散步，也適用於生活中和工作上的各種情況。尤其適用於要開始做「不想做的事情」和「覺得麻煩的事情」的時候。

減肥和戒菸也是一開始最難，可是大家也常說，只要努力撐過3個月，一切就變成習慣了。

寫作業也是一樣的道理，雖然要開始寫之前會花很多時間掙扎，不過只要一開始寫，有時候甚至可以寫上一個小時都沒問題。

　　以工作上來說，一個全新的企劃要從零到有，需要大家的共同努力和龐大的資金。但是，要讓一個已經上軌道的企劃繼續運作，所需要的勞力和資金絕不會多於前者。

　　「**開始動起來之前最辛苦，一旦動起來之後，一切就會輕鬆許多。**」我把這個道理稱之為「**靜摩擦係數理論**」，只要時時提醒自己這一點，不論是念書還是工作，隨時都能做好心理準備。

　　例如，你可以這樣自我激勵：「唉，真不想工作……可是依照靜摩擦係數理論，只要先做5分鐘，接下來就會毫無阻力，順利多了。」

方法③：不行的話再追加第二支、第三支箭

　　我常會收到很多像是「我靠著晨間散步瘦了15公斤」、「晨間散步讓我的憂鬱症好多了」之類的正面迴響，可是相反地，我也會聽到有人說：「我持續了1個月的晨間散步，什麼效果也沒看到！」

　　假使1個月看不到效果，就繼續「追加」1個月，如果還是沒有效果，就再「追加」1個月，至少要持續3個月。因為研究顯示，**改變生活習慣之後，「基因開關」的開啟與關閉，至少要3個月才能完全切換**。舉例來說，基因開關的開啟意味著身體開始生成全新的蛋白質，說得更明白一點就是身體外觀產生變化。

　　效果如果不好，就「追加」對策。這個方法可以運用在許多方面。**一支箭射不準，就再追加第二支、第三支箭**。就算前兩支箭沒有射中目標，只要第三支箭射中就行了。或者，也有很多時候是結合三種方法來得到綜合效果。

　　然而，大部分的人都是第一支箭沒有射中目標之後，馬上就陷入沮喪或是直接放棄。只用一個方法就順利成功，輕鬆獲得解決，這種情況少之又少。事情在動起來或是產生變化之前，都需要耗費非常多的勞力和時間。

如果看不到效果，就試著在**時間和量上面做「追加」**

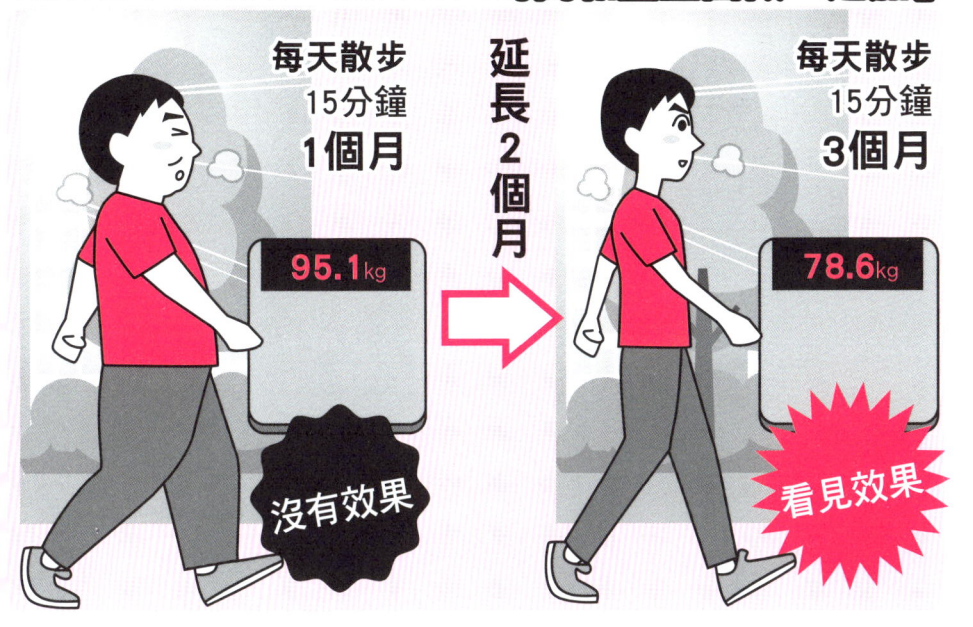

每天散步 15分鐘 1個月 — 95.1kg — 沒有效果

延長2個月

每天散步 15分鐘 3個月 — 78.6kg — 看見效果

　一開始不順利是理所當然，不過只要想辦法克服一開始的心理障礙，動手去做，接下來就只要不斷「追加」力氣和對策，事情一定會在某個階段開始變得順利。

16 從現在開始，
　　當個「貼心周到的人」

　　以下是我參加某個起司活動時發生的事情。

　　我在一個排了20幾個人的攤位上，拿到了一盤裝著3種不同起司的小盤子。每一種起司都切得很大塊，頗有分量，一旁還附有小餅乾、堅果和果乾，整個盤子看起來相當豐盛。

　　可惜的是，盤子上看不到任何針對這3種起司的說明介紹。我本身就很喜歡吃起司，所以大概知道這3種起司的種類，可是正如所料，我聽到旁邊的人說：「這個起司真好吃，不知道叫什麼名字？」而且不止一個人，很多人都有相同的疑問。

　　於是，最後我在問卷調查的意見欄裡寫下：「既然都免費提供起司試吃了，可是如果不告訴大家起司的種類名稱，大家根本不會知道，也沒辦法購買。如果可以在盤子上加上起司的名稱就好了。」把問卷調查交給工作人員的時候，也在口頭上說了一遍。

　　沒想到工作人員告訴我：「盤子上有起司的種類名稱唷，先前也有透過廣播做介紹。」

　　我看著工作人員手指的地方，確實在盤子的邊緣處，有個小牌子寫著起司的名稱。可是，在拿到起司盤的時候，應該很少有人會注意到這個小牌子吧。再者，所有人都在忙著吃東西和聊天，到底有幾個人會注意聽會場的廣播在說什麼？

　　我也觀察到其他工作人員的反應，每當有人問到起司的種類名稱時，得到的回答都是「盤子上就有起司的名稱」，以及「剛剛廣播也有介紹」。換言之，這些工作人員只是在做「被交代的工作」和「被賦予的工作」而已。

■ **做事情貼心周到的人,都是「難得的寶貴人才」**

這些工讀生的態度,簡單來說就是「不夠周到」。

我的朋友當中有很多都是大老闆,根據他們的說法,現在人才短缺的問題相當嚴重。尤其是能夠自己判斷情況去做臨機應變,「做事情貼心周到」的人才,更是難得。

「做事情貼心周到的人」,在公司裡的評價確實會比較高,也會比其他人更早獲得晉升。因為這類型的人可以放心交付工作給他,當然會讓人想提拔成為主任或組長等管理職。相反地,做事情不夠周到的人,當然就沒辦法交付他責任性的工作。

既然如此,怎麼做才能成為「貼心周到的人」呢?

方法①:瞭解工作的「目的」和「理由」

只會依照指示的方式,做好被交付的工作,這種被動式的工作方式屬於「輸入型員工」。另一方面,會針對被交付的工作去思考背後的理由和目的,找出最適合的作法,並且加入自己的想法和創意,用極富創意的方式去完成,稱為「輸出型員工」。

輸入型員工的特徵包括「保守」、「維持現狀」、「不會主動發現問題」、「沒有學習」、「一直在反對」、「自我中心」。輸出型員工的特徵則包括「創新」、「自我成長」、「隨時發現問題」、「學習欲旺盛」、「隨時思考可能性」、「他者貢獻」。

輸入型員工將來很有可能會漸漸被機器人和 AI 取代,只會做輸入型工作的人,屆時很有可能會找不到工作。

換句話說,如果想要成為「做事情貼心周到的人」,一定要隨時提醒自己成為「輸入型員工」。

輸入型員工 與 輸出型員工

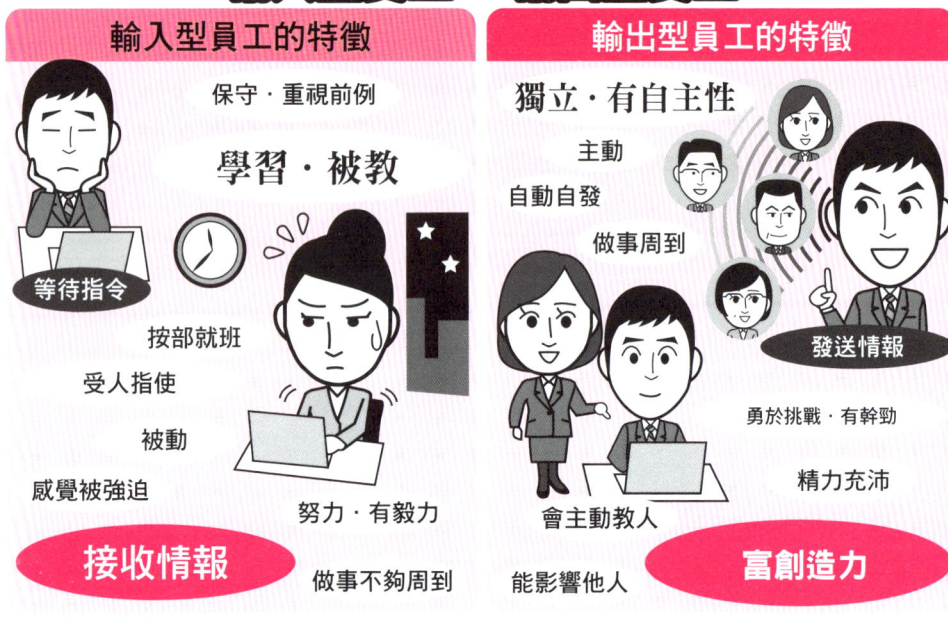

輸入型員工的特徵
- 保守・重視前例
- 學習・被教
- 等待指令
- 按部就班
- 受人指使
- 被動
- 感覺被強迫
- 努力・有毅力
- 做事不夠周到
- **接收情報**

輸出型員工的特徵
- 獨立・有自主性
- 主動
- 自動自發
- 做事周到
- 勇於挑戰・有幹勁
- 精力充沛
- 會主動教人
- 能影響他人
- 發送情報
- **富創造力**

方法②：務必做到「觀察」和「預測」

就在起司活動的同一天，我跟太太一起去了一家泰式料理餐廳。

品嚐完美味的料理之後，我跟店員說要結帳，然後就把信用卡放在店員拿來的帳單上。後來，我跟太太又聊天聊了約5分鐘，這段時間內店員完全沒有靠近我們的桌子。

那麼，他站在哪裡呢？他就一直站在距離我們桌子約3公尺遠的地方。當我舉起手，他像是突然發現似地立刻來到我們桌子前，將帳單和信用卡拿去結帳。

我才一舉手，原本站在角落的店員就立刻來到桌前，可見他並不是在偷懶。只不過，他站著的時候，真的完全沒有在思考嗎？

貼心周到的人會確實做到「觀察」和「預測」

以餐廳店員為例
- 杯子是不是空了
- 桌上有沒有吃完該收的盤子
- 準備要離開了
- 找不到洗手間嗎

⋯⋯透過觀察，預測客人的想法和行動，提前為客人採取行動

　　他只是呆站在原地等待客人叫他，又或者，他一直在細心觀察每個客人的一舉一動，在客人提出要求之前先採取行動，例如「有沒有客人的杯子已經空了」、「有沒有吃完該收走的空盤子」、「有沒有哪一桌的客人已經準備要離開了（準備結帳）」、「是不是有客人找不到洗手間在哪裡」等。

　　也就是說，**確實做到「觀察」和「預測」**，才有辦法成為「做事貼心周到的人」。

17 從現在開始，提升危機應變能力

2022 年 2 月俄羅斯入侵烏克蘭的時候，應該很少人會猜到這場戰爭接下來會拖了 1 年以上。

一般認為烏克蘭之所以能夠撐這麼久，全多虧了總統澤倫斯基所做的那些演說、影片以及善用 SNS 等「公關策略」。

澤倫斯基所採取的策略，也可以直接運用在當工作或生活遭遇困境，被逼到走投無路、深陷危機的時候。以下我將他的策略分成 4 大類，一一為大家說明。

方法①：借助他人之力

遇到困難的時候，當然要「向人求助」。大家也許會覺得這不是廢話嗎？

可是，舉例來說，假設自己在工作上出了大包，這時候大多數人的反應幾乎都是靠自己想辦法，很少有人會在第一時間就向人求助。於是，問題就這樣愈拖愈久，愈拖愈嚴重，最後變得無法收拾。如果可以早一點請教他人，或是向人求助，情況應該不至於嚴重到不可收拾的地步。

根據日本一份針對自殺者的調查，大約有三分之二的人，生前完全沒有跟旁人透露出自殺的念頭，也沒有向人求助，就這樣突然結束自己的生命。 就連被逼到「想死」這種無路可退的地步，還是沒有找人傾訴自己的困難，或者說是無法向人求助。從這一點來思考，也就不難理解大部分的人在工作遇到困難的時候，為什麼都不會找人幫忙了。

澤倫斯基透過在日本、美國等其他國家的議會殿堂進行演說的方式，

向烏克蘭總統澤倫斯基學習！面臨困境時的4大應對方法

① 借助他人之力

② 靠團隊克服一切

③ 不要一開始就覺得不會成功而放棄

④ 善盡人事

直接喚起他國人民的同情心。一般常見的方式是由總統或首相等行政機關最高負責人直接下令,可是澤倫斯基卻刻意不這麼做,反而大喊「希望借助全國人民的力量」,讓人感受到他的堅強意志。

假使光靠自己一個人或是自己國家的力量,完全解決不了問題,唯一辦法只能借助他人或是其他國家的力量。這雖然是很簡單的道理,可是人在陷入困境時反而會做不到。然而,澤倫斯基可以不畏他人眼光做到這一點,由此可以看出他的「柔韌力量」。

方法②:靠團隊克服一切

澤倫斯基的演說擁有非常高的評價。

這些演講稿應該不是出自澤倫斯基之手,而是由專業的演講撰稿人來

操刀，經過不斷練習，將文字完全轉變成自己的話來表達，讓人不由得欽佩原本是喜劇演員的澤倫斯基的完美「演出」。

雖然全世界的焦點都集中在澤倫斯基一個人身上，不過包含演說在內，他當然不可能自己一個人包辦所有事情。尤其從針對世界各國的宣傳活動可以看得出來，在他背後有個十分強大的團隊。

年紀輕輕、不到35歲就出任烏克蘭副總理的費多羅夫，過去是個廣告公司老闆；總統辦公室主任葉爾馬克，原本是個電影製作人；代表出面與俄羅斯進行停火協議談判的阿拉卡米亞議員過去也是個企業家。這些擁有不同經歷的成員所組成團隊，在澤倫斯基的背後支持著他。也許正因為是這樣的團隊，才想得出後來全世界看到的那些善用SNS和影片的公關策略。

這個方法必須要有方法①為基礎才能成形，不過可以知道的是，在面對危機的時候，很重要的一點是必須獲得團隊的建言與支持，大家一起同心協力對抗危機。

方法③：不要一開始就覺得不會成功而放棄

澤倫斯基在演說中不斷強調「絕不放棄」。假設他顯露出軟弱的態度，烏克蘭人民還會奮戰到底嗎？世界各國也會像現在這樣支持烏克蘭嗎？

一開始就認為不會成功而放棄的人，沒有人會願意支持。只有緊咬著對方，不輕言放棄，堅持努力到最後一刻的人，大家才會想支持，這是人性。

人在被逼到絕境的時候，都會思考「能不能」靠自己的力量解決。可是就算「不能」，如果有辦法獲得他人的支持和幫助，不可能也能變成可能。

烏克蘭副總理費多羅夫在自己的推特上向馬斯克提出請求，希望他提供高速網際網路系統「星鏈」給烏克蘭使用。

馬斯克在幾個小時後便承諾提供協助，讓烏克蘭終於重新獲得訊號。

在推特上發文花不了幾分鐘的時間，就算被拒絕也沒有什麼損失，所以當然要去做才不會吃虧。

不要一開始就覺得不會成功而放棄，「先做再說」，有時候現實會因此出現轉機。

方法④：善盡人事

想要得到最好的結果，必須先善盡人事。我把這個方法稱為**「全部戰略」**。

在現實社會中，很多人在遭遇失敗和困境的時候都會慌了手腳，就算有 10 個解決辦法，可是光是其中 2、3 個就忙得應付不來了。要不就是沒來由地自己嚇自己，例如「萬一問題變得更嚴重就糟了」，給自己徒增不安，最後陷入停止思考、停止行動的狀態。

但是，愈是在這種時候，**唯一可以突破困境的辦法，就是冷靜地把自己能做的努力一一付諸行動。**

烏克蘭在面對戰爭時，總是不停地思考對策，並且立刻執行。也許每一個對策的效果不大，可是全部加起來之後，發揮出的效果卻足以彌補與俄羅斯之間的軍力落差。

澤倫斯基的這些策略，以國家元首來說確實都是非常創新的作法，但是，從以上的分析可以知道，事實上他不過就是冷靜做好每一件「該做的事情」而已。

面對走投無路的困境時，「借助他人之力」、「靠團隊克服一切」、「不要一開始就覺得不會成功而放棄」、「善盡人事」等應對方法，將能為你開啟一扇打破現狀的大門。

尤其最重要的是，**「假使靠自己一個人辦不到，就借助他人的力量」**。這一點請務必銘記在心。

18 從現在開始，看完書之後一定要有所行動

有些人會感嘆，明明每個月看了好幾本書，「可是自己卻沒有任何成長，工作也不見改善。」為什麼看了書，卻不見效果呢？

接下來就讓我針對這個現象的原因和應對方法，為大家做說明。另外也一併跟大家介紹一定能看見效果、達到自我成長的行動化閱讀術的方法。

步驟①：以輸出為前提閱讀

大腦吸收情報，稱為「輸入」，包括「讀」、「聽」、「看」；將情報移出至腦外，稱為「輸出」，包括「說」、「寫」、「行動」。

只有看書，也就是只做輸入，書的內容無法成為記憶留在大腦裡。如果沒有把看過的內容說出來、寫下來，或是轉化成行動，現實不會有任何改變。

想要對現實世界帶來改變或是影響，一定要透過輸出。

因此，從現在開始，建議大家在看書的時候，要以輸出為前提來閱讀。具體方法如下：

（1）邊看邊在重要的地方用螢光筆畫線，並且寫下自己的發現
（2）以「看完之後要跟人介紹內容」的心態來閱讀

看書的時候只要謹記這兩個原則，書中的內容就會牢牢記住，效果是以前完全無法比較的。就算被問到看完書之後的感想，也能侃侃而談。

若是再進一步養成習慣，每次看完書之後，把從中獲得的3個「發現」以條列式寫下來，效果更好。所謂「發現」指的是「原來如此！」「我現

行動化閱讀術的方法

①以輸出為前提閱讀
(1) 邊看邊畫線、寫下註記
(2) 抱著「看完之後要跟人介紹內容」的心態看書

② 做輸出
(1) 跟家人、朋友、同事介紹書的內容和自己的感想
(2) 在SNS上寫下讀後感
(3) 在2週內以上述方式做3次輸出

③化為行動
(1) 列出3個「執行項目」，在1週內付諸實行
(2) 1週後進行自我檢討
(3) 列出另外3個「執行項目」

To Do 執行清單
晨間散步
每天說3次「謝謝」
不說他人壞話

在才知道！」的收穫，或是「這太有意思了！」等心動的體驗。

坊間有很多關於速讀和廣泛閱讀的書籍，相較於這些，我認為「深讀」更為重要。

深讀指的是對內容的理解程度足以做到輸出，能針對內容進行 10～15 分鐘的說明。

做到上述 2 點之後，你的閱讀自然能達到深讀的程度，對書中內容的深入理解遠遠勝過速讀和廣泛閱讀。請各位務必要嘗試看看。

步驟②：（透過說和寫）做輸出

即便深讀到對內容的理解程度足以向他人說明，可是只要沒有實際做到輸出的「行動」，最後還是會忘記。以下的 3 個方法，可以幫助大腦牢

牢記住輸入的情報。

　　（1）跟家人、朋友或同事介紹書的內容，分享自己看完之後的感想。
　　（2）在 SNS 上寫下讀後心得。
　　（3）在 2 個星期內，以上述的方式做到 3 次輸出。

　　2 週內 3 次將輸入大腦的情報做輸出，大腦就會認定「這個情報很重要」，於是把它從「短期記憶」轉化成「長期記憶」，保存在大腦的記憶區塊中。也就是說，大腦會判斷「這個情報在短時間內已經使用了 3 次，以後肯定還會用到」，於是加強記憶。

　　「2 週內輸出 3 次」聽起來似乎有點難度，可是實際做了之後會發現，其實沒有那麼困難。在跟人分享內容和感想的時候，一開始可能沒辦法說得很好，但是 2 個人、3 個人……隨著不停地輸出，一定能說得愈來愈好。只要能說上 10 分鐘以上，就算達到「深讀」的程度了。

步驟③：化為行動

　　輸出要連結自我成長，必須要做到把記憶在大腦裡的內容轉化為行動才行。若是能再進一步將這個行動變成習慣，那麼原來一本幾千日圓的書，就能有數萬日圓甚至數十萬日圓的價值。想要做到這一點，以下這一套方法一定要謹記在心。

　　（1）**寫下 3 個「執行項目」，並且在 1 週內付諸實行。**
　　（2）**1 週後進行自我檢討。**
　　（3）**列出另外 3 個「執行項目」。**

　　接下來就讓我一一地具體說明。
　　（1）「執行項目」也就是「應該做的事」。看完書之後，把「想從今天開始試試看」、「想應用在生活中或是工作上」的事情，以「執行清單」或「任務清單」的方式，簡單地條列出來。
　　列出 3 個執行項目之後，再把它謄寫到每天使用的行事曆或是手機的

記事本裡。接著，用一個星期的時間盡可能地去做，並且時時提醒自己，每天確認是否有做到。

因此，在條列的時候就不能寫得太籠統，必須具體且清楚明瞭。

舉例來說，看完時間術的書之後，發現「在工作一開始、專注力最好的時候處理信件，是浪費時間的行為」。

這時候，最常見的寫法大多是「不要在工作一開始的時候處理信件」。這種寫法就過於籠統，很難判斷自己有沒有做到，所以通常都無法付諸實行，不然就是沒辦法養成習慣。

如果可以寫得具體一點，例如「在開始工作的 1 個小時內，收發信件必須在 5 分鐘之內完成」，實際做起來就容易多了。如果一開始就給自己設定「不能○○」的目標，通常都不可能辦到。所以在設定目標的時候，祕訣就是先降低標準，從「小」行動開始做起。

（2）給自己設定 3 個執行項目，接下來的一個星期就根據這份清單去付諸實行，一個星期之後再回過頭來審視自己做到哪些，自我檢討。假使沒有做到，也要思考做不到的原因，如果是因為目標設定得太高，就降低標準，重新設定執行項目。

（3）等到 3 個執行項目都已經成功轉化成習慣之後，再重新從書中找出另外 3 個執行項目，條列下來作為下一週的目標。用這個方式反覆進行 3 週。

3+3+3=9。假設看書花了一個星期，一個月的時間就能把書裡的 9 個知識轉化成行動，納入自己的生活習慣當中。

希望大家也可以用這種方式，花一個月的時間深讀一本書，然後做輸出，確實地轉化成行動，細細感受閱讀的樂趣。

19 從現在開始，磨練自己的「說明力」

在職場上，「說明力」是不可或缺的重要能力。

不論是跟顧客應對、跟上司做報告、跟客戶做簡報等，每天都會遇到向人說明的場合。說明得夠清楚，就能贏得顧客的信賴，提升業績，得到上司的肯定。簡報做得有說服力，就能拿到大筆訂單。

相反地，**不會說明的人，就算拚命解釋，對方還是聽不懂，評價自然就容易變差。**

從這幾點來思考，「說明力」對商業人士來說，可以說是左右一生的重要能力。接下來就跟大家介紹如何提升自己的說明力。

方法①：先說結論

要做到「清楚說明」最簡單的方法，就是「先說結論」，也就是「我反對這個提案，因為～」的論述方法。

日文在文法上有個特徵，就是不聽到最後不會知道是肯定還是否定。如果說話的時候沒有意識到這一點，對方一定聽不懂你的結論。

舉例來說：

「A的意見沒有考慮到○○，××的風險比較高，再加上問卷調查的結果是△△，因此我反對這個提案。」

說明如果太冗長，聽的人會愈聽愈模糊，可能因此漏聽了最後的「反對」。

方法②：縮短句子

「A的意見是○○，然後B的意見是××，然後問卷調查的結果是△△，所以我反對這個提案。」**說明力差的人，經常會用「然後」來做連接**，造成句子愈說愈長，對方愈聽愈不懂。

提升說明力的7大方法

1. 先說結論
2. 縮短句子
3. 多用數據，避免使用形容詞
4. 善用權威
5. 透過「寫」來做輸出
6. 看完書馬上寫下感想
7. 注意自己的非語言溝通

「我反對這個提案，因為A的意見是○○，B的意見是××，問卷調查的結果是△△。」

說明的時候，不是把句子「連接」起來，而是應該「切」成一句一句，聽起來會更清楚明瞭。

方法③：多用數據，避免使用形容詞

說明的時候要記得盡量多用統計、研究等具體的數據，避免使用形容詞。

舉例來說，「受到新冠肺炎疫情的影響，我們公司的業績呈現大幅下降」的說法可以改成「受到新冠肺炎疫情的影響，我們公司的業績下滑了43%」。

「很多」、「大幅」、「明顯」等,這一類的**形容詞用得太多,聽起來就愈「曖昧」**。要避免這種情況,可以在事前準備好數據資料,在說明的時候盡量以數據來表現,以增加說服力,給對方「有事先做好調查」、「內容正確」的感覺,更容易為自己贏得高評價。

方法④:善用權威

提出數據的時候,**清楚表明出處來源,聽起來會更有說服力**,例如「根據日本經濟產業省在 2022 年的調查~」、「根據哈佛大學的研究~」等。

個人的想法和意見說得再多,對內容的可信度一點幫助也沒有。相反地,使用統計和研究等客觀資料,以及發表這些資料的團體本身的「權威」,也可以提升說明者的可信度。

方法⑤:透過「寫」來做輸出

透過上述的4個方法,相信現在大家應該都已經知道如何清楚做說明了。但是,如果要你現在立刻用這些技巧清楚地做說明,可能還是有難度。因為要做到這一點,必須要先做好「打底」。

在這裡我要推薦給大家的方法,就是平時盡量透過「寫」來做輸出。

把自己想說的話、正在思考的事情,寫成文章,經過反覆推敲修改,最後再跟人說明。事實上,**「寫」就是培養說明力最好的訓練方式**。

如果只是練習說,除非錄音下來,否則話在說出口的瞬間就會消失。而且,萬一沒有人願意陪自己練習,得不到反饋,想要進步得花很久的時間。

相較之下,寫成文章之後,就能自我檢視是否做到上述的重點,例如「是不是先說結論?」「每一句話會不會太長?」等,自己就能進行反饋。

透過這種方式**寫出「完美的說明文」之後**，接著就只要照本宣科地說出來，就是「完美的說明」了。

方法⑥：看完書馬上寫下感想

看完一本書之後，馬上把感想整理成文章，也是一種透過「寫」做輸出很好的方法。**不太會寫感想的人，也可以寫下內容概要。**因為內容概要就是「把內容做整理，以清楚明瞭的方式做說明」，也是很適合用來練習說明的一種方法。

除了書以外，也可以在看完電影和漫畫之後，把感想和內容概要寫成文章來練習說明。持續這樣的練習，說明力肯定會有明顯的提升。

方法⑦：注意自己的非語言溝通

大多數的人在眾人面前說話的時候，都只會把重點放在「我要說什麼？」。事實上，比起這一點，**「要怎麼說？」「想給人什麼感覺？」更為重要。**

即便是再完美的內容，如果做簡報時一直駝背、低著頭，聲音又小，一副沒有自信的樣子，只會讓聽的人心裡覺得「這個人還好嗎？」。這麼一來花了一個禮拜精心準備的資料，就全都白費了。

如果換個方式，說話的時候抬頭挺胸，充滿自信，語氣堅定，肯定會更有說服力。就算是一樣的內容，但是隨著表達的方式不同，聽起來的說服力也會天差地別。

語言的內容、含意、文字等，這些稱為**「語言溝通」**；表情、姿勢、視線、音量大小、音調、肢體動作、服裝等語言以外的要素，稱為**「非語言溝通」。比起語言溝通，非語言方面所表現出來的訊息更為重要。**

可惜的是，大部分的人都不會注意到自己的非語言溝通。這也是為什麼說明力一直沒辦法提升的主要原因。

在非語言溝通當中，一對一面對面說話時的眼神接觸，非常重要。很多時候只要做到說話時看著對方的眼睛，聽起來的說服力就明顯不同，可信度也會提高（關於「非語言溝通」，詳細請見下一頁的「今後生活之道」）。

「說」也好，「寫」也好，都是輸出的一種。平時多做讀後感想和內容概要的輸出練習，對於工作上的說明力也會有提升的作用。輸出力可以說是提升工作效率，為自己贏得正面評價的必備能力。

電影中的「今後生活之道」❶

善用「非語言溝通」的３大方法

2022 年 3 月，由濱口龍介執導，改編自村上春樹小說的電影《在車上》，讓日本電影繼《送行者》之後，睽違 13 年再度獲頒美國奧斯卡金像獎，榮獲最佳國際影片獎。

《在車上》的劇情講述的是走不出喪妻之痛的舞台劇演員家福（西島秀俊飾），透過和女計程車司機美咲（三浦透子飾）之間的交流而重獲希望。

《在車上》的最佳影片呼聲雖然也很高，可惜最後沒能抱回獎座，該獎項是由《樂動心旋律》獲獎。同時榮獲最佳男配角及最佳改編劇本等一共三個獎項的《樂動心旋律》，故事講述的是出生在失聰家庭、是家中唯一聽得見聲音的少女，如何透過「唱歌」的夢想活出自己的人生。

這兩部作品乍看之下似乎沒有任何共通點，不過，事實上這兩部作品都是以「溝通」，特別是「非語言溝通」為主題。

「語言溝通」簡單來說就是說話的意思和內容的一來一往。

另一方面，非語言溝通指的是語言溝通以外的各方面訊息，包括外貌、表情、視線、姿勢、服裝、儀容、肢體語言等視覺上的訊息，音調、聲音大小、音質等聽覺上的訊息，氣味、香氣等嗅覺訊息，和以料理為媒介的味覺訊息等。

■ 不說話也能傳達想法

電影《在車上》裡的男女主角家福和美咲，都是沉默寡言的人，即便在同一輛車上共處好幾個小時，兩人的對話也只有簡短兩三句。然而，雖然在每天的接送過程中鮮少交談，兩人卻漸漸發展出心靈相通，在彼此身上找到共鳴，擁有類似心情，互相療癒彼此內心傷口的關係。

劇中家福演出的戲劇，是一部由來自世界各國的演員，說著各自國家語言的多語言劇。這部以劇中劇方式呈現的戲劇《凡尼亞舅舅》，令人印象深刻、十分感動，因為就算聽不懂語言，但是演員們所表現出來的「情緒」、「熱情」、「情感」，已深深打動觀眾的心。非語言的傳達力之強大，已然超越了語言的力量。

　　另一部《樂動心旋律》則清楚呈現了生活在無「聲」世界的聽障者，在生活和工作上所面臨的辛苦和困境。

　　聽障者在面對不會手語的人時，只能靠筆談溝通。從劇中這些片段可以看出，靠說話以外的方式來表達自己的想法和意見，是多麼困難的一件事。

　　不過，由於聽障者的耳朵聽不見聲音，所以他們很擅長解讀對方的表情和氣氛。此外，手語溝通也不是只靠手部的動作，還包括全身的肢體動作，和清楚表現出緩急的表情。這部電影就以對比的方式清楚呈現了語言無法表達的焦急感，以及相較之下非語言的力量。

　　從奧斯卡金像獎對這兩部作品所給予的肯定看來，我想，非語言的時代終於來臨了！

　　善用非語言溝通的技巧，可以幫助改善人際關係，也許還能成為工作上的一大助力。我甚至認為，正因為大多數的人都忽略了非語言溝通的重要，所以才會出現這麼多「人際糾紛」，以及溝通不良造成的「工作上的問題和麻煩」。

　　因此，以下介紹的 3 種方法，就是要教大家如何成為非語言溝通的高手，善用非語言溝通來表達自己的「想法」。

方法①：把重點放在「用什麼方式說話」

　　在做婚禮致詞的時候，如果因為緊張而表現過於僵硬，再怎麼動人的講稿，也無法傳達給台下的聽眾。

　　婚禮致詞最重要的是喜悅和笑容，可是一般人卻只在意「該說些什麼」，忘了思考「該用什麼方式說話」。

成為非語言溝通高手的3大方法

①把重點放在
「用什麼方式說話」

②注意自己
「看起來的樣子」

③投注
「熱情」

電影《在車上》的男女主角，透過「非語言溝通」漸漸心靈相通

　　這就是大多數人的通病，只想到語言溝通，對非語言溝通完全不在乎。事實上，只要記住「注意自己的非語言溝通」，你的演說馬上就會變得精采動人。

　　具體的方法是，事前先以正式上場演說的態度進行2～3次的演練，注意自己的外表、表情、肢體動作等非語言訊息。靠這種方法就能克服緊張，讓自己在正式上台時用輕鬆愉快的方式侃侃而談。

　　在準備工作簡報的時候，大部分的人都會花9成以上的時間在「寫講稿」、「準備簡報資料」。

　　如果可以拿一點時間來做非語言訊息的演練，在正式簡報的時候，應該會讓人留下更好的印象。

方法②：注意自己「看起來的樣子」

心理學上有個很有名的「麥拉賓法則」，這是透過「當語言、視覺、聽覺各自發出的訊息彼此矛盾時，人會相信哪一個訊息」的實驗所歸納出來的法則。實驗結果顯示，**視覺訊息的作用佔了 55%，聽覺訊息佔了 38%，語言訊息只佔了 7%。**

也就是說，即便今天你做了一個「內容無懈可擊的簡報」，可是因為你穿著「皺巴巴的衣服」，台下的聽者只會覺得你的簡報「聽起來毫無可信度」。低著頭不敢正眼看人、說話含糊不清，也會給人同樣的印象。

由此可見「外表」和「說話方式」不對，再好的說話內容也會前功盡棄。政治人物的國會答辯就是最好的例子（笑）。

相反地，**就算「內容差強人意」，可是只要說得從容不迫，且帶著自信的笑容，就能讓人留下好印象。**

當然，如果能做到「無懈可擊的內容（語言）」╳「最適當的非語言」，就是最完美的簡報。「17 從現在開始，提升危機應變能力」一節中提到的烏克蘭總統澤倫斯基的演說，就是最好的示範。比起演說的內容，他「眼神中的光芒」和「整個人散發出的氛圍」，都讓人深深感受到他誓死保衛家園的決心。

無論工作表現再怎麼好，「外在表現」如果無法吸引他人的目光，就得不到任何評價。擔心「自己的外在表現比較吃虧」的人，不妨就先從自己的肢體動作和服裝儀容開始改變吧。

方法③：投注「熱情」

非語言訊息是發自內心的表現，也就是說，就算說謊或是試圖掩飾，一下子就會被拆穿。舉例來說，面試工作的時候，就算回答得再好、再完美，如果不是發自內心的回答，通常都會被面試官看穿，認為你只是把事先準備好的回答照本宣科地說出來而已。

一個人的內在，會透過非語言訊息表現出來。只要反過來善用這一點，讓自己內心充滿「熱情」和「想法」，就能靠非語言訊息傳達給對方！

自己是個什麼樣的人?想要傳達出什麼訊息?

用真實或者是認真的自己,去面對他人,而不是修飾過的自己。只有這麼做,對方才有可能被你表現出來的非語言的力量所感動。

20 從現在開始，磨練自己的「辯駁力」

說到日本匿名論壇「2ch」的前管理員西村博之，大家都知道他是個「辯駁達人」。他憑藉著擅長的辯駁技巧，在各大綜藝節目和SNS上將眾多名人、專家學者和毒舌藝人等一一駁倒，讓人看了十分痛快，封他為「破論王」。

「那只是你的想法吧。」
這是西村博之最常說的一句話。在西村博之尚未受到大家的注目之前，也就是「博之崛起前」，敢在電視上或是網路上直截了當說出「自己的意見」和「自己的感想」的人，都會受到大眾的高度肯定。

可是，**在「博之崛起後」**，大眾所重視的漸漸轉變為「**正確、有道理的言論**」、「**科學事實**」、「**客觀根據**」等。特別是在新冠肺炎之後，在SNS上掀起了一股關於新冠肺炎與疫苗的爭論熱潮。也可以說，新冠肺炎讓日本人原本不擅長的討論和爭論，變成了生活中的一部分。

這股由西村博之所帶動的辯駁熱潮，我認為也反映了新冠肺炎疫情之後的日本人的心理狀態。

■西村博之式「辯駁力」的3大重點

究竟西村博之為什麼有辦法一一駁倒各個不同領域的對手呢？他的辯駁力主要可以歸納出3個重點，接下來就讓我們一起來思考吧。

重點①：分清事實與情緒

日本人經常把「事實」和「情緒」混為一談。

跟西村博之學習成為「辯論達人」的3大重點

① 分清事實與情緒

② 分清事實與意見（想法）

③ 事先準備好根據和數據資料

那只是你的想法吧？

切記一個重點：在現實生活中不要得理不饒人！

　　舉例來說，在公司被上司責罵而感到忿忿不平，這時候，「被罵」是事實，「（上司是）王八蛋！」則是情緒。如果可以拿掉情緒，就能平心靜氣地就事實分析問題：「自己為什麼會被罵？」並且進一步反思：「以後要怎麼做才不會被罵？」

　　可惜的是，大多數的人都會被「王八蛋！」的情緒沖昏頭而沒辦法冷靜思考。在這種狀態下不可能自我反思，造成日後又犯下相同錯誤，又受到上司的責罵。

　　辯駁只是就事實進行討論，就算最後辯輸了，也不代表連人格都受到否定。可是，不擅長把事實和情緒分開來看的日本人，一旦說不贏對方就會惱羞成怒，這也是造成人際關係不好的原因之一。

　　當年我留學美國進行研究的時候，也時常針對研究資料和副教授辯論。但是，不論是多麼激烈的爭論，也無損我和副教授之間的關係，反而

還得到「你還真用功」的誇獎。

辯論的時候拋開個人的私心和情緒，可以幫助自己分清「事實」和「情緒」，而且也能讓自己冷靜下來自我分析，避免對對方留下情緒上的心結。

實際觀察西村博之的辯駁方式可以發現，他把「事實」和「情緒」做了很清楚的區分。面對不停根據事實點出問題點的西村博之，對方會漸漸慌了手腳，愈說愈大聲、愈說愈激動，最後自己露出破綻。

西村博之在跟人辯論的時候，從頭到尾態度都很冷靜，說話不疾不徐，情緒控制得非常好。這讓他始終保持清晰的思緒，當對方的主張或是論點出現破綻的時候，能夠精準地一擊駁倒對方。

重點②：分清事實與意見（想法）

「那只是你的想法吧」的意思是指，**人往往會把「客觀事實」和「個人意見（想法）」混為一談**。這一點通常都會被西村博之毫不客氣地戳破。

舉例來說，「日本的小孩一點都不快樂」是個人意見。這句話的意思頂多只說明了「（根據我的觀察，我覺得）日本的小孩一點都不快樂」。

那麼，如果是「根據聯合國兒童基金會針對兒童心理幸福感所做的調查顯示，在 38 個調查國家當中，日本名列倒數第二」呢？這句話很明顯是事實，不會被駁倒。假設要反駁，就必須提出完全相反的數據或調查結果。

重點③：事先準備好根據和數據資料

「你有根據嗎？」「有數據資料佐證嗎？」這也是西村博之常說的兩句話。

如果不想被這麼問到時回答不出來，最好針對能佐證自我主張的根據和數據資料，事先做好調查準備，並且牢牢記住，讓自己隨時可以脫口而出。

舉例來說，假設你主張「睡眠不足有害健康」。

當被問到：「你這麼說有什麼根據嗎？有數據資料佐證嗎？」這時候你的回答是：「有研究指出，每天睡不到 6 小時的人，罹患癌症的機率是一般人的 6 倍，腦中風 4 倍，心肌梗塞 3 倍，高血壓 2 倍，糖尿病 3 倍，感冒 5 倍，死亡率則高出 5.6 倍。」

只要將這些數據攤在眼前，對方肯定會啞口無言，完全無法反駁。

在辯論時能夠毫不猶豫地提出具體數據和資料的人，通常都會讓對方覺得「這個人做了很多功課」、「數據資料準備得很充足」。撇開輸贏不說，對方會認定你是個「聰明的人」。這在辯論場上可是一大優勢。

■不要「得理不饒人」

最後要提醒的是，**「西村博之的辯駁，終究只是為了娛樂效果。」** 在電視節目上把毒舌藝人和評論家辯得一句話也說不出來，就娛樂效果來說當然很有意思。可是，在現實生活中，反而應該收起銳氣，不要得理不饒人。

表達個人意見、主張自我立場，這些當然很重要，不過要切記，對於進行討論和爭論時習慣帶入個人情緒的日本人來說，很容易因此影響到人際關係。**擁有寬闊心胸，能夠給對方留面子，「刻意認輸」的人，才是真正的「辯論贏家」。**

21 從現在開始，別被工作忙碌的壓力擊垮

「工作堆積如山」、「一定要在這個禮拜內完成」、「這麼多工作，要怎樣才能做得完……」遇到這種一個頭兩個大、不知道怎麼辦的時候，如果還是用跟以前一樣的工作方式，肯定不可能在期限內完成所有工作。

因此，以下就為大家介紹 4 個不被忙碌擊倒的方法。

方法①：把「忙碌」的念頭換成「充實」

你知道嗎？**一直把「好忙」掛在嘴邊，會讓自己愈變愈忙。**

覺得「開心」的時候，大腦會分泌多巴胺，使專注力提升，大腦的效率變好，工作效率也跟著提升。

相反地，一直說「好忙」，會讓多巴胺停止分泌，因為感覺「痛苦」、「辛苦」的時候，大腦分泌的是壓力荷爾蒙皮質醇。皮質醇持續分泌會使得大腦的效率明顯變差，動力、專注力和工作效率跟著大幅下降。這種情況下就算拚命工作，只是增加犯錯的機率，導致工作無法及時完成。

所以，即便是非常「忙碌」的時候，也千萬不能把「好忙」掛在嘴邊。

那麼，該怎麼做才好呢？

就改用**「充實」**的說法吧。

「這個月工作好多，好充實！」

「好多公司都因為不景氣，少了很多工作，我們竟然還有這麼多工作可以做，實在太充實了！」

只要把「忙碌」的念頭換成「充實」，就會感受到一股非常積極的感覺。這時候大腦就會被這股感覺所騙而分泌多巴胺，提升專注力，使得工作效率變好，心情也會跟著開心起來，實在很不可思議。

避免被忙碌擊倒的4個方法

① 把「忙碌」的念頭換成「充實」
② 玩「忙碌生存遊戲」
③ 列出所有工作，做好進度管理
④ 設定完成時間

　　如果說「好忙」，工作效率會降低3成；反過來，如果說「好充實」，工作效率會提升3成（「3成」是我自己的實際感受）。你要選擇哪一種說法呢？

方法②：玩「忙碌生存遊戲」

　　你喜歡工作嗎？
　　回答「不喜歡」的人應該比較多吧。
　　那麼，你喜歡玩遊戲嗎？
　　大部分的人肯定都會回答「喜歡」。

覺得「不能不工作」的時候，心裡就會有一種「被強迫感」，這時候多巴胺的分泌會減少。

「工作就是遊戲！現在要開始玩遊戲了，真令人興奮！」「『忙碌生存遊戲』要開始囉！」像這樣告訴自己的話，心情上真的會變得比較興奮，有動力主動開始工作。這時候多巴胺也會開始分泌。

根據哈佛商學院的研究，在數學測驗前告訴自己「我好期待」的組別，比起跟自己說「冷靜下來」的組別，以及什麼話都沒有說的組別，答題的正確率高出 8%。換言之，如果把工作「當遊戲」，告訴自己「好期待要開始工作了」，大腦的效率會有明顯的差異。

把自己的心態從「被強迫工作」，轉換成「有效利用時間」、「玩效率提升遊戲」，做事情的效率就會提升。

方法③：列出所有工作，做好進度管理

首先，把這週內一定要完成的工作（事情）全部條列出來。

有時候列出來之後會發現，原本以為「堆積如山」的工作，實際上只有「3 個」稍微比較大一點的企劃。

下一步就是把這 3 個企劃案，各自拆解成 10 個以上的步驟，也就是分成 30 件。

假設距離期限還有 20 天的時間，一天完成 1.5 件待辦事項，就能趕在期限內完成全部的工作。如果時間再抓得寬鬆一點，只要每天完成 2 件待辦事項，原本以為不可能在期限內完成的工作，現在也會變得不再是夢想。

你可以把這些待辦事項寫下來或是列印出來，貼在桌子前或是行事曆上，隨時根據這份清單客觀掌握目前的工作進度，這麼一來，每天的工作目標就會非常清楚，例如「到昨天為止一共還有 2 件待辦事項還沒完成，今天一定要把進度追回來」。

如果少了這份清單，只是抱著大概的感覺去做，就會不知道自己已經完成到什麼地步，又還有哪些事情沒做，等到時間快來不及才開始焦急

「怎麼還有這麼多沒做！」。

　　清楚看到尚未完成的工作量，會刺激大腦的活化。這在心理學上稱為「最後努力」。看到只剩下不多的工作尚未完成，大腦會告訴自己：「這些做完就結束了！」於是發揮最後努力的作用，開始分泌提升專注力的神經傳導物質正腎上腺素。

　　我在寫稿的時候，會用 Excel 表格來記錄「今天的寫字數」和「累計字數」、「剩餘字數」。這種管理進度的方法可以讓寫稿變得像玩電玩遊戲一樣有趣。當然，這也是多巴胺的功勞。

方法④：設定完成時間

　　事情堆積如山還沒完成的人，經常會以「量」為基準來思考，例如「我要把今天該做的工作全部完成」。這會讓人產生「今天又要加班了」的想法，以至於沒心情全力工作，工作效率當然就會變差。

　　相反地，假設以時間作為基準，例如「今天晚上 7 點之前一定要完成所有工作」，朝著這個目標工作。這時候，大腦會分泌正腎上腺素，使專注力提升，因此最後真的在 7 點之前完成工作。

　　設定完成時間對大腦來說，是非常重要的一個步驟，會刺激大腦，讓工作效率變好。另一個方法是，可以**在下班後安排其他行程，讓自己無路可退**。

　　我很喜歡看電影，所以遇到這種情況，我通常會在當天中午先透過線上訂票，買好晚上 7 點的電影票，這麼一來就勢必得在趕得及看電影之前完成工作。簡單來說就是讓自己進入「無論如何一定要完成」的工作模式。

> 工作中的「今後生活之道」❶

快速提升工作效率的祕訣

這本書的內容大部分取自我在《FLASH》週刊上的連載。2021年1月第一次為這個連載專欄寫稿的時候，我告訴自己：「難得有這個機會在《FLASH》寫專欄，一定要好好寫，讓它成為人氣專欄！」當時被這股幹勁沖昏頭，短短3000字的稿子，我足足寫了6個小時。

後來接著幾次的稿子，也都花了5～6個小時之久才完成，感覺「幾乎花了一整天的時間」。我發現用這種方法，連載肯定會寫不下去，於是，我重新檢視自己的「寫稿方式」和「方法」，想辦法調整之後，現在寫一篇稿子只要2個小時就能完成。

原本要花6個小時，現在只要2個小時，工作效率整整提升了3倍！這一點連我自己也嚇到了。不僅如此，寫其他文章的速度也比以前快了2倍以上。

現在，我就把這個我親身體驗過的「提升3倍效率」的祕訣，整理成方便運用在工作的方法，介紹給大家。

祕訣①：升級作業方式

事情做不好，遇到瓶頸，遲遲無法進步。這種現象說明了你那些「從以前到現在的作業方式」，已經行不通，不再適用於現在的工作了。若是繼續用同樣的方式，永遠都無法克服眼前的那道「高牆」。

要克服高牆，就必須「想辦法」。必須學習新方法和新知識，針對原本的作法做「修正」或「改善」，將作業方式升級，才有可能跨越「高牆」。

正當我在思考有沒有什麼方法可以加快寫文章速度的時候，有一天，我在勝間和代的每日電子報上讀到一段話：「利用語音輸入來寫文章，可

使工作效率暴增的5個祕訣

① 升級作業方式
② 回歸基本
③ 事先設定好工作時間和完成時間
④ 把「星期幾」也事先決定好，並且養成習慣
⑤ 尋求協助和分擔

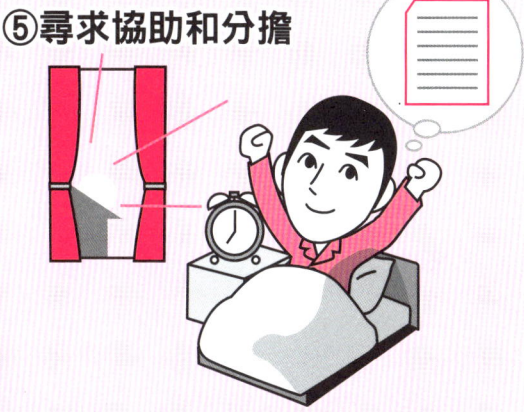

催產素

善用手機語音輸入功能

早上起床後花10分鐘進行「腦內模擬」

以節省很多時間。」原本我還半信半疑，不過既然勝間和代都這麼說了，我就真的去嘗試。

以前我也試用過語音輸入軟體，只是由於轉換文字的準確度不是很好，所以當時認定這種方法「沒有用」。

不過，這一次我試用了iPhone的預設語音輸入功能之後發現，跟一年前相比，現在的語言辨識和轉換文字的精確度已經有了大幅的提升！以前一行字就會出現2～3個轉換上的錯誤，如今已經有所改善，好幾行才出現一個錯誤，進步非常多。

而且只要聲音夠清楚、音量夠大、句子盡量完整，轉換文字的準確度更高。因此，後來我改變了作業方式，一開始先用語音輸入寫稿，最後再利用筆電的文書處理軟體進行修改。從此之後，我的寫稿時間就大幅縮短了。

祕訣②：回歸基本

當事情進行得不順利的時候，切記很重要的一點是：回歸基本。很多時候當事情一多，人就會忘了應該要做好的「基本」。

我在拙作《最高學習法：激發最大學習效率的輸入大全》當中曾提到：**「寫文章的時候，要先想好架構再動筆，一旦動筆之後，就不要再想架構問題了。」**可是，我發現自己有時候也會忘了做到這個基本原則。

於是，後來我改變作法，將原本動筆之前先決定「初步架構」，改成事先把內容的「一字一句」都想好之後再動筆，寫稿速度果然就快多了。

具體來說，每天早上起床第一件事，就是先花 10 分鐘的時間做「腦內模擬」，把當天要寫的專欄內容先決定好架構，並且「一字一句」地做好內容規劃。

接下來，沖完澡之後馬上坐到桌子前，打開手機的語音輸入程式，把剛才想好的內容一一唸出來。大概 10～15 分鐘的時間，就能得到初步的稿子。自從採取這種一起床先做「腦內模擬」的作法之後，初稿階段再也不必停下來思考接下來要寫什麼，時間整整縮短了一半以上。

祕訣③：事先設定好工作時間和完成時間

寫連載總是會想要「寫出更好的內容、更棒的文章」，因此稿子就算已經寫好，還是會忍不住想修改，而且改一次不夠，還繼續改第二次。這樣一直改下來，時間再多也不夠用。有時候改來改去，結果卻改回最初的樣子（笑）。

所以，現在我會嚴格規定寫稿的「作業時間」，通常是早上 10 點開始之後的 2 個小時，中午 12 點寫完，然後立刻傳給責任編輯。不只是作業時間（寫稿的時間），把完成時間也一併事先規定好，就能強迫自己完成工作。

也許很多人認為「花愈多時間，愈能寫出好文章」，不過，以我 20 年寫 43 本書的經驗來說，這個說法是錯的。事先決定好完成時間，也就

是「**嚴格遵守期限**」，在決定好的時間內專心寫，反而才能寫出優質的好文章。

祕訣④：把「星期幾」也事先決定好，並且養成習慣

除了時間以外，我連「星期日」寫稿也都是事先決定好的。

原本我的想法是「利用空閒時間來寫」，可是很快地我就發現，根本沒有什麼所謂的「空閒時間」。因此，後來我決定利用每次截稿期限（每週日中午12點）之前的2個小時來寫。這種作法讓我漸漸抓到寫稿的節奏，就這樣變成了習慣。

現在，每到星期日早上，我就會自動進入寫稿模式，再也不會有「寫不出來，提不起勁」的情況發生了。畢竟不管怎麼樣都得在中午12點之前寫完才行（笑）。

祕訣⑤：尋求協助和分擔

日本人的責任感很強，大部分的人都認為「自己份內的工作應該自己完成」。但是，如果是「比較複雜的工作」或是「重要的工作」、「不擅長的工作」等，靠自己一個人全部完成會非常辛苦。

這種時候就應該尋求協助和分擔。「交付他人」、「拜託他人」、「請求幫忙」，這些都是完成工作非常重要的。

一開始剛接下專欄的時間，我都是自己想主題，可是才過了一個月，我就黔驢技窮了。我甚至已經不知道讀者對什麼主題感興趣，寫什麼樣的內容大家才會喜歡看。

後來我跟責任編輯討論過後，決定每次由他「提供點子」給我。例如有一次他提議：「2月22日是貓之日，要不要寫點跟貓有關的內容？」我接受了這個建議，因為貓可以跟催產素結合在一起寫成一篇文章。

像這樣把部分的工作交由他人來協助，可以減輕很多自己的負擔。自己只要專心在擅長的部分，作業時間就能大幅縮減，而且效率也會比較好。

22 從現在開始，善用「15分鐘的空檔時間」

這是我和幾個朋友一起去小旅行時發生的小插曲。當時由於還有幾個比較緊急的工作尚未完成，於是我先利用搭電車的 15 分鐘寫完電子報的稿子，接著在巴士上再利用 15 分鐘完成校稿。

同行友人見到我利用空檔時間做完這麼多事情，大家都覺得不可思議，可是，這對我來說已經是家常便飯了。

■專注力最久能維持幾分鐘？

據說同步口譯者專注在口譯上的時間，最長能維持 15 分鐘。不過，實際在電視上看到的同步口譯，通常還不到 15 分鐘就會換人。

堅控自動化生產線有無異物進入的作業，稱為「警戒作業」。**警戒作業由於環境變化較少，因此大約只要 20 分鐘，作業員的專注力就會下降（20 分鐘效果）。**

許多研究數據都顯示，超過 15～20 分鐘，人的專注力就會變差。根據這些數據，我在拙作《最強腦科學時間術》當中提出了一個假說：「專注力的最小單位是 15 分鐘。」

在這本書於日本上市的 2017 年當時，還找不到任何研究可以證明這個說法，不過，最近我已經發現也許能作為佐證的研究，也就是經常活躍於新聞談話性節目的時事評論員——東京大學池谷裕二教授所做的實驗。

實驗將 29 名國一學生分成兩組，一組為「15 分鐘 ×3 學習組」（念書時間每 15 分鐘就休息 5 分鐘，共計 45 分鐘），另一組為「60 分鐘學習組」。兩組學生各自以這種方法來記憶英文單字，於當天、隔天、一週

後等共計 3 次進行測驗。

結果顯示，學習當天「60 分鐘學習組」的成績比較高，可是隔天馬上就被「15 分鐘 ×3 學習組」追過去，一週之後兩組的成績差距更大了。

念書 15 分鐘就休息 5 分鐘的「15 分鐘 ×3 學習組」，總學習時間比「60 分鐘學習組」少了 15 分鐘，儘管如此，隔天以後的測驗成績還是優於「60 分鐘學習組」。這就說明了這種方法是更有效率的學習方法。

實驗同時測量了學習中的受試者的腦波，觀察跟專注有關的「γ 波」的出現率，發現「15 分鐘 ×3 學習組」的專注力可以透過 5 分鐘的休息來獲得恢復。相反地，「60 分鐘學習組」的專注力會隨著時間漸漸變差，過了 40 分鐘之後，專注力則會明顯下降。

這個實驗結果說明了**「每專心 15 分鐘就休息 5 分鐘」**才是有效的念書方法。而這個結果，也和我提出來的「專注力的最小單位是 15 分鐘」假說一致。

■空檔時間活用術

再怎麼忙碌的人，一天當中應該還是能抽得出 2、3 次的 15 分鐘空檔。只要善加運用這個「15 分鐘的空檔時間」，你的人生將會變得格外充實。

以下就為大家介紹「15 分鐘空檔時間」的活用方法。

活用術①：事先安排好一些「15分鐘待辦事項」

以 15 分鐘為一個單位的空檔時間來思考，只要抽出 3 個空檔時間，就等於獲得 45 分鐘的可利用時間。對我來說，有了 45 分鐘就能看完一本單行本。就算是看一本書要 2 個小時的人，也能在 2、3 天內看完一本書。

但是，很多人就算抽出空檔時間，「卻不知道要做什麼」，或者是「不知不覺就滑起手機來了」。針對這類型的人，該怎麼有效利用空檔時間呢？

我建議大家可以先準備一些能夠在 15 分鐘內完成的工作。舉例來說，我如果打算「利用搭車的空檔時間做雜誌專欄的初稿校對」，就會事先把初稿列印出來，放在公事包裡，一搭上電車就馬上拿出稿子，開始檢查內容、錯字和漏字。這種簡單的事情，只要有 15 分鐘就綽綽有餘。

每次外出之前，我都會準備像這樣的 3 個「15 分鐘待辦事項」，然後在回家之前全部完成。

這個方法的重點在於，**只要一有空檔時間，就要立刻開始進行「15 分鐘待辦事項」**。這麼一來就會專心在工作上，也就不會不由自主地開始滑起手機了。

「校稿這種事情，用手機直接開檔案進行不是比較快嗎？還不用一張一張印出來。」很多人也許會這麼想，不過這是錯誤的想法。

手機是「惡魔的誘惑工具」，只要一拿起手機，就會被訊息和 SNS 給分散注意力，等到回過神來，早就過了 15 分鐘，根本沒辦法工作。因此，就算看起來沒效率，我還是習慣把稿子列印出來隨時帶在身邊。

活用術②：休閒娛樂也能套用「15分鐘待辦事項」

我的座右銘是，用和他人一樣的一天時間，**「做他人 3 倍的工作，享受 3 倍的娛樂！」**。所以，這個「15 分鐘待辦事項」的作法，不只可以用在工作上，我也會拿來套用在「休閒娛樂」上。

舉例來說，我會從眾多想看的動漫和電視劇當中，選定當天完成的部分，例如「今天要看《銀河英雄傳說》第 84 集」。進行的時間就是在健身房跑跑步機的時候，也就是邊跑邊看利用手機或是平板來看。動漫通常都是以 20 分鐘為一個單位，跑步機跑一節（20 分鐘）正好能看完一集。

看完 84 集就會想再繼續看 85 集，85 集看完會想再看 86 集，看完之後才發現自己已經跑了 60 分鐘了。

持續跑步 60 分鐘相當辛苦，可是藉著好看的動漫，60 分鐘跑下來一點也不覺得累，反而愈跑愈開心。

工作和娛樂藉著「15分鐘待辦事項」來輕鬆完成！

工作：趁著搭車的時候校對書稿和資料

娛樂：在健身房邊運動邊看喜歡的動漫影集

時間很公平，不論是誰，每個人的一天都只有 24 小時。可是，你可以把 15 分鐘的空檔時間當作是「埋藏的寶藏」來挖掘。有了這「埋藏的寶藏」，再忙碌的人也可找好更多「自我投資的時間」和「休閒放鬆的時間」。

> 體驗中的
> 「今後生活
> 之道」

利用「空檔時間」讓出差好玩 100 倍的方法

善用空檔時間的這套方法，也可以應用在出差上。這一節就以我到北海道出差的經驗，跟大家介紹利用空檔時間讓出差變得更有趣的方法吧。

方法①：提早 1 個小時「順便」玩樂

那一趟北海道出差，主要是要到苫小牧市公所進行有關心理健康的演講。演講時間是下午 2 點到 4 點，共 2 個小時。如果就這樣直接回東京實在太可惜了，所以我決定提早 1 個小時到苫小牧，中午先去吃個海鮮丼。因為在出發之前，我用關鍵字「苫小牧 美食」做搜尋，照片裡的海鮮丼看起來美味極了，讓人整個食慾都來了！

當天，中午 12 點抵達苫小牧之後，我立刻搭計程車到「海の　ぷらっとみなと市場」品嘗海鮮丼。說到海鮮丼，最有名的當然是小樽和函館，但是苫小牧海鮮丼一點也不輸，價格又合理。除了海膽、鮭魚卵之外，還有多達 10 種不同種類的生魚片，只要價 2400 日圓，而且每一種海鮮都既新鮮又美味！

吃完海鮮丼之後，因為時間還早，所以我逛了一下市場，買了伴手禮，又以市場為背景錄了一段 YouTube 影片（錄製影片對我來說是非常重要的工作）。接著才前往研習會場進行演講。

我這一次為了品嘗海鮮丼所做的事情，就只有買了比原來班機早一班（提早 1 小時）的機票而已。

應該不太會有人為了一碗海鮮丼，特地到苫小牧吧？品嘗海鮮丼也許只是「順便」的行程，可是這種「順便玩樂」的念頭，可以為自己帶來非常多「每天開心」（「享受每一天」的態度）的機會。

只為了單一目的而大老遠跑到一個地方，不僅要花交通費，也要花時

利用「空檔時間管理」和「玩樂心情」讓出差好玩100倍！

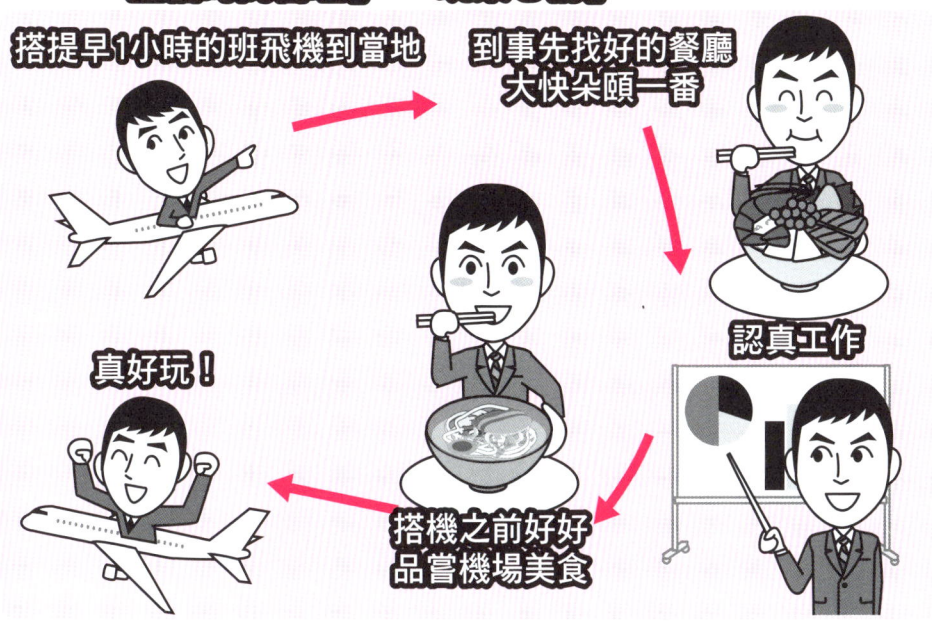

搭提早1小時的班飛機到當地 → 到事先找好的餐廳大快朵頤一番 → 認真工作 → 搭機之前好好品嘗機場美食 → 真好玩！

間，是非常辛苦的一件事。但是，如果可以安排一些「順便」的行程，在心情上也會比較輕鬆，是個不錯的方法。

方法②：「順便」工作

　　確定要到苫小牧演講的時候，我腦袋裡第一個浮現的念頭是：「特地從東京往返北海道，只是為了一場演講，這樣太可惜了。」於是，我在演講的隔天，安排了一場90分鐘講座，地點就在「紀伊國屋書店札幌總店」。結果當天來了60位聽眾。

　　近來我收到不少來自日本各地書店的講座邀約，可是，如果只為了一場90分鐘的講座，而選擇搭飛機作為交通工具的話，自己就得幫忙分擔這部分的費用。

　　但是，既然我都已經來到北海道了，就算再追加一場書店講座，也不

需要自掏腰包支付任何交通費。我只要付出 90 分鐘的時間成本，就可以跟平常沒有機會見面的地方讀者們面對面談話。

而且，這也會讓幫我的作品《最高學以致用法：讓學習發揮最大成果的輸出大全》等書做重點宣傳的書店非常開心。當天光是在活動上，每個聽眾一人一本，共計就賣了 60 本書。講座也進行得很順利，氣氛十分熱絡，大家都很開心！效果簡直可以說是一舉四得。

出差不只要順便「玩樂」，還要順便「工作」，這就是我一貫的作法。 比他人多玩樂 2 倍、3 倍，相對地工作也比他人多出 2 倍、3 倍，換來的滿足感、充實感和成就感，也會是他人的 2 倍、3 倍。這種出差方法才會有趣，不是嗎？

方法③：用「工作」和「玩樂」做點綴

光是這樣我覺得還不夠，所以隔天又安排了一個「樺澤紫苑官方粉絲俱樂部」的活動。這個粉絲俱樂部在札幌的首場活動，就是「跟樺澤先生一起去吃湯咖哩！見面會」。東京的讀者們經常有機會可以跟我面對面接觸，可是地方的讀者幾乎難得有這樣的機會。

當天的活動一共來了 16 位參加者，我們一起度過了 3 個小時的近距離對談，其中也包括簽名會和單獨合影，是非常快樂的一場粉絲聚會，我相信來參加的每個人應該都玩得很開心。

這種能夠近距離接觸和談話的粉絲活動，通常可以凝聚支持者的向心力，讓我每一次新書上市都能登上暢銷排行榜。

這一場見面會的活動內容，就是跟我一起邊吃湯咖哩邊聊天，地點就辦在「咖哩食堂 心」（北大前）。我是個湯咖哩狂熱者，就算沒有辦活動，來到札幌也一定會吃湯咖哩當作午餐。所以這個活動對我來說也是一舉兩得，不只玩樂變成了「工作」，而且也把工作當成了「玩樂」來享受。

這一趟 4 天 3 夜的出差行程，我一共做了 2 場演講 +2 場活動 +2 場工作會議 + 利用空檔時間錄製了 20 支影片。除了這些工作以外，我也吃了 1 碗海膽丼 +1 碗海鮮丼 +2 碗湯咖哩 +1 支霜淇淋。不只如此，我還到

札幌薄野知名的威士忌酒吧「無路良」（Bar Brora）品嘗了非常珍稀少見的威士忌，可以說完全落實了「每天開心」的精神。

方法④：用30分鐘和1000日圓做到「每天開心」

看到這裡，可能會有人說：「我們公司每次都把出差的行程安排的十分緊湊，哪有什麼時間去品嘗美食！」可是，就算是「沒有時間」、「沒有錢」，只要有 30 分鐘和 1000 日圓，也能好好地享受美食。

我要推薦的這道美食，是新千歲機場裡的「函館麵廚房あじさい」的「鹽味餛飩拉麵」。清淡爽口的高湯和入口滑溜的餛飩，堪稱絕配，而且一碗麵裡竟然有多達 10 顆以上的餛飩！

這就是最讓人滿足、CP 值最高的享受了，不是嗎？喜歡鹽味拉麵的人，相信一定會吃得很開心。

■想要「每天開心」，靠的是情報的蒐集

如果是拉麵的話，只要不是排隊名店，等待時間加上吃的時間，大概只要 30 分鐘就夠了，就算是行程緊湊的出差族，也能利用空檔時間大快朵頤一番。

只不過，新千歲機場裡光是餐廳就有好幾十家，所以一定要事先做好情報蒐集的工作，像是上網檢索，或是請教喜歡到處品嘗美食的出差族等，先在心裡有個「譜」。

舉例來說，像是「四葉 White Cosy」的牛奶霜淇淋，或是「魚板榮」的炸魚板等，如果事先獲得這些美食情報，只要花個 5 分鐘、300 日圓左右，就能在出差中享受到「旅行的感覺」。

此外，假使沒有「我一定要吃到あじさい的拉麵才要回去！」的決心，就算搭機之前還有 45 分鐘的空檔，也會告訴自己「算了，下次吧」，直接走向登機口。因此，利用空檔時間獲得美食體驗，也要具備「堅強的意志」和「決心」才行。

23 從現在開始,練習克服上台的緊張,展現從容不迫的態度

做工作簡報可以分為兩種人,一種是從容不迫、侃侃而談,一種則是緊張到說不出話來。接下來就讓我們透過以下 3 個重點,思考如何在上台的時候發揮自己最好的表現。

重點①:具體想像自己成功的樣子

頂尖運動員都十分重視意象訓練。

意象訓練指的是在腦袋裡不停反覆上百次地想像,正式比賽時自己做出正確的動作,例如哪個部分的肌肉要用力、這時候的重心要移動到哪個位置等,展現完美技巧的模樣。據說這種作法的效果,可媲美一次實際訓練的效果。

為了「讓身體記住」,唯一的方法就是同一個動作不停反覆地做。身體動作通常會透過小腦轉換成運動記憶,意象訓練則可以強化這項運動記憶。

因此,大家在做簡報或是會議報告之前,**也可以在大腦裡不斷想像自己說得頭頭是道的樣子**。除了說明的內容以外,也要具體想像自己的「非語言溝通」,包括「表情」、「說話音調」、「身體動作和手勢等」。這種「成功的意象訓練」,就是決定正式比賽是否能成功的重點關鍵。

重點②:不要說「緊張」

有些人在上台做簡報之前,會因為擔心而脫口而出「萬一講錯了怎麼辦?」「萬一太緊張了怎麼辦?」這些話。

正式上台時發揮出最佳實力的 3大方法

① 具體想像自己成功的樣子
② 不要說「緊張」
③ 多說一些感謝的話

簡報 我好緊張！

簡報 我好興奮！

　　這樣的人，當下腦袋裡想的，全是自己失敗的具體模樣，包括「腦袋一片空白，說不出話來」、「回答不出問題，整個會場氣氛變得很尷尬」等。

　　這些根本就是「負面的意象訓練」。每次一想到「萬一太緊張了怎麼辦」，「緊張引發的一連串情況」就會在腦袋裡反覆上演、強化印象，等到真正上台時引發過度緊張。各位可以把它想做是：**每做一次失敗的意象訓練，成功的機率就會愈來愈小。**

　　根據哈佛商學院艾莉森·伍德·布魯克斯（Alison Wood Brooks）的研究，**在唱卡拉OK之前，大聲說出「我好緊張」的人，和大聲說出「我好興奮」的人，前者的得分比後者低了27%**。換言之，科學研究已經證實，經常把「擔心」、「緊張」掛在嘴邊的人，正式上台時的表現通常都

很差。

重點③:多說一些感謝的話

我一再強調,常懷感恩的心情,而且會化作實際語言表達出來的人,體內的催產素和腦內啡濃度通常比較高,會讓自己保持在放鬆的狀態,所以就算上台也不會緊張,可以發揮出超越平常的實力。

相反地,喜歡說人壞話、做人身攻擊的人,正腎上腺素經常分泌旺盛,杏仁核也容易過度興奮。這會造成一點小事就感到緊張不安,以至於上台時無法發揮真正的實力。

「13 從現在開始,常懷感恩與親切」一節中提到,奧運金牌得主都會把「感謝」和「為了隊友和支持我的人,我一定會努力加油」等說法經常掛在嘴邊,讓自己在正式比賽時能夠更有幹勁,做出更好的表現。

這些奧運金牌得主都是從全世界數十萬人,甚至是數百萬人當中脫穎而出的頂尖運動員,因此他們說的話,肯定隱藏著成功的最終法則。用「有沒有什麼對自己有幫助的思維?」的角度去觀賞這些選手的採訪影片或是紀錄片,相信一定可以得到很多收穫。

> 新聞中的「今後生活之道」❶

聰明善用 AI，讓未來變得更美好

ChatGPT 是近來最熱門的討論話題，這是一款線上服務系統，只要輸入訊息，AI（人工智能）就會自動做出答覆。由於可以免費使用基本功能，因此在全世界快速竄紅。

另一方面，在教育的第一現場卻開始出現將 AI 寫的文章，直接當成報告或是論文使用的事件。日本群馬大學甚至做出公告，這類的行為將視為違法行為，情節嚴重者將給予退學或停課處分。在歐洲也開始出現擔心的聲音，認為 ChatGPT 會成為有心人士用來蒐集他人個資的工具，因此義大利宣布禁止在國內使用 ChatGPT。

在這一節，我想帶著大家從以下 5 個觀點，來思考這般具爭議性、正反兩方意見都有的 ChatGPT，以及 AI 的興起。

觀點①：AI是超越工業革命的「技術革命」？！

隨著以 ChatGPT 為代表的「對話式 AI 服務」的普及，AI 頓時走入你我每天的生活當中。若是照這種速度繼續發展下去，恐怕在十幾年的教科書上，AI 已然成為超越 18 世界末「工業革命」的技術革命。面對這種前所未有的變化，能夠適應的人，也許可以從中找到成功的大好機會；無法適應、堅持現狀的人，也許因此失去工作。

在工業革命的時代，所有財富都集中在擁有工廠等「資本」的資本家身上。但是，如今每個人都可以免費使用 ChatGPT，這意味著藉由這項資源來獲得財富的機會平等開放給每個人。

很多人都悲觀地認為：「日本的將來沒有什麼值得期待。」可是，無關財富和學歷和國籍和性別，**只要擁有善用 AI 的技術和創意**，就能讓未

來變得一片光明。這不是很令人興奮和期待嗎？

雖然有些煽動性言論將 AI 的進步看作是人類的危機，不過那都是針對「固守成規、不願改變的人」。對於面對未知的世界能夠快速調整、適應的人，AI 的進步所象徵的就是機會。

觀點②：答案的準確度？！

網路上的報導都說：「ChatGPT 的準確度非常高。」實際上真的是這樣嗎？

於是我決定進行驗證。我在 ChatGPT 中輸入以下問題：「最近有點陷入低潮，導致在工作上一直出包。請用表格整理出 5 種應對方法給我。」

我自己也事先準備了答案，兩方答案的對比請見右頁的表格。

在「戒菸、戒酒」的部分，AI 的回答是「調整飲食習慣」，除此之外，其餘的部分幾乎跟我的答案是一模一樣！

「調整飲食習慣」當然也是正確答案之一。從精神醫學的角度來看，AI 的這份回答沒有任何明顯的錯誤，是非常恰當的標準答案。這一點相當驚人。

在使用 ChatGPT 的時候，只要要求它將答案整理成表格，就會得到像右頁一樣清楚明瞭的答案。這樣的表格如果換作自己來做，至少得花上 10 分鐘以上，ChatGPT 卻花不到 1 分鐘就完成了。光是這一點就能讓工作效率提高 10 倍以上。

只不過，就 ChatGPT 目前的版本來說，針對一些專有名詞的回答，有時候會出現非常明顯的錯誤，要特別注意。有了這一點認知之後，**只要善加運用 ChatGPT，相信對於排除問題煩惱，以及縮短工作和作業時間來說，一定會很有幫助。**

觀點③：AI能取代心理諮商師嗎？！

我在拙作《言語化の魔力》（暫譯：語言的魔力）中曾提到：「如果

ChatGPT的答案跟我的答案幾乎完全相同！

> 最近有點陷入低潮，導致在工作上一直出包。
> 請用表格整理出5種應對方法給我。

以下為您整理了5種心情低落時的應對方法。

應對方法	內容
1.保留時間給自己	在生活中保留一點時間給自己做喜歡的事情，以抒發壓力。例如從事興趣、聽音樂、看書、做瑜伽等。
2.改善睡眠品質	睡眠是消除壓力非常重要的關鍵，培養規律的生活作息，確保充足的睡眠時間，都有助於改善心情。
3.調整飲食生活	健康的飲食生活對身心健康相當重要，平時多攝取營養均衡的飲食，並且適度運動，才能紓解壓力。
4.增加人際互動	心情低落的時候，保持與人交流互動非常重要。藉由跟家人朋友，或是同事聊天，可以幫助抒發壓力。
5.尋求專業協助	尋求心理諮商師或是精神科等專業的協助，可以幫助改善心情。遇到自己解決不了的問題，或是需要專業協助的時候，千萬不要不敢開口。

希望以上的方法可以幫助您走出情緒低潮。
倘若情況太嚴重，建議還是要盡早尋求醫生或專業的協助。

針對相同問題，我做出的答案

1. 紓解壓力，放鬆心情
2. 睡眠、運動、晨間散步
3. 戒菸、戒酒
4. 找人傾訴，發洩情緒
5. 若上述方法仍無法獲得改善，請盡早至醫院接受診療

遇到煩惱或是擔心的事情，就要主動去尋找應對方法！」好比利用 ChatGPT 發問，不消幾秒即可獲得上述的這些應對方法。接下來只是照著去做，就能解決煩惱。

這時候，身為精神科醫生的我也不免開始思考 AI 心理諮商的可能性。AI 有辦法做到心理諮商嗎？我想答案恐怕是可以的。

諮商最重要的是必須做到「共感」。各位可能會認為這一點 AI 辦不到，但是我試過在 ChatGPT 裡輸入「我好想死」，不可思議的是，得到的第一句回答竟是「我可以理解你的心情」。AI 當然不可以真的理解想死的心情，但是卻可以能在第一時間做出同理的答覆（疑似共感）。即便只能做到這樣，**也已經足以成為人在遇到困難或是煩惱的時候，傾訴、發洩心情的對象**。從這一點來思考，以 ChatGPT 目前的版本來說，已經具備諮商的作用了。

再加上「想辭職」、「想死」這一類嚴肅的心情，本來就很難向人傾吐。不過，如果是 AI 的話，就可以坦然說出真心話，不需要顧慮或是揣測對方聽到之後的感覺。還有一個好處就是也可以說別人的壞話。另外，精神科的診療有時候會被挪揄說是「5 分鐘診療」。換作是 AI，就可以問到滿意為止，沒有時間限制。這一點也很大的優勢。

　　總而言之，真正的決定性關鍵在於如何看待和使用 AI。認為「AI 怎麼可能瞭解人的痛苦」的人，應該永遠都不會想從 AI 找到答案。相反地，假如曾經透過 AI 讓自己心情變好，當然會把 AI 當成幫助自己發洩心情的工具來善加利用。

　　AI 終究只是個工具，懂得聰明使用，就會是天堂，可是如果反過來被工具利用，結果就會像接下來提到的掉入地獄。

觀點④：「提問力」才是關鍵

　　用過 ChatGPT 就會發現，如果問題問得很模糊、不夠明確，只會得到一樣模糊曖昧的答案。相反地，如果增加問題的描述，設定明確的條件，就會得到具體且實用，甚至連細節都很清楚的答案。也就是說，使用 AI **講求的是「提問力」**，也就是能不能問出好問題，這可以說是「成為 AI 高手的關鍵能力」。

　　就像使用搜尋引擎也是一樣，懂得設定關鍵字的人，幾秒鐘就能得到想要的答案，可是不會設定的人，就必須花上更多時間才行。

　　「提問力」可以靠經驗的累積來提升，因此，馬上學習使用 ChatGPT，提升自己的「提問力」，才能獲得先行者優勢，而不是等到「身邊的人都開始使用 ChatGPT，那我來用用看吧」。

觀點⑤：重點在於「自制力」

　　Netflix 會針對龐大用戶的收視資料，利用 AI 進行分析，包括什麼樣的類型內容比較受歡迎、觀看幾分鐘跳出的機率最大等。利用這些得到的

數據,就能製作讓人一看便停不下來、成癮性高的戲劇和電影。

電玩遊戲也是一樣。以線上遊戲來說,會利用 AI 針對玩家的行為模式和付費方式等進行分析,進而開發更有趣、更吸引人的電玩遊戲。

倘若今後 AI 分析的技術繼續進步,相信一定會出現比現在成癮性更高的戲劇和電玩,屆時恐怕只會增加更多沉迷在其中無法自拔、變成成癮症的人。

特別是年輕人,如果因為沉迷於這些而都不念書,也不再跟人溝通,可能會就此斷送一生。

要避免這種情況發生,「自制力」就變得非常重要。**當這個世界變得愈來愈方便,不需要付出就能得到快樂和趣味的內容愈來愈多,自我克制的能力也就愈趨重要。**

AI 蘊藏著無限可能和危險性,而其中扮演著「黑船」角色的正是 ChatGPT。面對這樣的科技,大家不妨先嘗試接觸看看,體驗一下 AI 的真面目。

第3章

今後時代「有助於提升自己和他人」的工作態度

24 從現在開始，不必汲汲營營於職場上的人際關係

人的煩惱有九成都來自於人際關係，而人際關係的壓力大多來自於職場。

換言之，如果職場人際關係好、溝通順暢，大部分的壓力就能獲得排解。我的 YouTube 頻道每天都會收到 30 則以上的求助來信，關於職場人際關係的煩惱，就是出現頻率最高的問題。

接下來就讓我們一起來思考如何解決「關於職場人際關係的煩惱」吧。

解決辦法①：告訴自己「職場人際關係不好很正常」

我曾經針對追蹤我推特帳號的粉絲做了一項關於職場人際關係的問卷調查，其中認為自己在職場上的人際關係「很好」的人有 57.3%，覺得「很差」的人有 42.7%（有效回答人數為 653 人）。

也許會有人覺得：「我的職場人際關係這麼差，應該算是異類吧。」但是根據這份問卷調查的結果，有將近半數的人都認為自己的職場關係「很差」，可見這一點也不奇怪。說不定那些表面上總是面帶笑容的人，其實心裡對自己的人際關係也不是很滿意。

解決辦法②：用微笑帶過

我的 YouTube 頻道最常收到的職場人際關係問題包括「受到某特定人的不斷攻擊」、「被惡言相向」、「同事中有人動不動就愛炫耀自己」。

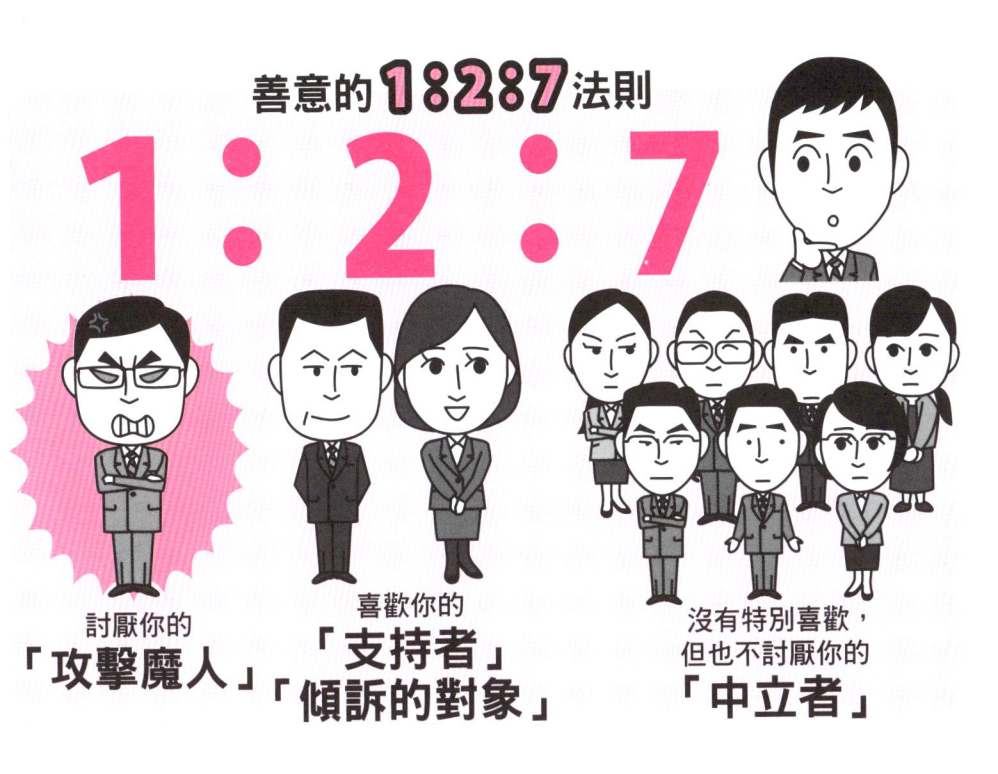

善意的 **1:2:7** 法則

1：2：7

討厭你的
「攻擊魔人」

喜歡你的
「支持者」
「傾訴的對象」

沒有特別喜歡，
但也不討厭你的
「中立者」

　　針對有這種煩惱的人，我想要分享一個猶太教的古老教義叫做「**善意的 1：2：7 法則**」。

　　這個法則的意思是，每 10 個人當中就會有 1 個人討厭你，事事都針對你，而你也不喜歡對方。另外有 2 個人會跟你成為凡事都合得來的好朋友，剩餘的 7 個人則是中立者（引用自《被討厭的勇氣》，岸見一郎著）。

　　根據這個法則，假設公司裡除了你以外還有其他 10 個人，其中一定會有 1 個人討厭你，跟你處不來。無論是什麼樣的公司或部門，情況都一樣。

　　但是相反地，其中也有 2 個人會成為你的夥伴。意思就是說，**其實有比討厭你的人還要多一倍的人是支持你，也願意協助你。**

剩下的 7 個人則沒有特別喜歡你，但是也不討厭你，也就是立場中立的人。

我從以前到現在待過 20 幾個職場，從這些經驗來說，我認為這個「善意的 1：2：7 法則」相當準確。

就算職場上真的有人動不動就愛針對自己，但是最多也不過就是 1 成而已。**只要知道「這個人就是那 10 個人當中的那 1 個『攻擊魔人』」，面對對方的攻擊時，要不就是微笑以對，要不就是冷處理**，完全不必在意要跟對方好好相處。

雖然明白這個道理，但是對大部分的人來說，在公司裡只要跟 1 個人合不來，就會有壓力，嚴重的話還會導致「憂鬱」發生。這種時候有些人會考慮換工作，可是不管哪個職場都會有 1 成的「攻擊魔人」存在，所以根本沒有辦法保證換了工作之後不會再遇到類似的人。

解決辦法③：瞭解「自己不可能跟每個人都相處得很好」

小學生吵架的時候，很多人會說：「老師教我們要『好好相處』！」然而，從心理學的觀點來說，這種教育其實完全錯誤。

在團體當中，一定有跟自己合不來的人，就像「善意的 1：2：7 法則」所說的一樣。要跟合不來的人好好相處，會耗費許多心力，當然就會給自己帶來非常大的壓力。

但是，真的有必要為了跟對方好好相處而做到這個地步嗎？

其實完全沒有必要。

真正重要的是，**瞭解這世上有「跟自己合不來的人」、「討厭自己的人」**。

就像日劇《半澤直樹》的劇情，雖然撕破臉而影響到工作也很麻煩，不過，跟合不來的人只要做到最基本的公事公辦，我想壓力應該就會減輕不少。

解決辦法④：不必汲汲營營於職場上的人際關係

我在剛當上精神科醫生的時候，也認為「職場上的人際關係很重要」，所以很努力地跟身邊的每個人好好相處。經過半年的努力之後，我建立了很好的人際關係，溝通上也非常順暢。

結果，沒想到在這個時候卻接到調派命令⋯⋯花了那麼多時間和心力，好不容易打好人際關係，結果瞬間化為烏有，到了新的職場環境又得全部重來一遍。這個經驗讓我學到了一個教訓：「不必汲汲營營於職場上的人際關係！」

職場人際關係只要不是「很差」就行了。 職場不是「好友同樂會」，只要工作能順利進行，完全不需要勉強自己跟所有人打好關係。

解決辦法⑤：跟特定幾個人建立密切關係

不必汲汲營營於職場上的人際關係──這句話的意思並不是不需要跟職場上的任何人打好關係。

倘若根據「善意的1：2：7法則」，在職場上除了會有討厭自己的人以外，也會有喜歡自己的人。這些跟自己合得來、可以說真心話的人，我稱之為「支持者」或是「傾訴的對象」。

在同一個部門裡只要有1個支持者或是傾訴的對象，人際關係的壓力就會稍微減輕，而且透過互相協助和討論，做起事情來也會順利許多。

時間有限，要將這寶貴的時間花在攻擊魔人的身上呢？還是支持者的身上？哪一個才是有效的時間運用？不用說，答案當然一定是後者。

解決辦法⑥：用「親切」擊退「攻擊魔人」

雖然不必在意攻擊魔人，但是如果天天受到對方的「惡言相向」或是

「嫌棄」，壓力肯定不小。假使對方還是自己的上司，就沒辦法冷處理、不做反應了。

這時候可以利用「08 從現在開始，強化與另一半的感情連結」一節裡提到的，待人親切會給自己和對方帶來催產素分泌的效果。催產素是「聯繫、愛」的荷爾蒙，因此分泌時可以提升對方對自己的好感度。

根據這個原理，**只要反過來用親切的態度對待攻擊魔人，就能把對方的「厭惡」成功轉變成「喜歡」**。

攻擊魔人最喜歡的就是「負面能量」了，你生氣的表情、認真反駁的模樣，都會讓他更開心。也就是說，用負面還以負面，恐怕只會激化對方的攻擊。

相反地，如果用笑容「感謝」對方，會讓攻擊魔人期待落空。既然沒有辦法藉由攻擊獲得樂趣，當然就會漸漸停止攻擊的行為。

面對攻擊魔人千萬不能做出負面的反應，就用親切和感謝的必殺技來擊退對方吧！

> 工作中的
> 「今後生活之道」
> ❷

讓「反對星人」成為夥伴的方法

2022年我到北海道的後志地區進行了4天3夜的工作考察，以余市町為中心，走訪了二世谷町、赤井川村、仁木町等幾個地方，採訪當地10家以上的畜養乳牛和羊隻的牧場、蔬菜農場、果園、酒莊、餐廳、餐廳旅館等。另外還拜訪了靠著葡萄酒旅遊振興地方而受到注目的余市町的町長，是一趟非常有意義的視察。

大家都認為農業是夕陽產業，實際上在我這次走訪的後志地區也能看得出來，人口外流等少子高齡化的影響已然成為當地面臨的嚴峻問題。

可是，另一方面，現在也有不少人是從本州遷居至北海道，展開全新的農業生活。我也實際拜訪了幾位這樣的人。這趟視察給我最深的感觸就是，許多生產者和料理人都對自己的工作充滿熱情，例如「我要種出最好吃的蔬菜！」「我要生產最好喝的牛奶！」「我要釀造出全世界最美味的葡萄酒！」「我要做出能完全展現當地食材魅力的料理！」等。

倘若能結合這些人，形成一股推動的力量，就能帶動地方人口稀少地區的興盛，成為解決人口外移、少子高齡化的方法之一。看到這些人，我感覺：「日本的未來充滿希望！」

■ **新的嘗試總是容易受到抨擊**

這趟視察的行程當中，也包含了走訪種植溫室哈密瓜的農家。在本州地區一般常見的作法都是二毛作（譯註：在同一塊田地上一年種植兩種作物），在哈密瓜收成之後，改種植其他作物。但是在北海道這個地方，溫室設備必須在雪季到來之前完全撤除，因此只能種植哈密瓜。

後來，有從農新手打破了這樣的常識，想利用哈密瓜收成之後，種植其他作物來提高收入。這個作法據說一開始受到傳統農家的猛烈抨擊，像

是「就那麼想賺錢嗎？簡直是金錢的奴隸」等，也有人針對技術方面提出否定：「這個地方絕對不可能進行二毛作」。後來為了克服技術方面的問題，的確花了非常多時間和精力，不過，現在已經可以成功藉由二毛作來種植美味蔬菜，成為農家的一大收益來源。

我在這次的視察中聽到很多人告訴我，像這樣嘗試種植全新作物，或是導入當地沒有人做過的全新技術時，就會受到鄰近農家的強烈抨擊。甚至只是沒有透過農協、直接在網路上販賣自己的作物，也會受到嚴厲的譴責。

像這樣的情況，我想不只是農家，相信在各位的周遭也一定時有所聞。

例如很多人應該都有這種經驗：好不容易鼓起勇氣向公司提出嶄新的企劃，卻被主管以「沒有這種前例」等墨守成規的理由擋下來，讓人感到灰心、意志消沉。

■反對星人 vs. 挑戰星人

不管什麼事情，總之先「反對」再說。這樣的人，我們就姑且稱之為「反對星人」吧。另一方面，喜歡挑戰新事物，會積極採取更有效率作法的人，就稱為「挑戰星人」。事實上，「反對星人」的身實身分就是「輸入星人」，而「挑戰星人」的身實身分則是「輸出星人」。

「16 從現在開始，當個『貼心周到的人』」一節已經提到關於輸入型員工和輸出型員工的差異，輸入型員工是被動式的工作態度，只會依照指示的方式，做好被交付的工作。輸出型員工指的則是會自己思考、判斷、提案等主動採取行動的工作態度。

輸入型員工通常不懂得如何輸出，例如不會將自己的想法付諸行動等，所以也無法獲得成長。他們對於最新資訊和最近趨勢一無所悉，只會用以前學習到的知識和過去的經驗及先例來做判斷。而且，這類型的人通常都害怕改變，無論任何事情都只會反對。

相反地，隨時都在吸收最新情報和最近趨勢，不停嘗試錯誤（輸出與回饋）的輸出星人，由於懂得藉由分析現狀來預測未來，因此總是有許多

反對星人與挑戰星人 的特徵

反對星人（別名：輸入星人）

- ✗ 總是在反對
- ✗ 不喜歡挑戰
- ✗ 只會依據很久以前學到的知識做判斷
- ✗ 判斷決策太古板、跟不上時代
- ✗ 保守
- ✗ 覺得靠現有的東西就好
- ✗ 不會主動發現問題
- ✗ 以明哲保身為優先考量（自我中心）
- ✗ 不喜歡學習新事物
- ✗ 不喜歡嘗試新工作
- ✗ 喜歡「輕鬆」，討厭「麻煩」
- ✗ 喜歡維持現狀
- ✗ 覺得現在的自己已經很好了

挑戰星人（別名：輸出星人）

- ◎ 隨時思考新的可能
- ◎ 喜歡挑戰
- ◎ 隨時吸收新資訊，靠臨機應變做出判斷
- ◎ 判斷決策富有新意，能順應時代改變
- ◎ 創新
- ◎ 期待更好的東西
- ◎ 會隨時發現問題
- ◎ 他者貢獻（為地方、為社會、為他人、為公司）
- ◎ 好奇心旺盛，對新事物充滿學習欲望
- ◎ 喜歡新工作
- ◎ 覺得挑戰「困難」是有意義的事
- ◎ 隨時想著改善現狀
- ◎ 喜歡自我成長

「創新想法」，並且能付諸實現。

一般認為在公司或是組織當中，大概有9成的人都是反對星人，只有1成是挑戰星人。

這1成的人就算在公司裡提出全新的企劃或是改革方案，其中有9成都會被否決，理由是「沒有前例」、「這個在我們公司不可能做得到」。隨著相同情況一再發生，這1成的人所擁有的挑戰精神和進取心也會漸漸受到打擊，最後變成每天只會做輸入型工作的輸入星人。換言之就是被其他9成的人給同化了。這時候，這家公司或是組織無法對市場和環境變化做出應對也只是遲早的事。

■讓「反對星人」成為夥伴的方法

在公司或是組織裡提出全新提案，卻被上司一口回絕，或是受到大家

的嚴厲批評和抨擊。明明出發點是「為了公司好」，卻完全不被當一回事⋯⋯

這種時候該怎麼做，才能讓自己的挑戰被反對星人們接受呢？換個角度來說，有辦法可以讓反對星人變成自己的夥伴嗎？

我在北海道進行視察的時候，曾經問那些在當地進行全新嘗試的生產者一個問題：「你是怎麼融入地方，讓這些人願意支持你、幫助你的呢？」對方給我的答案是「提供情報」和「他者（地方）貢獻」。

方法①：提供情報

這次拜訪的農家們，有一點讓我印象十分深刻，就是他們會把自己的知識和技術，無償提供給前來請教的人。也就是說，他們非常積極地提供情報給大家。他們表示，當這些人透過全新農法增加了收益、提高了工作效益之後，也等於給自己漸漸帶來更多夥伴。

舉例來說，假設地方上有10戶農家，一開始兩方人數的比例為1比9，挑戰星人明顯處於劣勢。不過，隨著對反對星人毫不藏私地提供有用情報，挑戰星人的陣營慢慢地人數愈來愈多。等到人數比例來到4比6，大家便開始覺得「如果不跟著學習新技術，吃虧的就是自己」，使得情勢瞬間大逆轉。

另外，反對星人通常大多是上了年紀或是經驗豐富的人。對他們來說，當自己的方法和經驗被「新作法」否定的時候，難免會有連自己也被否定的感覺。

為了避免讓他們有這種感覺，**切記一定要做到「尊重」，甚至有時候拍拍馬屁、吹捧一下，也都是必要的方法。**

方法②：他者貢獻

秉持「付出的精神」也是適應地方團體的方法之一。將有用的情報回饋地方；當收益增加，就把其中一部分回饋地方。這就是「他者貢獻」。

這一次的採訪讓我瞭解到一個道理就是，想要在既有的團體中嘗試新

事物,祕訣就是必須不厭其煩地向大家說明挑戰的好處,包括「可以為整個地方帶來更大的利益」、「可以減少工作時間,讓自己更輕鬆」等,以獲得大家的理解。就算最後沒辦法讓所有人都接受,「不反對」的中立者人數也會慢慢增加。

在公司裡提出新的企劃案也是一樣。即便是新進員工,只要找到更多夥伴,大家一起表達「這是由我們同期的 10 個人共同聯名提出的企劃案」,就算是反對星人的上司,也不得不重視了。

即使沒辦法讓對方當場接受,**也不要馬上放棄,而是要不厭其煩地繼續為對方說明挑戰帶來的好處,直到對方理解接受為止。**

任何人只要身處在公司或是組織的團體當中,就多少都會遭受到反對星人的攻擊。遇到這種時候,「提供情報」和「他者貢獻」就是閃避攻擊,讓自己的意見成功被接受的關鍵方法。這趟北海道視察之旅,實在讓我獲益良多。

25 從現在開始，把「調派和人事異動」當成是「重建人際關係的機會」

各位聽過「調派憂鬱」和「搬家憂鬱」嗎？

這些的意思就如同字面上所示，現在有愈來愈多人在調派或是搬家之後，憂鬱就開始找上門。這些症狀都會帶來極大的壓力，對身心造成傷害。

據統計，每年約有 4 萬人會出現「搬家憂鬱」。搬家不只是改變居住場所，人際關係和職場、工作內容也都會跟著改變。這些「變化」帶來的壓力，就會成為引發憂鬱的導火線。

人類（其他生物也是一樣）的體內具備了「恆定性」（homeostasis），可以讓血壓和體溫等維持在一定的狀態。同樣地，心理也具備恆定性，會「盡可能維持目前的生活模式和環境」。這也是為什麼一直做同樣的事情會覺得輕鬆，面對新的挑戰就產生龐大壓力的原因。簡單來說就是，**人是不擅長適應變化的動物。**

我從以前到現在一共待過 10 家以上的醫療院所，每一家都位處不同地方，也就是說，我已經搬過十幾次家，所以對於調派和搬家這件事，我敢說自己擁有相當豐富的經驗和瞭解。

因此，關於調派和搬家，以及同樣是上班族難以避免的人事異動，該如何避免這些對心理造成傷害，以下就讓我從 6 個關鍵心態來為大家說明。

關鍵心態①：調派和人事異動是「自我成長的好機會」

人是非常不擅長適應環境變化的動物。對人類來說，最沒有壓力的生

調派和人事異動是重建人際關係的大好機會

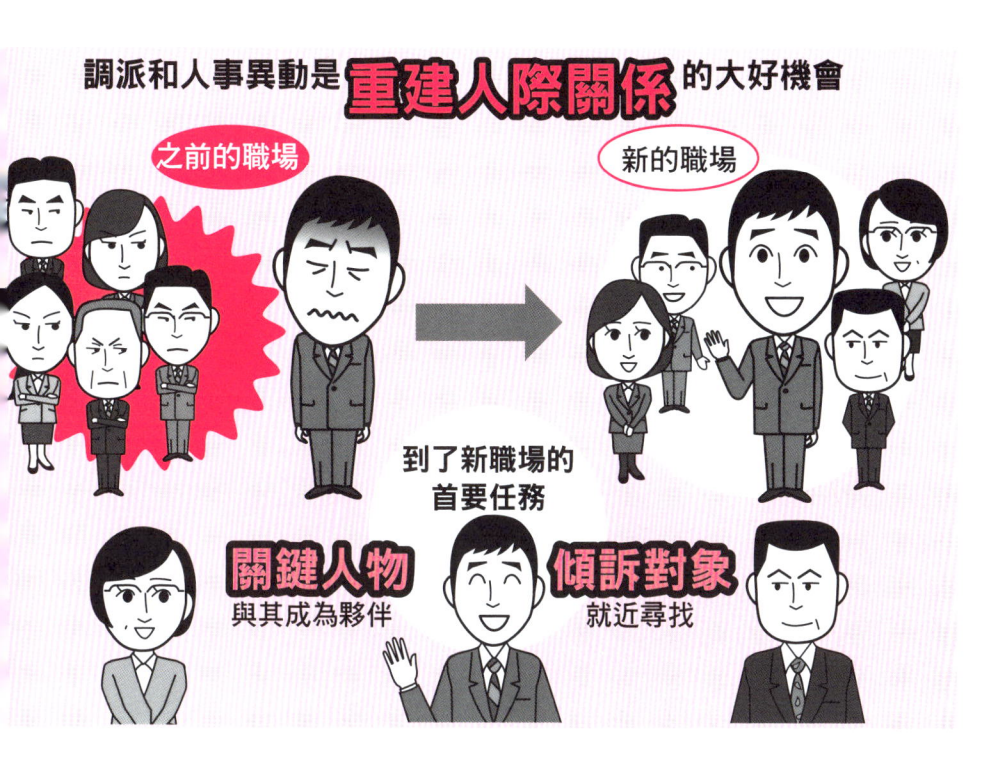

之前的職場 → 新的職場

到了新職場的首要任務

關鍵人物 與其成為夥伴
傾訴對象 就近尋找

活方式就是,每天用同樣的方法完成跟前一天同樣的事情。

但是,反覆做同樣事情的日子,人是無法成長的。**只有克服困難和辛苦,人才有辦法自我成長。**

調派和人事異動對大部分的人來說,都會覺得「麻煩」和「擔心」,可是正因為如此,當順利克服這些改變帶來的困難和辛苦之後,自己也能獲得很多成長。換言之,調派和人事異動,都是自我成長的大好機會。

關鍵心態②:調派和人事異動是「人際關係的重建」

很多時候,調派和人事異動會讓過去建立起來的人際關係和門路,變得幾乎派不上用場。

再加上到了新的工作環境之後,也不知道會遇到什麼樣的人。若是根

據「善意的1：2：7法則」，一定會有故意刁難自己、討厭自己的人……一想到這裡，心情就更憂鬱了。

調派和人事異動，簡單來說就是「人際關係的重建」，雖然有壞處，但是好處也不少。

新職場的人對你完全不熟悉，就算聽過名字，對你這個人瞭解得也不多，包括你的缺點、壞習慣、過去失敗經驗和出包事件等，全部一無所悉。

從這個角度來思考，這可以說是你**「人生從頭開始一切重來」**的好機會。

也許你在原本的職場上跟大家處得不太好，可是到了新的環境，你可以心念一轉，從頭開始建立新的人際關係。這可是一生難得幾回的大好機會！

關鍵心態③：先跟關鍵人物建立關係

在調派和人事異動的時候，通常都會跟該職位的前一任員工做工作交接。只不過，大部分的交接都是以工作內容和業務為主，很少人會關心人際方面的問題。

每個職場都有所謂的關鍵人物。職場裡位階不高，可是工作年資久，深受同事們信賴的資深員工，或者是像「御局樣」（譯註：日本江戶幕府大奧中官職最高的女性）般存在的女員工，通常都具有相當的影響力。這些人熟知公司裡的一切事情，只要跟他們打好關係，就可以得知很多工作上的事情，以及檯面下的人際關係。

倘若你藉由調派和異動成為部門主管，這時候如果對部屬採取威權式領導，或是把前一個職場的作法強加到現在的職場上，部屬表面上看似服從，實際上內心都是向著關鍵人物。這位關鍵人物就很有可能在你和部屬之間築起一道「看不見的高牆」。為了避免這種情況發生，**對於關鍵人物長年下來所累積的知識和經驗，一定要抱持尊重的態度才行。**

此外，一開始在做工作交接的時候，一定要跟前任員工打探清楚各項情報，包括職場上的關鍵人物、人際關係、上司的個性、同事間是否有問

題人物等。只要事先做好心理準備，到時候就能從容應對，大幅降低搞砸人際關係的風險。

關鍵心態④：在大腦想像、演練開心的事情發生

一旦確定要調派工作，很多人心裡會開始充滿各種擔心，例如「自己能適應新環境和新的職場嗎？」「有辦法建立良好的人際關係嗎？」等。如果是從大城市調派到地方，有些人甚至會覺得「實在一點都不想去那種鄉下地方！」，產生抗拒的心態。

鄉下地方其實有很多美味的店家，吃得到山珍海味，如果是農村的話，連白米飯都很好吃，還有新鮮的蔬菜，光是這些就夠讓人幸福了。而且擁有豐富的自然環境，隨時都能健行、露營和釣魚。說不定就近還有溫泉呢！

在工作上也是，比起在大城市上班，鄉下地方比較少加班和假日出勤的機會，也沒有上下班的交通尖峰時間，通勤時間也縮短很多。整體而言，在地方的生活，快樂會多更多。

如果你是即將調派到地方的人，不要盡想著那些擔心的事情，不妨像這樣先演練、感受一下即將迎接的「快樂」。

具體想像開心的事情，可以刺激多巴胺的分泌，讓自己變得更興奮、更期待。對於調派的不安也會隨之消失。

關鍵心態⑤：完成「通過禮儀」

各位有沒有這種經驗，才剛到新的工作環境，馬上就被指派艱難的任務，或是完成無理的要求。

一開始也許會以為自己「被刁難」，不過其實**這不是刁難，而是所謂的「通過禮儀」**（Rite of passage）。

若是你因此感到忿忿不平，覺得「這怎麼可能辦得到！」，可能會被視為「不適合」新的職場。但是，如果順利通過試煉，大家就會對你刮目

相看。

以前我被調派到某家醫院的時候，才剛上班沒幾天，護理長就要我「想辦法安撫 A 病患的情緒」。所謂的 A 病患，是個重度阿茲海默症患者，每 10 分鐘就會按一次護士鈴，是診間裡知名的頭痛人物。

很快地我發現，A 病患的家人平均 2、3 個月才會來醫院看他一次。我認為「寂寞」就是導致他這些問題行為的主要原因，於是我跟病患家人溝通，希望他們能多來醫院陪他。

除此之外，我還安排了一位護理實習生負責多陪 A 病患說話聊天，就這樣，後來 A 病患再也不會狂按護士鈴了。

從此之後，大家都覺得我是個「能幹的醫生」，對我的態度充滿尊敬，讓我做起事情來變得相當順利。

我相信類似的情形，在每個職場都會發生。只要過了通過禮儀這一關，就能得到大家的認同，成為大家的夥伴。

關鍵心態⑥：找到「傾訴對象」

對於有壓力的人來說，紓解壓力最有效的方法，就是「找人傾訴」。

在遇到問題或是煩惱的時候，如果有個可以放心傾訴的對象，心情會輕鬆許多。因此，到了一個新環境之後，就近在身邊找個這種「傾訴對象」，就成了非常重要的一件事。

在新的工作環境中，要跟每個人都打好關係很難，也很耗費心力。所以，一開始只要先專心跟「傾訴對象」和「關鍵人物」打好關係，跟其他人的關係留待之後再慢慢建立就行了。

> 電影中的
> 「今後生活之道」
> ❷

透過自我揭露，建立更密切的人際關係

　　動畫電影《鏡之孤城》（2022 年）很棒的地方在於，它為拒絕上學的孩子，甚至擴大到覺得「活著很痛苦」的孩子，明確地提示了一個應對的方法。而且這個方法對於對生活感到痛苦的大人，也同樣適用。

　　那麼，究竟在這部電影裡提供了什麼樣的應對方法呢？以下我想分成 4 個重點來說明，希望可以給每天覺得生活「很痛苦」的人一些參考。

重點①：這個世上一定有在乎你的人

　　就算我說「有煩惱的時候，就找個人傾訴」，大部分的人還是會說：「我沒有人可以說。」「根本沒有人在乎我。」但是這些都是不對的想法。

　　在精神上被逼到絕境，或是有嚴重煩惱的人，很容易會變得視野狹窄，看不見身邊關心的人。《鏡之孤城》中的主角國中生安西心（小心），就是這樣的一個人。她沒有朋友，也沒辦法上學，讓她感到強烈的孤獨。

　　不過，其實小心班上有個轉學生名叫東條，每天都會幫她把上課的講義送到家裡給她。東條一直很關心小心，可是小心卻直到第三學期快結束的時候，才意識到東條對自己的關心。

　　就算自己覺得「我好孤單」，可是在這個世界，一定存在著「在乎你的人」。想要找到這樣的人，自己絕對不能保持沉默，**必須積極地向身邊的人發出聲音、建立溝通**，才有可能找到那個重要的人。也就是說，自己要先有行動，才有開始。

重點②：孤獨者們的結盟

　　拒絕上學或是覺得活得很痛苦的原因之一，就是跟小心一樣「沒有朋友」。

「沒有朋友」對孩子們來說，是非常嚴重的問題。事實上，對大人而言也是。

　　根據我在推特上針對「你有幾個好朋友？」所做的調查，回答「一個也沒有（0人）」的比例，竟然多達37.9%，等於**每3個人當中就有1個以上的人，有煩惱的時候，身邊沒有任何好友可以傾訴**，只能自己一個人苦惱，結果導致煩惱變得更嚴重。

　　有些「沒有朋友」的人，也許會覺得「我根本不需要什麼朋友！」「交朋友麻煩死了！」可是我相信還是有很多人是打從心底「想要有朋友」。既然如此，這些**「想要交朋友」的人互相成為彼此的朋友**，也是一種方法。

　　在小心的房間裡有一面鏡子，鏡子另一頭的「城堡」裡，有昂和小晶等6個跟小心同年紀的孩子。他們都跟小心一樣沒辦法上學，也沒有朋友，心靈都有著創傷。但是，這些「城堡」裡的孩子們卻可以自在地一起聊天、一起玩，並且隨著慢慢卸下心防之後，最終成為願意犧牲自己來幫助對方的親密夥伴。

重點③：「自我揭露」的勇氣

　　這些「城堡」裡的孩子們，是如何成為親密夥伴的呢？答案是鼓起勇氣「自我揭露」。

　　在《鏡之孤城》這部電影當中，有個片段讓我覺得特別有意思，就是在第二學期剛開始，包含小心在內的七個人開始彼此分享自己的故事。大家在這之前已經共同相處了一整個學期，卻完全沒有人發現彼此都是拒絕上學的人。或者，雖然已經隱約察覺到，可是在有人說破之前，大家都選擇避口不談。

　　剛認識的幾個月，雖然彼此已經卸下心防成為「玩遊戲的朋友」，可是關係還沒有好到可以說出自己的煩惱和痛苦。一直等到察覺彼此都拒絕上學之後，才開始說出自己的心情，以及自己面臨的處境。也就是「自我揭露」。所謂自我揭露，指的就是敞開心房說出不太會跟人說的祕密。

　　心理學上有所謂的**「自我揭露的互惠原則」**，自我揭露會讓對方也

互相「自我揭露」有助於加深彼此的關係

> 其實我是個鐵道攝影迷……

> 其實我是SEVENTEEN的粉絲！

願意跟著這麼做，透過這樣一來一往的自我揭露，彼此的關係會變得更親密。

換句話說，想要跟對方當朋友，或是建立更親密的關係，必須要先打開自己的心房。如果只會在表面上親近對方，卻避談自己的真心話，兩人的關係不可能變得更深入。

在這部電影裡也很清楚地描繪出這一點，隨著自我揭露的程度愈深，彼此的關係會變得更緊密。

自我揭露需要有勇氣才做得到，因為是說出心裡不想說、覺得丟臉的事情。**即便如此還是願意主動說出口，就是因為希望對方能夠更瞭解自己。**這種心情才是最重要的重點。什麼都不說，關係當然不會變好。

重點④：關係的力量

原本幾乎每天都在「城堡」裡相處在一起的七個人，到了第三學期之

後,面對真實世界的升班和升學,大家開始紛紛考慮起現實問題,有些人驚覺「不能再不去上學了」,有些人則考慮如果不能去現在的學校,是不是就轉學算了。

這時候,他們唯一做的就是每天彼此分享自己的心情,傾聽彼此的想法。在現實世界的他們,並沒有採取任何行動,也就是說,現實世界完全沒有任何改變。

不過,此時七人的心理力量已經變得強大,準備踏出「全新的一步」。讓這一切變可能的,是「連結的力量」──跟和自己有相同煩惱的人之間的連結,喚醒了他們的勇氣。

《鏡之孤城》這部電影實在太棒了,所以後來我還特地去找了辻村深月的原著小說來讀。

在故事的第一頁就引用了《大辭林》的解釋,說明了「孤城」的意思。

【孤城】
① 孤身而立的城堡。
② 被敵軍包圍、孤立無援的城堡。

電影裡的「城堡」就如同第一個解釋,是一座聳立在斷崖絕壁上、四面環海的「孤城」。至於被吸引到這座城堡的七個人,就像第二個解釋一樣,每個人都是被敵軍包圍、孤立無援的「孤城」,包括小心也是,她在學校遭到同學沒來由的惡意中傷,得不到媽媽和導師的理解,感到孤單無助、非常痛苦。

可是在「孤城」裡,這七個人成為彼此的援軍,互相把對方從孤獨中拯救出來,並且從這過程中慢慢產生的「連結的力量」當中,獲得了勇氣、療癒,以及心靈上的支持。

只靠自己一個人是沒有辦法產生「連結」的,必須透過「說」才辦得到,也就是主動跟對方建立交流,願意做自我揭露。

說出口需要「很多勇氣」。此刻的你如果很想「改變現實」,那麼就

請拿出一點勇氣,主動找身邊的人說話、聊天吧。這將會成為你擺脫痛苦的第一步。

26 從現在開始，把閒聊當成重要的事情看待

新冠肺炎疫情之後，許多企業都改採遠距辦公的工作模式。可是另一方面，也有人覺得這種方式造成「缺乏溝通」、「孤獨感，孤立感」。

■ 閒聊是開啟溝通的第一步

精神科在診斷病人的時候，經常會問患者最近發生的事情，簡單來說就是「閒聊」。假設病人開心地說「我跟朋友去唱KTV，玩得很開心」，就表示「狀況還不錯」。透過閒聊可以獲得許多「非語言訊息」，例如對方的表情和聲音是否充滿活力等。

此外，有時候就算問診問了半個小時，患者也不見得會對醫生卸下心防說真心話。但是有些患者透過閒聊、心情放鬆下來之後，反而會主動提起自己的煩惱，像是「其實我最近……」。

閒聊是開啟溝通的第一步，除非透過閒聊讓對方願意主動打開心房，不然對方不可能會說出「內心的煩惱」。談生意也是一樣，最常見的作法都是先透過閒聊讓對方卸下心防，拉近彼此的距離，接著才開始進入真正的談生意。

■ 讓自己成為閒聊高手

《哈佛商業評論》（2021年3月）曾經刊載一篇很有意思的論文：〈遠距工作也需要具備閒聊的能力〉。

研究人員以在疫情之前從事全職工作的151人為對象，調查「當天在職場上閒聊了多久」，以及閒聊之後的「正面情緒（親近感、自尊心、感

恩的念頭）變化」等。結果發現，如果閒聊時間比平時還要長，心情會明顯比較正面，也比較不會覺得疲累。

雖然其中也有人表示閒聊會導致「注意力不集中」、「佔用時間」等負面效果，不過這些都能靠一些方法來加以控制。也就是說，**如果懂得善用閒聊，不僅能提升「專注力」和「正面情緒」，還能提高工作效率，也能預防心理層面過於負面。**

從這個調查結果，作者們歸納出一個結論：「遠距工作會讓每天閒聊的時間大為減少，因此必須有意識地營造一個可以閒聊的工作環境，這一點非常重要。」

根據以上的結論，所以接下來我要介紹在遠距工作時代下，提升閒聊力的 5 個技巧。這些技巧不只能用在公司內部的部門或是團隊會議上，跟客戶線上開會也能派上用場。

技巧①：次數比時間更重要

不擅長閒聊的人都會告訴我他們「不知道怎麼接話」、「沒有辦法一直聊天」。事實上，閒聊根本沒有必要花時間說太多話，因為比起「時間」，「次數」反而重要多了。

心理學有個被稱為**「曝光效應」**的法則，又稱為「單純曝光效應」，意思是**「接觸的次數愈多，跟對方的關係就會愈親密」**。

也就是說，比起「每週 1 次，每次 20 分鐘」的閒聊，「每天 3 分鐘」的閒聊應容易拉近彼此的關係。如果每天都會見面，可以利用早上或是午休 1～3 分鐘的空檔時間，邊喝咖啡邊閒聊。如果是遠距工作，方法就是事先跟對方約好工作空檔的時間「小聊一下」。

技巧②：不必自己說話

不擅長閒聊的人都會以為「自己得想辦法讓話題繼續下去」。其實沒有必要非得「自己一直說話」不可，**只要向對方「提起話題」就行**

了。對方若是個喜歡聊政治的人，只要問「下一屆的首相不知道是誰來擔任比較適合」，對方就會開始高談闊論了。記住，**要當個「聽話高手」，而不是「說話高手」。**

技巧③：事先準備3個網路話題

有些人會「找不到話題聊」，如果是這樣的話，可以在閒聊之前先上網搜尋一下最新的話題新聞，**從「政經」、「運動」、「娛樂」等不同範圍中，各找出一個感興趣的話題記下來**。到時候從這幾個範圍當中，應該可以找出一個對方感興趣的話題，如此一來就不必擔心沒有話題可聊了。只要花個 5 分鐘，就能做好閒聊的準備。

技巧④：善用破冰活動

舉例來說，在線上會議開始之前先「每個人用 30 秒簡單講一下最近發生的有趣的事」，帶動氣氛的效果非常好。這是在線上會議中加入**「跟工作無關的閒聊時間」**的一種方法。

原本的作法是跟坐在旁邊的人 2 人一組，互相分享最近「發生的有趣的事」。因為聊的是有趣的事情，所以彼此的心情都會變好，氣氛也跟著熱絡起來。跟對方「共享」開心的事，也能拉近彼此的距離。靠這個方法，只要短短一分鐘，就能緩和原本嚴肅的會議氣氛。

技巧⑤：保留一對一面談的時間

在完全實施遠距工作的公司，很多人應該都是「這半年內完全沒有踏進公司」。在這種職場環境下擔任主管的人，我建議最好可以定期跟員工線上「一對一面談」。最好可以 1～2 星期 1 次，至少也要 1 個月 1 次。面談除了確認工作進度之外，也包括閒聊。這種方法就是目前最流行的

遠距工作也要重視閒聊

閒聊技巧1 次數比時間更重要

閒聊技巧2 不必自己說話

閒聊技巧3 事先準備3個網路話題

閒聊技巧4 善用破冰活動

閒聊技巧5 保留一對一面談的時間

「1 on 1 meeting」。

就算沒有什麼特別重要的事情要報告也沒關係,定期和員工進行看似沒有效益的閒聊,也能發揮曝光效應,深化與員工之間的關係。

除了「1 on 1 meeting」之外,身為主管,也可以跟員工說「有任何問題都可以隨時找我,我們可以另外找時間個別聊聊」,這麼一來員工也會比較願意開口。

> **column** 「讓人難以開口的職場」最容易發生狀況

我聽過一個案例，有個在家遠距工作的人，前一天都還有出席線上會議，隔天就突然跟主管說：「我被診斷出有憂鬱症，從明天開始要請假一個月。」

這位員工應該從幾個禮拜前就發現自己身體出狀況了，可是卻完全沒有告知主管，也沒有找主管商量。倘若有事先告知，就可以減少他的工作，或是把工作交給其他人負責，也許狀況就不會惡化到「憂鬱症」的地步了。

不過換個角度來看，之所以「事前沒有任何商量」，很可能是因為主管的管理方式讓員工難以開口。

當下屬有事情要報告時，主管的回應卻是：「我現在很忙，等一下再說！」完全不理下屬；當下屬想跟主管討論問題，卻被主管以「這種事你自己想就好！」一口回絕。久了之後，下屬就算有問題也不會想「跟主管報告」或是「找主管商量」。

職場氣氛若是讓人難以開口報告或是商量事情，通常下屬就算遇到問題也不會說，直到鑄成大錯為止。身為管理階級的你，目前的職場氣氛是否還算融洽呢？下屬都願意找你聊天、商量事情嗎？

我認為**當一個主管，最好的態度應該是讓員工知道「遇到任何問題都可以來找我」**。也就是不主動介入對方的領域，但是「你隨時都可以來找我」，營造開放的氛圍。

營造隨時可以找主管討論、商量事情的氛圍，對於「預防出包」非常重要。

如果一有狀況發生，馬上就能找主管討論解決，就能事先防止錯誤發生，或是讓損失降到最低。一直以來每家公司都要求員工要做到「報連相」（報告，連絡，相談），可是實際上的確有很多職場的氛圍是讓員工不敢跟主管開口。

尤其以輸入型員工為多數（參照「16 從現在開始，當個『貼心周到的人』」）的職場，主管和下屬很容易變成「上意下達」的關係，因此也就很難營造出讓人放心做到報連相的氛圍。面對這種情況，主管必須想辦法將職場環境轉變為輸出型工作。

容易出包的職場

輸入型員工

- ✕被動
- ✕感覺被強迫
- ✕努力,有毅力
- ✕受人指使
- ✕保守,重視前例
- ✕按部就班
- ✕接收情報
- ✕被教
- ✕等待指令

輸出型員工

- 主動
- 自動自發
- 獨立,有自主性
- 富創造力
- 能影響他人
- ◎勇於挑戰,有幹勁
- ◎精力充沛
- ◎發送情報
- ◎會主動教人

難以開口的職場氛圍

這種事你自己想就好!
主管不會認真看待部屬的問題

我現在很忙,等一下再說!
主管總是很忙

身為主管的你請仔細想想,你的下屬是不是敢放心找你討論問題,又或者,他們只會在你的指示下完成輸入型的工作。

27 從現在開始，培養受員工信賴的領導能力

心理學上有所謂「母性」和「父性」的說法。「母性」的特質包括有「包容」、「接納」。充滿寬容、親切、溫柔，接受、容許一切事物原本的樣子。這無條件的愛與信任，都屬於母性的行為。

「父性」的特質為「果斷」、「斷絕」。嚴厲、規律、遵守規則、設立規範、明辨是非、確實負責，這些都屬於父性的行為。

我在 2002 年從心理學的觀點，針對父性分析了數百部古今中外的電影和動漫作品，將結論彙集出版了一本書叫做《父滅の刃 消えた父親はどこへ》（暫譯：父滅之刃　消失的父親去哪裡了）。

我在書中提出以下 4 個「父性的要件」。

(1) 設立規範
(2) 受人尊敬、信賴
(3) 讓人覺得「好厲害」、「我也想變成那樣」
(4) 提供願景、理念、方向

事實上，這 4 點完全符合一個「值得信賴的父親」該有的條件，也符合「值得信賴的上司」、「受人信賴的領導者」的條件。反過來說，若要成為深受信賴的上司或領導者，一定要符合這 4 個要件。

很多人都誤將父性視為「男性」和「父親」與生俱來的特質，事實上，這跟「男性」、「女性」、「父親」、「母親」並沒有關係。**當然不是每個男性和父親，都具備父性的特質，充滿父性特質的女性和母親也不在少數。**

■ **以相反角度來說的領導理論**

「想成為受下屬信賴的上司」、「想成為一個能帶領團隊的領導者」。有這種想法的人,就算很努力要做到上述的4大要件,但是難度畢竟還是太高,感覺很難實現。

因此,以下我就列舉出4個「上司和領導者不能做、應該盡量避免」的NG行為。也就是說,這些是「不被信賴的上司和領導者」的要件,只要把這些當成反面教材,就能養成具備父性特質的領導能力。接下來我會以具體的方式來說明,各位可以邊看邊想想自己是否也有這些行為。

NG行為①:朝令夕改

擁有堅定的願景、理念和方向,也就是**原則、立場、行動一致,是受人尊敬的領導者應該具備的條件**。反過來說,「說話反覆無常」的領導者無法得到他人的信任。

舉例來說,公司主管原本要求「優先處理A公司的案子!」,一星期之後卻又莫名其妙地責怪員工「為什麼B公司的案子完全沒有進度?!」。

這種情況若是一再發生,會讓下屬失去努力做事的動力,因為認為「反正主管一定又會改變說法,所以話只要聽一半就好」。這麼一來,不只領導能力受到質疑,還會失去身為一個人最基本的信任。

沒有下屬會願意追隨反覆朝令夕改(早上說的話,到了下午又改變說法)的領導者。因此,原則立場必須始終保持一致,這一點非常重要。

NG行為②:不做說明

這麼說雖然跟上述內容會有點矛盾,不過在職場上,很多時候事情經過一個星期之後,情況會完全改變,讓人不得不跟著改變方針和決定。

這種時候**很重要的是，上司必須要做出合理的說明，讓下屬理解並且接受**。要讓下屬瞭解，公司和自己仍然保持一貫的方針，只是隨著情況改變，因此必須臨機應變，改變策略。

若是能透過說明讓下屬理解「目標還是一樣，現在只是為了達到目標而修正方向而已」，下屬反而會因為「有明確的方向」而提高對你的信任感。

NG行為③：言行不一

想要贏得他人的信任，原則、立場、行動一致非常重要，**若是原則立場一致，但是行動卻出現矛盾，會讓周遭的人無法信任。**

舉例來說，上司在朝會上要大家「趕快把年假請一請」，可是當下屬提出假單時，上司卻以「這個月很忙」為由而拒絕簽核。這種行為等於背叛了下屬的信任，只會讓他覺得「你根本是說一套做一套！」，對你更加不信任。

還有一種情況也會加深下屬的不信任感，就是「唯獨自己」不適用規則。例如有些主管對於員工請年假總是處處刁難，自己卻三天兩頭就休假。這種「自己例外」的態度，當然沒有人能接受。

NG行為④：衝過頭、拚過頭

父性特質若是過於強烈，會給身邊的人帶來壓力。也就是說，「衝過頭」、「拚過頭」也會惹人討厭。

說到動漫中擁有強烈父性特質的人物，《新世紀福音戰士》裡的司令官——碇源堂。他對於自己的兒子，同時也是EVA駕駛員的碇真嗣，態度總是一副強勢、高壓的態度。這種主管若是在現實世界，應該會被當成職權霸凌和精神霸凌來投訴吧（加上對象是小孩，因此也算是心理虐待）。

總是想到什麼就說什麼的上司，在現在的社會上只會被討厭。明確地

領導者「不能做」的 4 種行為

1 朝令夕改

2 不做說明

3 言行不一

4 衝過頭、拚過頭

傳達自己的原則立場、想法、理念、願景非常重要，但如果是將自己的想法「強制」、「強迫」、「勉強」下屬遵守，那就另當別論了。

用「溫和」、「清楚明瞭」的方式傳達自己的原則立場，使下屬接受並產生共鳴，這才是現今社會對於領導者的要求。

column 北風動機與太陽動機

在伊索寓言〈北風與太陽〉的故事當中，北風和太陽進行了一場力量的比賽，看誰有辦法讓路過的人脫掉外套。北風使勁地吹，想把路人的外套吹掉，但是路人反而把外套抓得更緊。接著，太陽溫暖地照耀，路人熱得受不了，便主動脫去外套。

根據這個故事，以強制、恫嚇等方式帶給人精神上的壓力，讓人感到不安、害怕，以促使人做出某些行為，我將這種作法稱之為「北風動機」。相反地，藉由開心、積極、自發性等正向要素來讓人有所行動，我稱之為「太陽動機」。

說到昭和時期運動員的訓練方式，就是強調所謂的「根性論」，漫畫《巨人之星》就是最好的例子。嚴格執行地獄般的訓練，一旦輸掉比賽，便會遭到總教練和教練的拳頭伺候。這種「北風動機」式的指導，就是當時的主流。

「輸了會被揍，所以要努力才行。」這種動機在短期內能發揮一定的效果，可是沒辦法讓人贏得正式比賽。不安和害怕雖然會刺激正腎上腺分泌，不過這就是所謂的緊張。正腎上腺素過度分泌，造成緊張，自然也就提高了失敗的機率。

近年來在體育界，指導方式已逐漸轉變為「太陽動機」型的作法，相當重視選手的自發性，讓選手能夠從運動本身中獲得快樂，進而提升動機。

「太陽動機」型的指導可以讓選手大腦中的多巴胺濃度增加，簡單來說就是以「開心」的感覺來淡化不安和緊張的心情。只要選手覺得「愈是正式比賽愈開心！」，就能發揮比平常更好的實力。

在職場上也是一樣，**若是以「北風動機」型的方式來帶領下屬，雖然短期內看似有用，可是長期下來會讓人「筋疲力盡」，幹勁不增反減。**這一點身為主管和領導者的人一定要謹記在心。

管理方式已從「北風」型轉變為「太陽」型

「北風」型

以支配的方式使下屬服從

「太陽」型

陪著下屬一起朝著目標前進

28 從現在開始，讓團隊變得更強大

2022 年 2 月的北京奧運，日本冰壺女子隊「Loco Solare」成功奪下銀牌。

從精神科醫生的角度來看，她們在比賽場上的表現，充滿了許多促進團隊合作、讓彼此在比賽中發揮最強實力的技巧。所以，這一節我就要從腦科學和心理學的角度，分析這支隊伍之所以能在國際賽事中發光發熱的原因，並且從中整理出讓團隊在正式場合中發揮實力的 5 個法則。

法則①：以笑容擊退緊張

以正向的鼓舞和活力的笑容帶動團隊氣氛，把握機會，連奪得分。這就是「Loco Solare」的勝利方程式。

面露笑容通常都是因為「開心」、「順利」。

表情控制會受到血清素的影響，血清素是一種跟放鬆習習相關的神經傳導物質，因此，「露出自然的笑容」代表血清素分泌旺盛，能夠放鬆地享受比賽。換言之就是「能夠完全發揮實力的狀態」。

反過來說，如果在不利的狀況下仍然保持笑容，就能為自己帶來轉機。

相反地，在不利或是輸球的狀況下，身體會開始分泌跟不安、恐懼有關的神經傳導物質正腎上腺素。正腎上腺素一旦分泌過多，肌肉就會過度用力，身體陷入緊張狀態，包括手不由自主地發抖、腦袋一片空白等。

在「業績持續低迷」或是「公司發生醜聞事件」的時候，員工的表情也會變得死氣沉沉。可是愈是這種時候，就更要提醒自己「保持笑容，就算是假笑也好」，才有辦法提振士氣，找到能夠發揮實力的機會。

跟Loco Solare學習**強化團隊能力**的5大法則

①以笑容擊退緊張
②累積更多犯錯和劣勢的經驗
③不斷保持簡短的溝通
④隨時切換B計畫
⑤徹底放鬆

法則②：累積更多犯錯和劣勢的經驗

「Loco Solare」的選手吉田知那美，在決賽的賽前訪問中說道：「我們最大的優勢就是有很多犯錯、劣勢的經驗。」這是一句含意深遠的發言。

這句話的意思是，**犯錯和劣勢不是失敗，反而能藉由這些「寶貴的情報」來轉化成「經驗」**。透過犯錯可以看清楚自己的弱點和不足的地方，接下來只要針對這些去做修正和加強就行了。

誰也不想犯錯和失敗，可是如果沒有小小的犯錯，就無法修正自己或是得到回饋，結果可能招來更大的失敗。因此，強化團隊能力的祕訣之一就是，盡早體驗失敗和犯錯，讓這些成為日後成功的養分。

法則③：不斷保持簡短的溝通

「Loco Solare 最大的優點就是她們的溝通能力。」比賽時負責實況轉播的主持人和解說員不斷提到這一點。

冰壺比賽進行時，經常可以聽到選手們互相激勵的對話，例如「好球！」「保持得很好！」「就是這樣！」。這是其他運動賽事中不會出現的畫面。

其中最吸引我的一句話是**「你覺得〇〇怎麼樣」**。

每個選手都會根據狀況說出自己對於比賽戰術的想法，大家再一起思考可行性。只要有 1% 的顧慮，就藉著對話溝通來消除心裡的不安和擔心。除此之外也會在比賽前分享情報。

在工作上，很多人都會根據自己的判斷來做決定，例如「這麼做應該沒問題吧」，不會找同事或主管討論。

可是，原本以為「應該不可能發生」的狀況一旦真的發生了，事情通常都會變得很棘手。這時候才找主管討論怎麼解決，當然一定會被罵「怎麼到現在才來問！」。

相較之下，Loco Solare「你覺得〇〇怎麼樣」、「你覺得可以用△△嗎」等對話，確實是非常有用的溝通。

哪怕是發生機率只有 5% 或 1% 的「幾乎不可能會發生」的事情，只要說出來，就能事先想好應對和處理辦法。再加上大家都對相關風險有同樣的瞭解，也可以減少在比賽前團隊的顧慮。

重大失敗通常都是來自於「雖然隱約感覺不太對勁，卻放任不管，什麼都沒做」。**就算只是很小的顧慮和擔心，也要在事前「說出來」並且「分享情報」，千萬不能放任不管**。只要做到這一點，所有情況就通通都在「掌握之中」了。

法則④：隨時切換B計畫

　　Loco Solare讓大家都學到了「A計畫，B計畫」的作法。A計畫就是「最佳辦法」，B計畫則是「替代辦法」。

　　在好萊塢電影裡也經常能看到這種橋段，當主角陷入危機的時候，一旁的夥伴就會問「有什麼B計畫嗎？」。同樣意思，當比賽不如預期時，馬上就要改換B計畫。因此，在賽前討論溝通的時候就要確實做到**「當A計畫行不通時，就改用B計畫」**的資訊共享。

　　很多人都會用「成功或失敗」的二分法來思考事物，所以一旦失敗了，就會感到沮喪、停止思考。

　　為了避免這種狀況發生，一定要提前準備好B計畫。假設70分以下就算輸了，只要事先想好從70分提高到80分的方法，就可以讓自己完全放心地面對比賽，A計畫的成功率也會比較高。

法則⑤：徹底放鬆

　　日本冰壺女子隊在2018年的平昌奧運中獲得銅牌，當時除了「對啊」（そだねー）以外，「吃點心時間」（もぐもぐタイム）也一併成為當年度的流行語。當時選手們在中場休息時間，大家都會拿著零食放鬆地邊吃邊開會討論戰術。相信很多人在電視機前看到這一幕都忍不住笑了出來。

　　在平昌奧運期間，「Loco Solare」所屬的北海道北見市當地的起司蛋糕「赤いサイロ」，成為當時最流行的點心。後來到了北京奧運則換成了洋羹、番薯乾、銅鑼燒等零嘴。

　　在奧運場上，任誰應該都是處於極度緊張的狀態。在如此緊繃的狀態下吃零食放鬆心情，我想這應該就是她們能在比賽中發揮真正實力的原因之一。

　　在工作上，當團隊面臨重要簡報場合的時候，大家一定都會緊張到說不出話來。愈是在這種時候，領導者應該要想辦法緩和下屬們緊張的心

情,例如跟大家閒話家常,或是請大家吃點心、喝飲料之類的,讓大家稍微忘記緊張,用放鬆的心情面對接下來的簡報。

> 新聞中的「今後生活之道」❷

從精神科醫生的觀點解析日本武士隊

2023 年 3 月舉辦的 WBC（世界棒球經典賽），最後由日本國家代表隊（日本武士）奪下冠軍寶座，讓全日本陷入瘋狂和感動。

包括奧運和世界盃足球賽也是一樣，從頂尖選手們互相爭奪世界第一的激烈比賽中，我們可以獲得許多學習和發現。在這裡我就要從精神科醫生的角度，帶大家來思考日本武士隊強大的原因。

①大谷選手「中立客觀的觀點」

日本武士隊獲得勝利的原因之一，就是包括球員及教練在內，每個人都會打棒球。當中又以二刀流好手、洛杉磯天使隊的大谷翔平表現得最為突出。奪下大會 MVP 的他除了比賽場上的優異表現以外，也會指導晚輩，以手勢激勵隊友，應對媒體認真、有禮貌⋯⋯他在採訪中所說的每一句話，都讓人印象深刻。

關於大谷選手強大的祕密，或者是說他的魅力，我想很多媒體都已經討論過了，我只有一點想要補充。

不只是運動員，在工作上有所成就等人生一帆風順的人，都有一個共通點，就是擁有**直率**、**謙虛**、**中立**的態度。

不自以為是，不自傲，對晚輩和工作人員也以禮（尊敬）相待。用不帶先入為主的態度接受他人的意見和建言。拋開「我比你成功」、「我的能力比你好」、「我是你的上司」、「我比你有經驗」等一切先入為主的想法，把自己當成一個普通人去和他人相處。只有具備「中立客觀的觀點」的人，才能做到這一點。

大谷選手在 B 組預賽 MVP 記者會上提到對隊友的感謝：「MVP 就是

好好把握輪到自己上場打擊的機會，但是最重要的還是製造機會的下位打線和第一、二棒的隊友。」隊友聽到這番話會怎麼想呢？肯定是非常希望下一場比賽「自己一定要上壘，為大谷製造機會！」從這裡就可以感受大谷選手的中立觀點。

大谷選手是個「**正向回饋**」高手，他點出了勝利的事實，同時也激勵了隊友積極求勝的行動。這不單只是「記者會上的回答」，他也藉此提振了整個團隊和隊友的士氣。

說到大谷選手的中立觀點，還有以下的例子。在八強賽中日本對上義大利，三局下半，一人出局，一壘有人，輪到大谷選手上場打擊。面對投手的第一顆球，他竟然採取突擊短打！這一球成了一劑強心針，讓日本在這一局成功一舉奪下 4 分。

誰也沒料到具有長打實力的大谷選手，竟然會在這個時刻做出突襲短打。原本只是突發奇想的一球，沒想到後來竟然成為給日本帶來勝利契機的關鍵球。這意味著他能夠客觀冷靜地分析狀況，從中找到「最好的作法」。這就是最厲害的「中立客觀的觀點」。

我在面對數百人進行演講的時候，也會試著從台下聽眾的角度，分析自己在台上的狀況，針對做得不好的地方即時修正，例如「注意姿勢」、「講話時不要低著頭」等。只要具備「中立客觀的觀點」，就能很快地看出自己的缺點或是「做得不好的地方」，盡早做出修正。

具備中立客觀觀點的人之所以比較容易成功的原因，就是他們可以快速地自我成長。

上述提到的大谷選手在記者會上說的一番話，包含了對晚輩和年輕選手的敬意。**能夠抱著敬意對待他人，等於在無意識間做到了心理學上所說的「模仿」**（modeling）。

自以為了不起、驕傲的人，都會覺得「自己最厲害」。可是，一旦這麼認為，人就會停止成長。

喜歡炫耀自己過去的成功和事蹟，不願向他人學習，自以為「我最厲害」的人，一般都是「曇花一現」型的人。相反地，長期活躍在第一線的

帶領日本武士贏得WBC冠軍的關鍵因素

大谷選手的「中立客觀的觀點」

靠「中立客觀的觀點」擊出致勝的關鍵球

栗山監督的「相信的勇氣」

- 把村上從第四棒換下來
- 對選手要嚴格一點啊！
- 努特巴爾是誰啊？！
- 那種情況下應該要投保送吧！

不因球迷和媒體批評而動搖的「選手起用」和「調度」

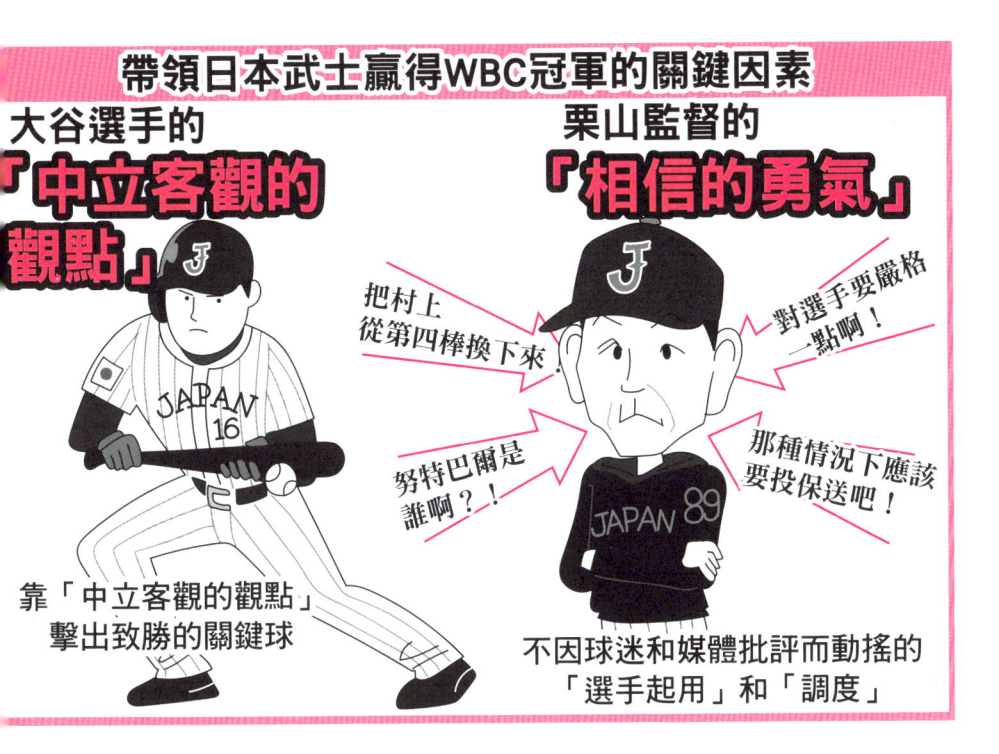

運動員和商業人士，通常都非常謙虛，隨時不忘待人尊敬、心懷感謝，因此能夠不斷成長。

大家應該還記得吧，日本前足球選手本田圭祐在世界盃擔任解說員的時候，對於比他自己年輕的晚輩選手，也會以「さん」來稱呼。以他的實力，竟然還能做到隨時不忘對晚輩保持尊敬，這一點實在令我佩服。

②栗山監督「相信的勇氣」

日本武士隊的栗山英樹監督（總教練），在球隊奪得冠軍之後被大家讚譽為「神調度」。然而，在WBC開賽之前和一剛開始的幾場比賽中，他調度球員的安排其實引來不少批評聲浪。

尤其是日裔美籍球員努特巴爾（Lars Nootbaar）的起用，引發許多人

的反對，認為這個決定「無助於勝利」。但是，栗山監督仍然堅持自己的決定，而努特巴爾也回應了這份期待，在比賽中表現亮眼。他大膽的球風和明朗的個性，也深受日本人的喜愛。

另一個引來質疑聲浪的選手，是在一開始的兩場比賽中表現一直不好，7打數無安打4三振的第四棒打者村上宗隆。在外界批評聲浪高漲的情況之下，栗山監督在第三場比賽中仍然將他安排在第四棒。到了對上墨西哥的準決賽，九局下半，日本還落後一分，打擊輪到第五棒的村上宗隆，他一掃之前的低迷，擊出一記戲劇性大逆轉的再見安打！

他也許是把想回應栗山監督的信任的心意，全部貫注在球棒上了吧。

這正是心理學上所說的**「互惠原則」**，受到對方的善意對待，自己也會用同樣的方式回應對方。若是將善意換成「信任」，當自己信任對方，也就會得到對方的信任。

信任對方需要「勇氣」，因為信任遭到背叛會非常難過，而且他人批評的矛頭也會指向自己。

栗山監督選擇努特巴爾和村上宗隆作為先發球員，想必一定也鼓起了很大的勇氣。可是若不是這股勇氣，我想日本應該就沒辦法拿到世界冠軍了吧。

栗山監督相信選手，也經得起媒體等大眾的批評聲浪，始終堅持著自己的調度。從這裡就能看出他「相信自己」的力量。

所謂相信自己，就是相信做好該做的事情的「過去的自己」，同時也相信「只要去做，一定能看見成果」的「未來的自己」。我在拙作《言語化の魔力》（暫譯：語言的魔力）當中將這一點稱之為「具備未來視角」，而栗山監督就是具備這種能力的人。

身為領導者最不該的就是「不夠堅定」。領導者的角色是照亮未來方向的燈塔，燈塔若是光線不定，追隨著人就會迷失前進的方向。雖然視狀況隨時做出應變的「臨機應變能力」也很重要，但是**最重要的還是必須擁有堅定不移的方向和方針**。

日本很容易「動搖」、「迎合他人」、「規避責任」，我們都應該向始終相信選手、相信自己、相信自己的調度的栗山監督學習他的工作態度。

　　看運動比賽可以獲得跟欣賞電影和戲劇不同的感動，若是能再更進一步深入選手和教練的「心理」層面去探究，一定可以得到許多有助於我們在工作和生活上的寶貴發現。

29 從現在開始，跟下屬建立良好關係

前面內容中提到「人際關係的壓力大多來自於職場」，其中「主管和下屬的關係」就是給彼此帶來壓力的一大主因。

關於這一點，大部分的立場都是從「下屬眼中的主管」的角度來說，例如無能主管等。事實上，對於主管來說，跟下屬處得不好也會影響到工作進度和成果，有時候碰上工作延誤或是下屬犯錯，自己還得負責幫忙擦屁股才行。

因此，在這一節我想從主管的角度來談「跟下屬建立良好關係，成為值得信賴的主管的重點」。

重點①：跟下屬保持適當的距離

前面「08 從現在開始，強化與另一半的感情連結」一節當中介紹了「刺蝟困境」，簡單來說就是「太靠近對方會互相傷害，可是遠離對方又會感到寂寞」的一種心理現象。

在「酒局文化」世代的主管的觀念裡，「必須跟下屬有更多的溝通和交流」，但是年輕世代的員工卻認為「不希望主管過問個人私生活」、「別管我」。雖然這麼說，如果主管真的完全不溝通，又會讓下屬有被忽視、被冷落的感覺。這種感受和心理距離感的差異，就是造成主管和下屬之間關係惡化的原因之一。

要消除「刺蝟困境」，最好的辦法就是「跟對方保持適當的心理距離」。

主管要做到**「不要管太多」**、**「在一定距離下隨時關注下屬的工作狀況」**；下屬要做到「遇到問題要趁情況還不嚴重時及早報告」，並且

主管 和 下屬 和睦相處的5個方法

1 跟下屬保持適當的距離
「有什麼問題都可以隨時告訴我」

2 以「小有難度」的任務激發下屬的成長
「明天之前先交出10個能用在企劃裡的發想」

3 勇敢相信下屬
「這個跟這個就交給你了！」

4 不責罵，不稱讚，給予回饋
「第1個部分是……」「這裡有3個地方可以再做得更好」

5 正向語言和負向語言的黃金比例為3：1
「客戶也很讚許你這一點！」「這部分做得非常好！」「這裡看得出來你很努力！」「這裡做得不是很好，我們來想一下可以怎麼改進！」

偶爾「出席酒局」。雙方都必須各退一步。

重點②：以「小有難度」的任務激發下屬的成長

把困難的工作交代給下屬，有時候會遇到下屬以「這個超出我的能力了，我不會」為由當場拒絕，有些則是毫無頭緒，不知道從何下手。

相反地，如果交付簡單的工作，下屬又會覺得「這太無聊了，沒有挑戰性」、「這麼簡單的工作我不想做」。

我一再重申，人的大腦喜歡「小有難度」的事情。身為上司，要清楚瞭解下屬的能力，選擇有點難度，但是稍微努力就能達成的任務交付給對方。這種類型的任務可以刺激下屬的大腦分泌多巴胺，提高專注力和大腦效率，對任務產生興趣和動力，並且從中找到樂趣。

只要把指示分切成好幾個步驟，就能讓同一個任務變得「小有難度」。

　　舉例來說，假設是「一個禮拜內交出企劃書」的任務，可以分成「明天之前先交出 10 個能用在企劃裡的發想」、「收集 3 個以上跟本企劃相關的統計數據」等方式來一步步下指令。

　　透過這種方式，不管是經驗尚淺的菜鳥，還是能力不足的下屬，都能依照指令一一達成任務而獲得成就感，工作動力也能連帶獲得提升。

重點③：勇敢相信下屬

　　剛當上主管的人，通常都不放心把工作交付給下屬，一方面是因為會影響到工作品質，另一方面則是太耗時間，所以覺得「乾脆自己來比較快」。

　　可是，從下屬的角度來說，「沒有被交付工作」就意味「能力沒有受到肯定」、「不被主管信賴」。這些都是造成「不信任主管」的原因。

　　剛開始多少會犯錯、會失敗，都是很正常的事情。**讓下屬去經歷、去練習、去挑戰**，相信他**「很快就會學會」**。這種「交辦的勇氣」，也非常重要。

　　把工作分解成幾個「小有難度」的任務，交付給下屬去完成，並且不吝於給予必要的建議與建言。因為有你的「交辦」，下屬才會為了「回應你的信任」而努力。這種彼此互相回應的正向心情，才有辦法建立起信任關係。

重點④：不責罵，不稱讚，給予回饋

　　常聽很多主管說「現在的下屬稍微一被罵，隔天就辭職不幹了」，可是另一方面，有些主管也會擔心若是一直稱讚，會不會讓下屬愈來愈自負，最後變得自以為是？

「責罵」、「稱讚」到底該怎麼做、要做到什麼地步,是非常困難的課題。阿德勒心理學的書都告訴大家「不斥責,也不稱讚」,讓人看了更不知道該怎麼做。

我個人建議的作法是「不責罵,不稱讚,給予回饋」。**回饋的第一步可以先針對工作結果,從「做得不好的地方」和「做得很好的地方」兩方面來進行檢討。**

「做得不好的地方」要找出原因,從中整理出需要改進和修正的部分,在下一次的行動中加以修正。

「做得很好的地方」要確實給予肯定和評價,並且提供加強的方向,讓下屬能夠進一步提升自我能力。

主管的具體行動可以分成以下3個步驟來進行:針對下屬**「列出沒有做好的3個地方」**、**「列出做得很好的3個地方」**、**「列出今後該做(To Do)的3件事」**。

回饋一開始光靠下屬一個人是辦不到的,主管必須從旁協助,讓下屬能夠針對自己的行動結果進行正確的分析和瞭解。

跟回饋看似一樣,但是本質上完全不同的叫做「反省」。反省是針對「做得不好的地方」釐清原因,並且找出應該修正的地方。

這聽起來似乎與回饋並無二致,但是反省只會針對做得不好的地方,因此比較消極,很容易就會變成「責罵」,這對於激發下屬「下一次要更努力!」的鬥志毫無幫助。

反觀回饋就比較偏向「鼓勵」,除了檢討「做得不好的地方」,若是能再針對「付出的努力」和「做得好的地方」確實給予評價,一定能大幅提升下屬的幹勁和動力。

重點⑤:正向語言和負向語言的黃金比例為3:1

某個研究將辦公室裡的對話全部錄音下來進行分析,發現正向內容的對話和負向內容的對話比例3:1以上的公司,職場的人際關係通常都非

常融洽。

甚至**比例達 5：1 以上的公司，不僅職場的工作氣氛良好，員工們的業績表現也都非常亮眼**。

以回饋的作法肯定下屬「付出的努力」和「做得好的地方」，避免讓自己說的話只剩下負面的檢討。當正向回饋和負向回饋達到黃金比例，自然能成功激發出下屬「下一次要更努力！」的鬥志。

工作中的「今後生活之道」❸

工作頻頻出包可能是精神疾病的徵兆？！

剛進入一個新職場或是面對全新的工作內容，如果很快地就能熟悉上手當然是最好，萬一遲遲無法適應，就很有可能會導致身體出現狀況。在這一節，我想站在預防的角度，帶大家一起來思考「職場的心理健康」，特別會把重點擺在如何及早發現員工的精神疾病。

重點①：瞭解「每個人都有可能罹患精神疾病」

常有人問我：「什麼個性和特徵的人比較容易得憂鬱症？」

一般來說，容易得憂鬱症的人常見的個性和特徵包括有：完美主義、0/100（「不是0就是100」等極端性思考，詳細請見「34 從現在開始，思考B計畫」）、認真、責任感強等，但是如果從結論上來看，**任何人都有可能罹患精神疾病。**

根據厚生勞動省的網站（みんなのメンタルヘルス），調查發現在日本每100個人當中就有6個人一生中曾罹患過憂鬱症。世界衛生組織（WHO）也推估（2017年），全世界受憂鬱症所苦的人多達3億2200萬人。

從這些數據可以瞭解，就算自己的下屬或是同事有憂鬱症，就機率上來說也一點都不值得訝異。「個性開朗」、「總是笑臉迎人」的人，也可能會有精神疾病找上門。「個性樂觀的A才不可能得什麼憂鬱症！」這種先入為主的想法，有時候會錯過發現的時機，耽誤了及早治療的機會。因此，一定要明白「任何人都有可能得憂鬱症」，時時關心、注意身邊的每一個人。

重點②：注意員工「裝作沒事」的行為

身為管理職的你，要及早發現下屬的精神疾病非常困難。等到身邊的人察覺「某某某的樣子怪怪的」，很多時候其實症狀都已經很嚴重了。

人一旦罹患精神疾病，通常都會「裝作沒事」，因為覺得「得憂鬱症是不被容許、很丟臉的事情」、「不想被人知道」。不想被公司的人知道，也不想被家人發現。所以**愈是身體有狀況的人，就更會「假裝很有精神」**，也就是「裝作沒事」。

「B因為憂鬱症，今天開始在家療養休息。」「什麼？！昨天不是還很有活力地來上班嗎？我竟然完全沒有發現！」這種例子時有所聞。

「看起來很有精神啊，所以應該沒事吧」，這種判斷方式有時候導致錯過了憂鬱症的徵兆，一定要隨時保持警惕才行。

重點③：說自己「沒事」的人，愈要多加留意

下屬的樣子看起來不太舒服，主管基於擔心，把對方獨自叫來表示關心：「你看起來好像不太舒服，身體怎麼了嗎？」假設對方回答「我很好，沒事」，就表示他「一點都不好」。

「還是吃個藥比較好吧。」「我沒事，不用吃藥。」

「還是住院檢查一下吧。」「我沒事，我還能工作。」

這些都是「精神科醫生和病患之間常見的對話」。就算狀況已經嚴重到需要住院的地步，病患還是會堅持自己「沒事」。

當事實被說中的時候，人通常會下意識地直接否定，這種心理稱為「否認」。因此，被精神科醫生告知「你有憂鬱症，需要服藥並且住院觀察」時，由於無法接受事實，所以會說「我很好」、「我沒有憂鬱」。

「最近小孩每天半夜都哭個不停，害我沒辦法好好睡覺。」能像這樣把問題說出口，承認自己「好累」、「狀況不好」的人，代表能清楚知道自己的感受和狀況，所以對於這種人大多不需要太擔心。

工作上的錯誤變多，

「這份資料還是錯的」

「非常抱歉……」

小心！
是憂鬱症找上門！

重點④：工作上的錯誤變多，就要小心了

　　如果疑似精神狀況不太好的人「說的話」沒有辦法相信，那麼要怎麼判斷才好呢？答案是應該從**「工作表現」等客觀的行動來判斷。**

　　舉例來說，腦疲勞（詳細請見「35 從現在開始，小心預防大腦疲勞」）的徵兆之一就是「頻頻犯錯」。假設原本做事謹慎可靠的人，突然變得狀況連連，例如「忘記跟客戶有約」、「搞錯提交資料的日期」、「把公事包忘記在電車上」等，這就是精神陷入「疲勞狀態」的徵兆。有些時候甚至可能已經是憂鬱症初期。這種精神上的「疲勞狀態」遲遲沒有獲得改善，到了某一天內心無法再承受的時候，就會引發精神疾病。

　　面對精神處於「疲勞狀態」的人，若是放任不管會非常危險。除了找出背後的原因之外，也要想辦法減少他的工作負擔。

重點⑤：透過閒聊掌握員工的狀況

　　精神疾病不會某一天就突然發病，就像其他疾病會經過「健康→未病（發病前的狀態）→生病」的過程一樣，憂鬱症也會經過「健康→腦疲勞→憂鬱症」的發病過程。換言之，**腦疲勞就是精神疾病的「未病」階段**（精神陷入「疲勞狀態」）。在這個階段，身邊的人一定要特別留意、關心，才能預防憂鬱症的發病。

　　至於該怎麼關心，方法就是透過平時的「閒聊」。

　　跟對方聊聊家庭、興趣、假日的休閒活動等，盡量避開工作的話題。假設對方能夠自然地開懷應對，表示心理狀態非常健康。如果是腦疲勞的狀態，就不會有心情聊天，表情也會顯得格外僵硬。這時候就有必要重新調整對方的工作負擔了。

重點⑥：注意下屬的「細微徵兆」

　　因為職場壓力而罹患憂鬱症的患者，絕對不會是「最近才開始有煩惱」，很多都是從半年前甚至一年前就一直有工作上或是人際上的煩惱，卻從來沒有說出口，就這樣長期獨自承受著壓力，到最後導致發病。

　　為了預防這種情況發生，身為主管必須在下屬出現「細微徵兆」的時候，就要找機會多加關心，針對他的煩惱和痛苦表現同理，並且給予支持和協助。這一點非常重要。

　　此外，**身為主管，「營造讓下屬願意開口說出問題的氛圍」也很重要**（詳細請見『「讓人難以開口的職場」最容易發生狀況』）。倘若平時在工作上遇到問題就很難向主管開口，那麼就算「精神狀態差」的情況日益嚴重，也幾乎不可能會主動找主管傾吐。

重點⑦：線上會議也不能少了閒聊

一位認識的企業老闆跟我說，有一天某個員工突然告訴他：「我被診斷出憂鬱症，想請假一個月在家休養。」讓他非常震驚，因為對方之前完全沒有來找過他說這件事，前一天開線上會議的時候，也完全看不出任何徵兆。

現在有愈來愈多公司都採用遠距工作的方式，不用見面也能完成工作。但是因為這樣，就算誰精神狀態不好、生病了，也沒有人會察覺。

近年來的研究證實，「閒聊」對於紓解職場壓力、增進溝通交流非常有效（詳細請見「26 從現在開始，把閒聊當成重要的事情看待」）。然而，新冠肺炎疫情之後，人與人面對面聊天的機會減少了，連帶使得「宣洩壓力」的機會也變少了，於是各種負面影響開始相繼而至。

建議身為主管的你，可以在線上會議開始之前，**先設定 5 分鐘的閒聊時間，以 3～4 人為一個小組分組進行**。透過輕鬆的聊天對話，也能幫助自己觀察下屬的「精神疲勞程度」。

利用上述的方法，在每天的工作當中隨時注意下屬的「細微徵兆」，並即時做出應對和調整，也許就能成功預防憂鬱症找上門了。

第4章

今後時代「穩定情緒」的生活習慣

30 從現在開始，快速甩掉煩惱

2022 年我在自己的推特上做了一份問卷調查（有效回答人數為 1066 人），其中關於「你有煩惱嗎？」的問題，有 75.9% 的人回答「有」，24.1% 的人則「沒有（特別嚴重的）煩惱」。換言之，**平均每 4 個人當中就有 3 個人正為某些事情而煩惱。**

說到底「煩惱」究竟是什麼？

字典大多會告訴你煩惱是「焦慮，苦惱」。簡單來說就是遇到困難、難過、痛苦的問題或狀況，不知道「怎麼辦？」「怎麼做才好？」的狀態。也就是無法向前、停滯不動、原地踏步的狀態。

遇到困難，如果情況多少還有進展和改善，就算不上是「深刻煩惱」，因為煩惱正一步步獲得減輕和消除。

換句話說，**從停滯在原地的狀態開始向前邁進一步，就能算是通往減輕、消除煩惱的道路。**

因此，接下來我就要為大家介紹快速甩掉煩惱的 3 個方法。

方法①：提高視野

煩惱也有分種類，有些可以快速甩開，有些則嚴重到不知從何著手解決。若是將後者的煩惱比喻成富士山，面對深刻的煩惱而束手無策的人，就像是站在富士山五合目的登山口前，卻完全「不知道如何征服眼前的高山」。

不過，一旦下定決心踏出第一步，中途就不會再花好幾個小時的時間猶豫該怎麼做。走了 30 分鐘來到六合目的時候，回頭眺望會看見超乎想

快速甩掉煩惱的3個方法

方法 1 提高視野
方法 2 借用他人的觀點
方法 3 上網找答案

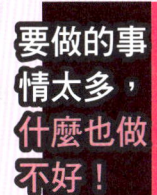

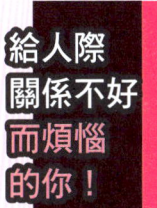

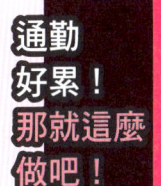

職場上的人際關係適度應付就好！	要做的事情太多，什麼也做不好！	後悔和不安的排解方法
給沒有人緣、自卑而煩惱的你	給人際關係不好而煩惱的你！	通勤好累！那就這麼做吧！

解決煩惱的方法在網路上隨手可得！

像的壯麗風景。原本在登山口附近都還是一片蔥鬱樹林，但是才爬上一合，景色就變得截然不同。這時候肯定可以深刻感覺到自己離登頂愈來愈近了。

才走了30分鐘就有如此大的轉變，這麼一想，登頂似乎也不是不可能的事情。等到爬上九合目，登頂就會變成「只差一點了」的現實了。換言之，隨著慢慢地一步一步往上爬，登上富士山這般困難的目標，也會一步一步變成不再遙不可及的現實。

煩惱也是一樣，隨著踏出第一步，一一地去面對和解決，會開始看見事物的全貌，同時也看清楚自己的處境。這時候，擺脫煩惱的「山頂」也會隨之映入眼簾。

這就是所謂的**「提高視野」**。簡單來說就是停止繼續煩惱「該怎麼辦」，**總之先踏出解決問題的第一步就對了。**

方法②：借用他人的觀點

我有個病患跟他的母親同住，他的母親是個支配欲很強，而且會過度干涉孩子的人，也就是所謂的「毒親」。

這位病患經常受到母親的激烈言語所影響，所以精神狀態不是很穩定。他認為「事到如今已經無法改變母親的個性，但是又不知道該怎麼改變現狀」，因此陷入絕望的情緒中無法跳脫。

於是我建議他：「你何不乾脆搬出來自己一個人住？」他嚇了一跳，因為他這輩子從來沒有離開過父母身邊，甚至不曾有過這種念頭。幾個月後，他果真搬離家裡，一個人獨自生活，精神狀態也漸漸有了改善。

如果只靠自己的觀點，也就是自己的經驗和體驗、想法去思考，不管怎麼想，能得到的答案和選擇都有限，想不出好對策和解決辦法。

不過，若是借用他人的智慧、知識和經驗，或是求助於專家的建議和建言，有時候讓自己煩惱好幾個月的問題，一下子就得到了解決辦法。就算不是專家，在你身邊那些比你經驗豐富的人，例如跟職場上的前輩請教，也是不錯的方法。

當然，不是什麼問題都能馬上獲得解決，不過這個作法比起解決辦法本身，更重要的是**把煩惱藉由跟人傾吐的方式說出口，而不再是自己一個人緊抱著不放。**只不過，「傾吐」聽起來感覺很難開口，所以不妨以借用對方的觀點和想法的心態來向人請教。

方法③：上網找答案

雖然說煩惱要說出口比較好，可是還是有很多「不方便跟人開口」、

「身邊根本沒有可以討論的對象」的煩惱。這種時候,「借用他人觀點」當中最簡單的方法就是「上網找答案」。在書裡教大家這麼做,也許有人會覺得「這哪叫方法啊!」,可是**即便我都特地這麼說了,事實上還是有很多人不會去做**。

我的 YouTube 頻道每天都會收到 30 則以上的來信詢問,一個月就超過 1000 個問題。但是,這其中有 95% 以上,都是過去我在影片中回答過的問題,甚至還發生過前一天才剛上傳影片,隔天就收到有人問跟影片內容相同的問題。

明明很多問題只要上網搜尋一下就能找到答案,但是大部分的人卻選擇抱著問題獨自煩惱。以自己目前的知識和經驗無法解決的事情,就算花 100 個小時想破頭,也不可能想出答案。可是,**只要借用他人的知識、提高視野,問題馬上能獲得解決**。

解決煩惱最方便、最快速且完全免費的方法,就是自己上網找答案。只要懂得善用搜尋,大部分的煩惱都能獲得解決。或者,利用 ChatGPT 也是個不錯的方法(詳細請見「聰明善用 AI,讓未來變得更美好」)。從這些管道至少能獲得應對和解決的辦法,接下來只要付諸行動就行了。

煩惱會帶來痛苦,也會造成壓力,嚴重的話甚至會導致精神疾病。面對日常生活中的小煩惱,記得養成習慣改變自己的角度和心態,趁著煩惱還不嚴重的時候盡早排除。

column 無盡隧道理論

　　每個人多多少少都承受著壓力，如果這些壓力遲遲無法排解，內心就會被一股強烈的不安所佔據，各種負面想法油然而生。啊～好痛苦。心裡很不安，好害怕。怎麼辦、怎麼辦……

　　就在這一刻，前方突然看見一線微弱的亮光，「終於看到出口了！得救了！」前一秒還佔據心裡的強烈不安瞬間全部消失，換來的是滿滿的「安心」和「放心」。

　　仔細想想還真是不可思議，不是嗎？明明人還在隧道裡頭，離出口還有一大段距離，可能還需要 10 分鐘左右才能走出隧道。

　　可是，只因為看到出口（看起來一切都會沒事的希望、方向、眼前問題獲得解決的時期或期限），人就放心了，心裡大部分的壓力也得到了釋放。這種心理現象，我稱之為「無盡隧道理論」。

　　很多人此刻都是走在「無盡的隧道」中，例如「工作忙碌的生活」、「找不到下一個工作」等。

　　這種時候，包括「這個隧道還有多長？」「出口在哪裡？」「什麼時候才走得出隧道？」等，**針對眼前問題的「解決期限」、「結束時間」、「結束（改善、減輕）的希望」等蒐集資訊來給自己一個答案，心情就會輕鬆許多。**

　　舉例來說，假設工作多到做不完，這時候只要盡量蒐集關於解決問題、控制情況、減輕壓力的各種「好消息」和「正面訊息」，像是「再撐一個星期就能結束了」、「下個星期○○○就有空可以幫忙了」、「有個新人就快報到了」，自然就能看見「隧道出口」。即便實際上距離走出隧道還有一大段路，不過心裡的不安和壓力都會瞬間消失，感到放心。

　　但是，一般人卻都是逆向而行。人在不安、擔心的時候，想法會變得更負面，反而會產生更多負面的念頭。「雖然說再一個星期就會結束，可是真的是這樣嗎？」「○○○真的會願意幫忙嗎？」「新來的人真的能幫得上忙嗎？」這一類「負面念頭」只要一出現，就會沒完沒了。

難過
痛苦
壓力

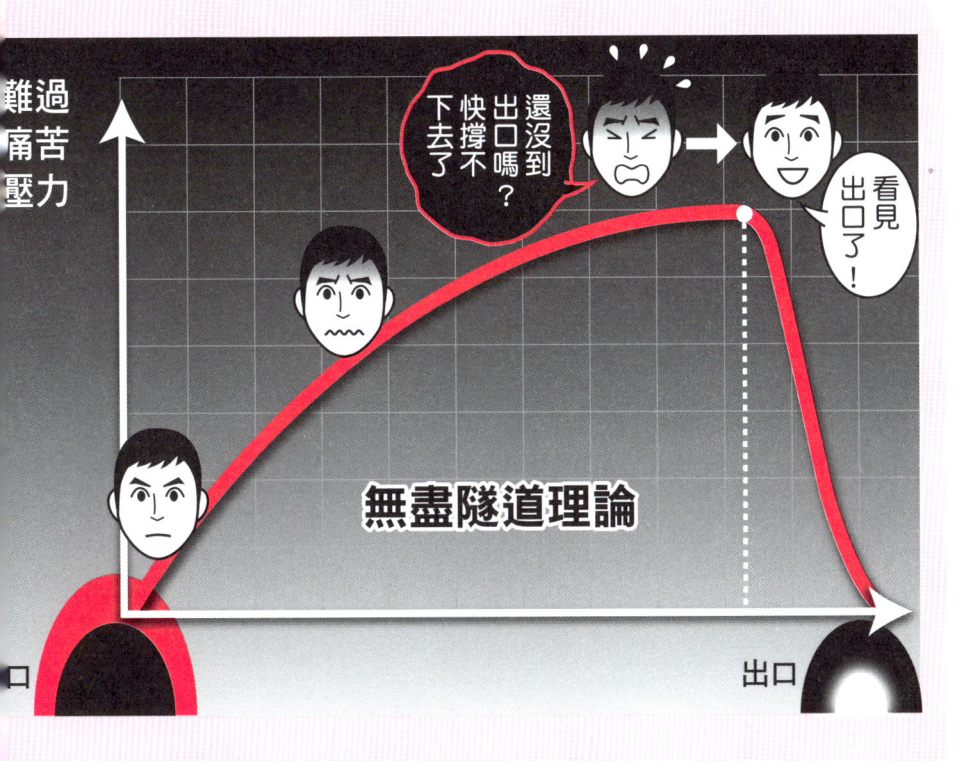

還沒到出口嗎？快撐不下去了

看見出口了！

無盡隧道理論

出口

■「看見隧道出口的前一刻」最難熬

「無盡隧道理論」還有另一個重點是，在「痛苦，艱熬，束手無策」的壓力到達臨界點的那一刻，很有可能就是「看見隧道出口的前一刻」。這一點等到事後再回過頭來看，就會非常清楚。

走在隧道中的時候，「痛苦、難熬」的感覺應該不會強烈到撐不下去的地步才對。因此，如果現在的你覺得「快要撐不下去了」，那就表示「就快走出隧道了」、「出口就在不遠處了」。爬山也是一樣，登頂前的那段路總是最痛苦的。

若是現在的你覺得**「好痛苦、快要撐不下去了」**，請千萬不要放棄，因為這些代表的不是「絕望」，而是在告訴你「終點就在不遠處了」。撐下去，你就一定可以走出隧道。

31 從現在開始，把「煩惱轉換成語言」

我經常在我的 YouTube 頻道「精神科醫生樺澤紫苑的樺頻道」回答觀眾的「煩惱」和「問題」。我每天會更新影片，10 年下來一共上傳了 5000 多部影片，等於回答了 5000 多個大家的煩惱。

假使把這些煩惱集合起來，用一個答案統一回答，會是什麼呢？也就是說，有沒有能夠適用於所有煩惱的「終極解決方法」呢？

於是，我回顧這 5000 多個煩惱問題，試圖找出能夠通用於所有的應對方法，最後終於讓我找到「終極解決方法」了。

那就是「語言化」。

接下來就讓我為大家介紹如何透過語言化來消除煩惱。

方法①：多說正向語言

請大家試著說 10 次「我辦不到！」。

「我辦不到！」「我辦不到！」「我辦不到！」……

說完之後有什麼感覺？應該會覺得很鬱悶、很煩吧。

接下來請試著用充滿活力的語氣說「我辦得到！」。

「我辦得到！」「我辦得到！」「我辦得到！」……

現在又是什麼感覺呢？

是不是覺得心情變得很好，整個人變得很積極呢？

而且真的覺得「自己好像辦得到」、「總會有辦法的」。

很多人都會問我「如何提高自我肯定感」，其實只要像這樣一句**「我辦得到！」**，就能快速提升自我肯定感。

自我肯定感**高的人**和**低的人**的差異

自我肯定感高的人

- 我很優秀
- 我的運氣很好
- 今天是個好日子
- 我辦得到
- 現在的我是最棒的

充滿認同自我的肯定性語言

自我肯定感低的人

- 我好笨
- 我的運氣很差
- 今天真是糟糕的一天
- 我辦不到
- 現在的我糟透了

充滿否定自我、貶低自我的語言

煩惱自己「自我肯定感太低」的人，經常都會把負面口頭禪掛在嘴邊，例如「我辦不到」、「我不行了」、「怎麼辦」、「我好笨」、「我長得不好看」等。

這就像是每天不停地對自己施以喪失自信的強力咒語。

如果每天說 30 次負面的話，等於一個月就詛咒了自己約 900 次，一年下來就詛咒了 1 萬 1000 多次。

這樣當然不可能提升自我肯定感。

不是因為自我肯定感低，所以覺得「自己辦不到」，而是因為「我辦不到」的咒語，讓自己變成一個「辦不到」、「沒有用」的人。

如果是這樣的話，解決辦法就很簡單了，只要少說負面的話，多說一些正面語言就行了，像是**「我辦得到！」「總會有辦法的！」「我要盡我所能地去做！」**。

方法②：情緒洩壓

有煩惱當然就會有壓力，心裡充滿「難過」、「痛苦」等負面情緒。這些壓力一樣可以藉由「語言化」來輕鬆排解。

方法就是把自己現在感覺到的「難過」、「痛苦」等情緒說出口。只要說出來，讓心裡的負面情緒獲得宣洩，自然大部分的壓力也會跟著得到排解。

根據日本針對自殺者的調查，大約有三分之二的自殺者在結束生命之前，完全沒有跟任何人提起自己的煩惱。要活下去嗎？還是要結束生命？這些人獨自面對這「人生中最大的煩惱」，在沒有跟任何人討論的狀況下，做出最糟糕的決定。假使能找個人聊一聊，也許就能防止憾事發生……

很多人都會找各種理由來拒絕開口，像是「不想讓對方擔心」、「不好意思跟別人討論這種問題」、「反正說了也解決不了」等，所以選擇獨自面對心裡的負面情緒。而且，煩惱的問題愈嚴重的人，愈是會選擇自己承受，導致煩惱日益膨脹。

其實，這些**負面情緒只要說出來，就能從心裡徹底擺脫。我把這種方法稱為「情緒洩壓」**。

屋子裡如果充滿了瓦斯，只要有一點火苗就會引發爆炸。為了避免這種情況發生，一定要先將瓦斯氣體排除。

心靈也是一樣，如果內心因為受工作和人際關係所苦而產生壓力，只要說出來，適度地宣洩壓力，就能在心理或是身體生病之前想辦法補救。

只要說出來，大部分的壓力就能獲得宣洩。在心理諮商當中也有這種作法，也就是不給藥，不積極提供建議，而是傾聽客戶（來談者）並且展現理解。光是這麼做，客戶就能獲得療癒。

「語言化」是心理學上的說法，意思是把心裡悶悶不樂的感覺，用語言表達出來。換句話說，語言化是心理學上一套已經確立的基本療癒系統。

方法③：啟動「療癒系統」

「為什麼他（她）都不瞭解我？！」應該很多人都有這種想法吧，如果你也是其中一人，那麼請先回想一下，你是不是有把自己的心情「說出來」讓對方知道呢？會不會是因為你根本沒有說過，或者是說得不夠清楚呢？

日本有句話叫做「以心傳心」。以不善溝通的人愈來愈多的現今來說，大家一定要有個認知就是，**自己的想法和意思、感受如果不說出來，沒有人會知道**。

「不說出來沒有人會知道」。這句話聽起來很理所當然，可是，實際上不論是在職場上主管和下屬，還是親子、夫妻、男女朋友、知己好友、醫生和病患等，所有的人際關係問題，可以說都是因為缺乏語言溝通所造成。

很多因為精神疾病而定期到醫院接受治療的人，也會在我的YouTube頻道上留言提問。其中有2～3成的問題，我的建議都是「請回去問你的主治醫師」、「請跟你的主治醫師好好討論」，這麼做就能獲得解決。

換個角度來想，這表示有愈來愈多人就算覺得「難過」、「痛苦」，或者是「對自己的病情和藥物感到疑問和不安」，也不會找主治醫師討論。

這樣的話，精神疾病當然不可能獲得改善。醫生沒有超能力，還是必須要病患主動說出自己的狀況，醫生才會瞭解病情。

只要說出來，對方才會知道並瞭解你的感受和想法，也才能展現理解的態度。這時候「療癒系統」才會開始產生作用。

你的煩惱當中，有9成只要說出來就能獲得解決，連帶地9成的壓力和負面情緒也能得到宣洩。

32 從現在開始，不要小看了五月病

每年5月的黃金週一結束，出現身體不舒服、心情低落、提不起勁、不想上班等各種症狀。這就是所謂的「五月病」。

一般人都以為這種現象大部分是發生在社會新鮮人身上，實際上**就連職場老鳥也會因為年度輪調或是轉換部門等環境上的大改變而出現五月病**。這是因為人適應環境變化的能力比較差。

適應新的環境和全新的人際關係會耗費相當大的精力，這些壓力和疲勞的影響，就會在每年4月新年度轉換後約1個月左右逐漸浮現。

■每4人當中就有1人有經驗

各位也許會覺得五月病這種症狀只會發生在別人身上，那就大錯特錯了。根據蘇黎世保險公司（Zurich Insurance Group）在2018年4月針對1000名上班族所做的調查，有23.5%的人都有「五月病的經驗」。

也就是說，平均每4個人當中就有1個人曾經出現過五月病的症狀。就算自己沒有這種經驗，身邊的人也非常有可能有這些症狀。

另外，日本厚生勞動省在2020年的調查顯示，「新進員工平均每3個人當中就有1人會在進公司3年內離職」，「其中4～5成的人會在1年內離職」，「半數以上的新進員工都有工作壓力，7成的人甚至在進公司的1個月內就感受到壓力」。由此可知，新進員工離職的最大原因之一，就是身心健康出現狀況。

進公司1個月內就感受到壓力，也就是出現五月病的症狀，若是放任不管，很可能就會引發精神方面的問題，最後選擇離職。

■五月病是「憂鬱症」的前驅期

一旦生病，想要痊癒可沒那麼簡單！

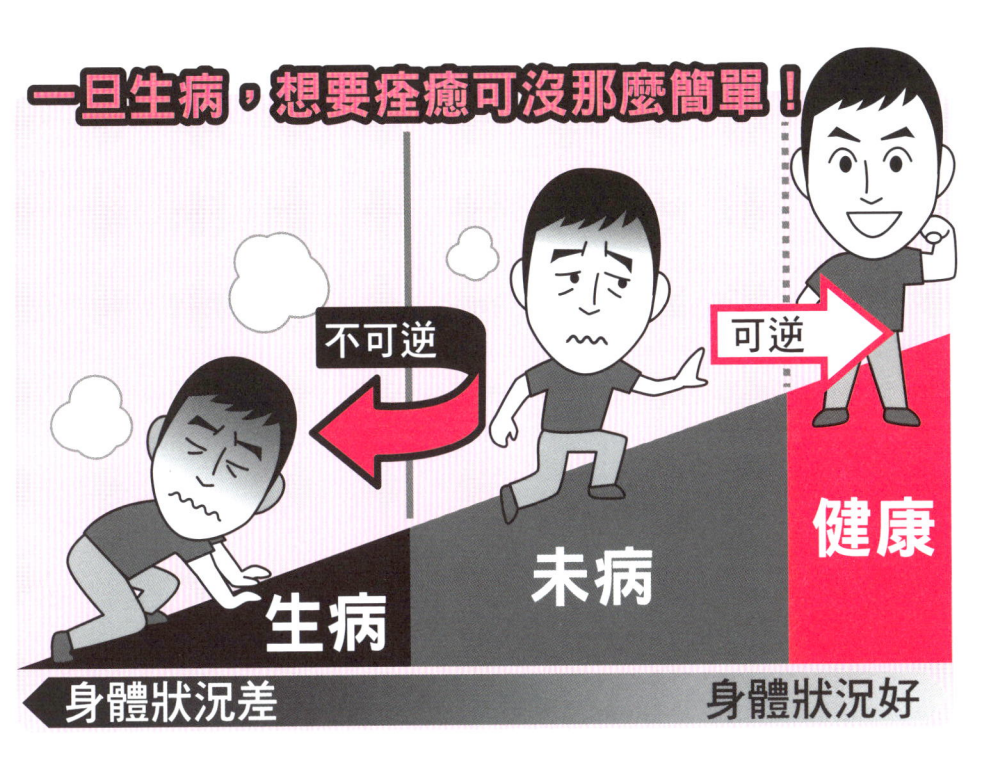

不可逆　　可逆

生病　　未病　　健康

身體狀況差　　身體狀況好

　　五月病若是放任不處理，很多到最後就是演變成憂鬱症，因此在這裡就以憂鬱症為例來說明。

　　身心健康的人不會某一天突然「憂鬱症」發作，通常都是長期受工作或是人際問題所苦，因為壓力導致身體出現各種症狀，包括倦怠、情緒低落、失眠、食慾不振等，精神狀態愈來愈差。

　　到最後什麼事都不想做，什麼事都做不了，連出門上班也沒辦法，這時候才會被診斷為憂鬱症。從承受壓力到發病，有時候甚至會拖上好幾個月的時間。

　　這種介於「健康」和「生病」之間的「前驅」症狀，在中醫上稱為「未病」。以憂鬱症來說，稱為「憂鬱症潛在患者」、「憂鬱前期」、「輕鬱症」、「大腦疲勞」。

「未病」和「生病」最大的差異在於，未病是「可逆的」，但是「生病」是「不可逆的」。也就是說，一旦生病，想要痊癒就沒那麼簡單了。

所謂五月病就是輕度的身心不適，換言之就是精神疾病的前驅期。這時候**如果可以確實針對生活習慣進行改善，通常1～2週就能恢復健康。可是，一旦變成「憂鬱症」**，很多時候直到大部分的病症獲得緩解為止，至少也要花上半年至一年以上的時間。

有句話說「憂鬱症是心靈的感冒」。這只是製藥公司為了販售抗憂鬱症藥物所想出來的一句行銷口號，我完全不贊成這種說法，因為憂鬱症並不是像「感冒」一樣輕易就會染上的疾病。

憂鬱症病症緩解的機率高達9成，可是復發率也有5成之多。9成的病症緩解率聽起來也許會讓大家以為「大部分的人都能痊癒」，可是換個角度來說，等於每10個人當中就有1個人難以痊癒，變成慢性病，很難治癒。就算後來病情獲得緩解，也有5成的機率會復發。

■五月病是防止憂鬱症的大好機會？！

憂鬱症一旦找上門，就很難完全擺脫，因此一定要趁著未病階段，也就是「憂鬱前期」、「輕鬱症」的階段及早發現，及早治療。換句話說就是在可逆的「未病」階段馬上接受治療，這才是最有效的預防方法。

在五月病的階段及早面對和處置，避免狀況繼續惡化，這一點非常重要。心理不適通常當事人自己不會察覺，所以身為主管或是前輩，一定要提早警覺才行。

若是換個角度，從在演變成重大精神疾病之前及早發現、及早治療的觀點來說，「五月病是做到預防的大好機會！」

■五月病的五大徵兆

五月病的徵兆大致和憂鬱前期、輕鬱症的徵兆一樣，包括以下幾個症狀。

（1）身體不舒服，全身倦怠。容易累，且疲勞不易消除。肩頸僵硬，劇烈頭痛。
（2）睡眠品質差，食慾不振。
（3）專注力差，容易犯錯、忘東忘西。
（4）不想見人，懶得出門玩。就算跟大家在一起也開心不起來，反而覺得很痛苦。
（5）內心充滿不安、擔心和負面想法。

若是再加上心情低落、鬱悶、什麼事都不想做、不想上班等症狀，很可能「憂鬱症」已經找上門了。

■4種應對方法

接下來要介紹的是五月病的應對方法。

方法①：每天睡滿7小時以上

前幾天我在居酒屋喝酒的時候，聽到後面一桌傳來應該是新進員工的聲音。「我一定要在公司做出一番成績，成為同期中的第一名！就算每天只睡4個小時，我也絕對不會辭職！」說得慷慨激昂、鬥志滿滿。

可是，一旁的我卻聽得十分擔心，因為這種人就是最容易出現五月病或是「燃燒殆盡症候群」的人。

「犧牲睡眠時間」是最傷害心理健康的生活習慣，**每天睡不到6小時的人，憂鬱症的發病率是睡眠充足的人的 5.8 倍，自殺率是 4.3 倍，精神疾病的風險呈倍數增加。**

就寢時間不一定也會打亂生理時鐘，對健康非常不好。感覺身心不適

的人,最好立刻改掉熬夜的習慣,每天固定時間起床,確保7個小時以上的睡眠時間。

方法②:控制飲酒

有壓力的人愈是會以「喝酒能排解壓力」為由而酗酒,可是這麼做只會讓憂鬱的症狀更加惡化。

更別說喝酒還會影響睡眠品質。許多研究都顯示,**喝酒非但無助於壓力的釋放,甚至會導致精神狀態變得更差。**

方法③:找個人傾訴煩惱

懷疑自己可能有五月病的人,不妨隨便找個對象聊聊「自己目前的煩惱」。孤獨會影響人的精神狀況,公司裡同期的人就是最好的傾訴對象,因為他們很多也都跟你有著相同的煩惱。

如果你的身邊有疑似五月病的人,也請主動傾聽他們的煩惱。若是把「傾聽」當成「一定要給予建言」,難度會太高,所以只要聽他說話,讓他「宣洩壓力」就行了。讓對方能夠放心地想到什麼就說什麼,這麼一來,大部分的壓力便能獲得排解。

方法④:接受精神科的專業治療

調整生活習慣(睡眠、運動、晨間散步、休息、戒酒)、宣洩壓力等經過一個禮拜之後,心情和身體狀況如果有所改善當然最好,若是身心狀況仍然持續惡化,就應該接受精神科醫生的專業治療。

我再重申一遍,五月病的階段很多都還只是「未病」狀態,只要接受治療,很快就能痊癒。可是一旦發展到「生病的階段」,想要治好,有時候甚至得花上半年至一年以上的時間。治得好還好,但是最常看到的情況是病症始終無法獲得緩解,最後只好停職,甚至是離職。

面對五月病,千萬不要覺得沒什麼大不了而輕忽了。這時候就是設下預防精神疾病「第一道防線」的最佳時機,一定要謹慎應對才行。

33 從現在開始，不再說人壞話

說人壞話，人身攻擊，情緒性的批評，讓對方不高興的語言、表現、照片、影片，過度負面的發言，詆毀他人的八卦……這些會造成對方不愉快的言行，在這裡我就簡單地用一句「說人壞話」來表現。

說人壞話是一種有百害而無一利的行為，**非但無法發洩壓力，反而還會造成體內的壓力荷爾蒙增加分泌**。實際上也有調查發現，常說人壞話的人，壽命比一般人少了 5 年。

說人壞話不僅有害身心健康，也會破壞人際關係，是造成自己的「人生不順遂」的主要原因之一。然而，大部分的人卻對此毫無自覺。

所以，接下來就讓我來告訴大家，說人壞話究竟有哪些數不盡的壞處。

壞處①：失智症風險是一般人的3倍

根據東芬蘭大學的研究，經常對社會及他人做出嘲諷、批評發言的人，罹患失智症的風險是一般人的 3 倍。由此可見，喜歡批評的人，失智症的風險愈高。

這樣說大家可能沒有什麼概念，不過如果換個方式來說，每天抽 41 根以上香菸的老菸槍，失智症的風險是一般人的 2.1 倍。兩相對比之下，說人壞話對大腦造成的傷害遠高過於抽菸。

研究顯示，**經常說人壞話會導致皮質醇在腦內分泌過剩，破壞跟保存記憶有關的海馬迴神經和前額葉皮質突觸之間的連結，且破壞程度高達 40%**。

說人壞話比抽菸的影響更可怕！

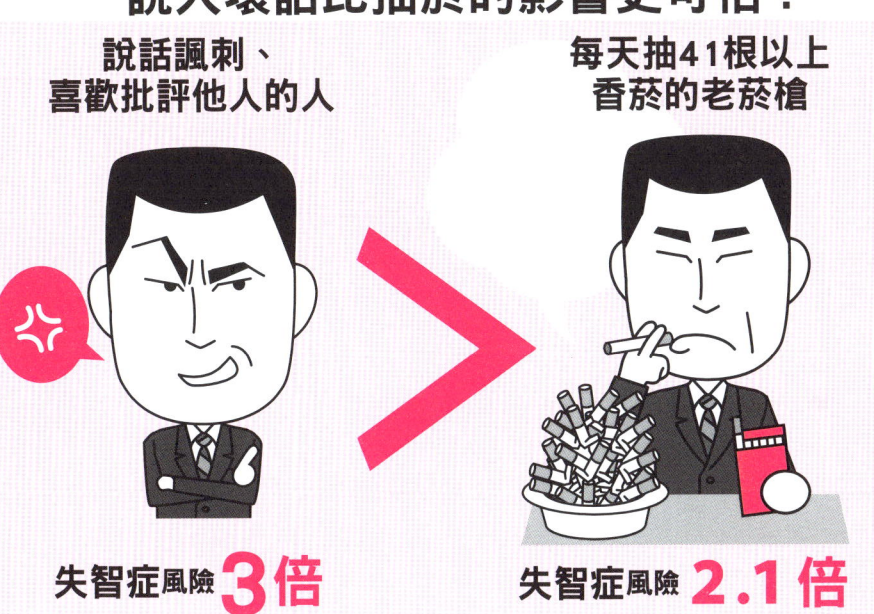

說話諷刺、喜歡批評他人的人　　失智症風險 **3倍**

每天抽41根以上香菸的老菸槍　　失智症風險 **2.1倍**

壞處②：死亡率是一般人的1.4倍

　　針對「負向思考」和「正向思考」的對比研究發現，正向思考的人比負向思考的人壽命長了10年以上。

　　這方面的相關研究結果非常多，包括正向思考的人壽命比一般人多了11～15%；負向思考的人心臟病的發生率比正向思考的人高出2倍以上等。

　　在前述的東芬蘭大學的研究中也發現，經常做出嘲諷、批評發言的人，死亡率是一般人的1.4倍。也就是說，經常說人壞話或是負向思考，等於是在縮短自己的壽命。

　　說人壞話除了會刺激皮質醇增加分泌以外，也會刺激大腦分泌腎上腺素，就跟生氣、玩電玩的時候一樣。偶爾分泌腎上腺素對身體不會造成什麼大礙，可是如果一整天分泌好幾次，就會對心臟健康造成危害。

壞處③：壓力變大

喜歡說人壞話的人都會說這麼做可以「發洩壓力」，事實上這是錯誤的認知，因為如同上述，說人壞話反而會導致皮質醇過度分泌。

上述中也提到，說人壞話還會造成腎上腺素過度分泌。說人壞話是一種「言語攻擊」，也就是說，**說人壞話的時候，大腦是處於「戰鬥狀態」，就像參加拳擊比賽或是跟人吵架時一樣，會刺激腎上腺素的分泌**。在這種狀況下，人很容易把腎上腺素帶來的興奮感誤以為是「開心」，也就是把大腦的過度興奮當成壓力獲得釋放。

原本以為可以藉由說人壞話來發洩壓力，事實上卻是在攻擊自己的大腦，反而給自己帶來更多壓力。

壞處④：說人壞話也會給自己帶來負面影響

荷蘭的烏特勒支大學和萊頓大學做過一項非常有趣的研究。

實驗要求受試者做出「稱讚」、「侮辱」、「中立」等不同內容的發言，並且加入主詞，例如「琳達是個糟糕的人」、「寶拉是個騙子」等，藉此觀察受試者的腦波變化。

結果發現，大腦在聽到侮辱性的發言時，不管是「自己被說」還是「說別人」，腦波都會出現極大的反應。也就是說，當受試者說出「琳達是個糟糕的人」、「寶拉是個騙子」的時候，不管被說的人是自己還是別人，都會對說話者的大腦造成負面影響。

由此可知，**做出侮辱、負面的發言，會對說話者本身的大腦造成傷害**。換言之，原本是要說人壞話，結果卻是自己受到跟被人說壞話一樣的負面影響。

被人說壞話時，「大腦的警報裝置」杏仁核會變興奮而發出警報，也就是不安、害怕的感覺。就像聽到有人罵「王八蛋！」時會嚇一跳一樣，

這是因為**即便被罵的不是自己，但是由於「古老大腦」的杏仁核無法辨識主詞，所以才會第一時間做出不安、害怕的警報反應。**

上述的實驗結果也印證了這一點：「大腦會對負面語言做出反應」，與主詞是誰無關。

壞處⑤：導致杏仁核肥大

研究數據顯示，講話總是負面的人，杏仁核比一般人來得肥大。這是非常可怕的研究結果，意思就是說，「你這王八蛋！」「去死啦！」這一類的言語不只會刺激聽到的人的大腦，就連說話者本身的杏仁核也會因此變得興奮。

經常說人壞話，杏仁核會一直處於肥大的狀態。就像肌力訓練會讓肌肉變得更有力一樣，說人壞話的習慣會變成一種「杏仁核肥大訓練」。

到最後，「一點小擔心」就反應激烈，大腦無時無刻都充滿「不安」和「害怕」。

杏仁核持續興奮是引發憂鬱症和焦慮症的原因之一。實際上，**憂鬱症的患者一整天都在擔心「發生率連 1% 都不到的事情，『萬一發生了該怎麼辦』？」**。

杏仁核的過度興奮會讓人更加注意到別人做不好的地方，更想說人壞話。他人的一些小舉動或是發言，就會讓你看不順眼、發脾氣，情緒變得很不穩定。一旦到了這種地步，很快精神疾病就會找上門。

壞處⑥：後果豈止百倍奉還，根本是萬倍奉還

「在真實世界說人壞話，會遭受到十倍奉還的後果。在 SNS 上說人壞話，後果則會以百倍奉還的方式回到自己身上。」這個「百倍奉還的定律」是我根據經驗推定出來的數字。從我架設第一個個人網站開始，到現在已經25年了，後來又經營了部落格、推特、臉書、YouTube 等各種媒體，

惡意會以倍數成長的方式回到自己身上

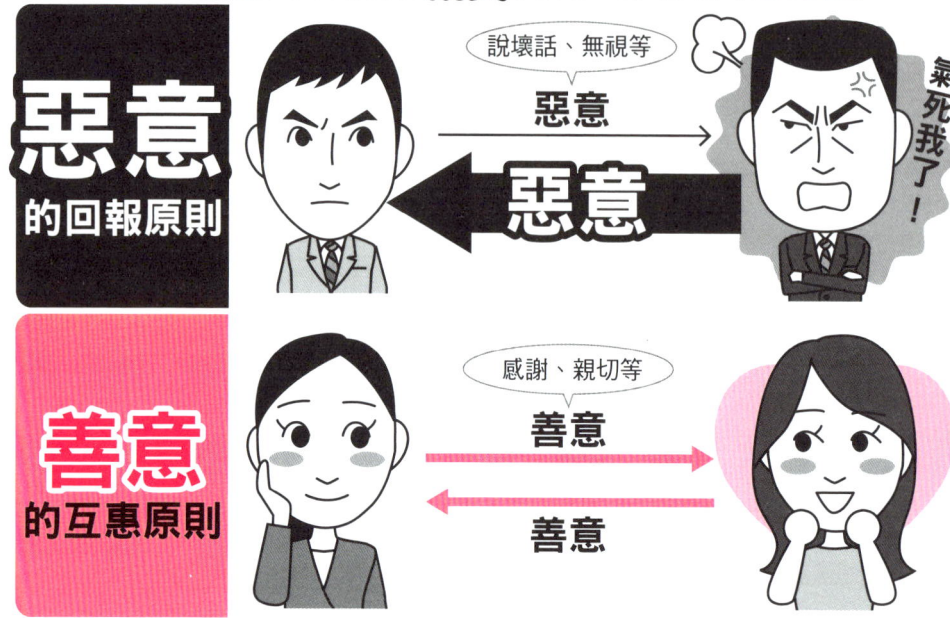

惡意的回報原則

說壞話、無視等 → 惡意 →

← 惡意

氣死我了！

善意的互惠原則

感謝、親切等 → 善意 →

← 善意

19 年來每天不間斷地向 90 萬人以上的追蹤粉絲傳遞全新的情報訊息。從如此龐大的經驗值中得到的這個「百倍奉還的定律」，我敢說一定錯不了。

假使有錯，那就是<u>在 SNS 上說人壞話，有時候後果不止百倍奉還，可能是千倍奉還，甚至是萬倍奉還，而且恐怕會遭受一輩子都無法復原的傷害</u>。「百倍奉還」已經可以算是比較保守的說法了。

相反地，如果自己被人說壞話，成為他人攻擊的目標，當然會想「報復」，這是「惡意的回報原則」。就像如果被罵「王八蛋！」，當然會想回罵對方「你才王八蛋！」，跟對方你一句我一句地彼此互嗆。這種時候還能笑著回應對方「是」，當作沒聽見的人，我想應該很少吧。

壞處⑦：遭受現實的「報應」

心裡想的會以**非語言訊息**的方式被對方看穿

我最敬愛部長您了！

那傢伙真的很討厭！

　　請告訴自己，**說人壞話「一定會傳到對方耳裡」**。本來只有跟親密的朋友說，沒想到最後卻被當事人知道。這種實際的例子可是時有所聞。或者另一種情況是，實際上並沒有說對方的壞話，可是從對對方的態度和感覺等非語言訊息中，卻表現出對對方的喜惡。

　　人在受到不友善的對待時，也會想用同樣的方式回應對方。這種「惡意的回報原則」是人類的本性。說他人的壞話，自己也會得到各種現實的「報應」，包括成為他人說壞話的對象、被討厭、被霸凌、被排擠、被強迫做麻煩的工作、工作上沒有人願意幫忙等。**「人際關係不好」的人應該要有所自覺，說人壞話的習慣而導致自己散發出的「負面能量」，會讓身邊的人產生反感**。這類型的人該做的事情很簡單，就是不再說他人的壞話。只要做到這一點，人際關係就會獲得改善。

壞處⑧：成為全國皆知的話題

也許有些人會認為：「我又不是在 SNS 上說人壞話，只是跟身邊的人說而已，不會有什麼問題的。」其實這種想法完全不對。

2021 年 3 月，東京奧運開閉幕式的創意總監、前電通的 S 先生，因為做出侮辱女藝人外貌的發言，最後被迫辭去總監的職位。這段曝光的發言是截圖自創意團隊 LINE 群組的對話，也就是說，這是在只有工作夥伴才看得到的私密群組對話。

即便是「朋友限定」或是「團隊限定」的群組，只要當中有人截圖對話放到 SNS 上，說話者原本以為的「冷笑話」，就會瞬間成為全國皆知的話題，也讓自己在一夕之間人生全毀。這就是現代社會。

因此切記，不管在任何時候、任何場合，都不應該做出侮辱或是歧視他人的發言，更遑論是在 SNS 上了。

壞處⑨：罰金、失去工作、退學……

在推特上除了自己的帳號以外，另一個私下開設的匿名帳號就稱為「私密帳號」。由於從私密帳號完全看不出帳號使用者的本名及個人資訊，因此很多人都以為就算在私密帳號中盡情地說人壞話也沒關係。這也是完全錯誤的認知。

「因為匿名，所以沒關係」的想法，事實上根本不是這麼一回事。 就算只是在推特上以半開玩笑的心態所寫的內容，也會讓自己因此吃上官司，罰款有時高達數十萬日圓，自己的名字也會被曝露在網路和現實世界中。

倘若被公司或學校、家人、親朋好友等知道，甚至還會因此丟了工作，或是被學校退學。你真的願意付出這麼大的代價，只為了想在網路上說他人的壞話嗎？

■將「惡意」的惡性循環變成「善意」的良性循環

經常說人壞話的人，肯定都會被大家討厭，或是減少往來，保持距離。這是因為基於「惡意的回報原則」，說話者散發出來的負面能量，最後都會返回到自己身上。被大家討厭就覺得更不開心，於是更愛說他人的壞話，到最後讓自己的人際關係陷入泥沼。

如果想要避免陷入這種惡性循環，不妨可以善用「善意的互惠原則」。與其被人討厭，成為大家在背後說壞話的對象，不如當個大家都喜歡、受人信賴、風評好的人，人生才會過得開心又精采。當然，工作也會因此一帆風順。

跟大家分享一個心理學的研究結果。

正面情緒和負面情緒，或者是正面語言和負面語言，兩者的比例達到 3：1 以上的人，比較容易跟他人建立良好的人際關係和信賴關係；達到 5：1 以上會更順利。

如果最近因為壓力的關係，說話變得比較暴躁，記得隨時提醒自己，要少說他人的壞話，多說一些讚美、鼓勵等正面的話。只是稍微改變說話的內容而已，應該不會太困難才對。

34 從現在開始,思考「B計畫」

人如果精神受到壓力,有時候就會自暴自棄。

「容易自暴自棄」的人,可以好好地瞭解以下 3 個特徵,並且學習各自的應對方法。

特徵1:0或100的思維

「0 或 100 的思維」是指凡事只會分成 0 或 100、成功或是失敗、白或黑、是或不是等極端的思考方式。有這種思維的人,通常都認為「100 分以外都跟 0 分沒兩樣」。

例如「錄取東大醫學系」跟「沒能錄取就去死」。各位也許會覺得這種想法過於極端,可是對「0 或 100 的思維」的人來說,這個想法是理所當然。除了東大醫學系以外,完全沒有考慮其他大學的醫學系或是第二志願,不願意接受「替代辦法」或是「中間」、「灰色地帶」等,這就是「0 或 100 的思維」的特徵。

人在陷入絕境的時候,原本的思考模式和個性會變得更加極端。也就是說,容易暴怒的人會變得更容易暴怒,同樣的,有「0 或 100 的思維」的人也會變得想法更極端。

如果想要擺脫這種「0 或 100 的思維」,建議可以**「實行 B 計畫」**。

所謂 B 計畫,在「28 從現在開始,讓團隊變得更強大」一節當中已經介紹過了,指的就是「替代手段」或是「替代辦法」。當原本的計畫進行得不順利時,只要改行替代辦法的「B 計畫」就行了。

這世上沒有百分之百的成功,也沒有百分之百的失敗,有的只是大約

容易自暴自棄的人

① 0或100的思維

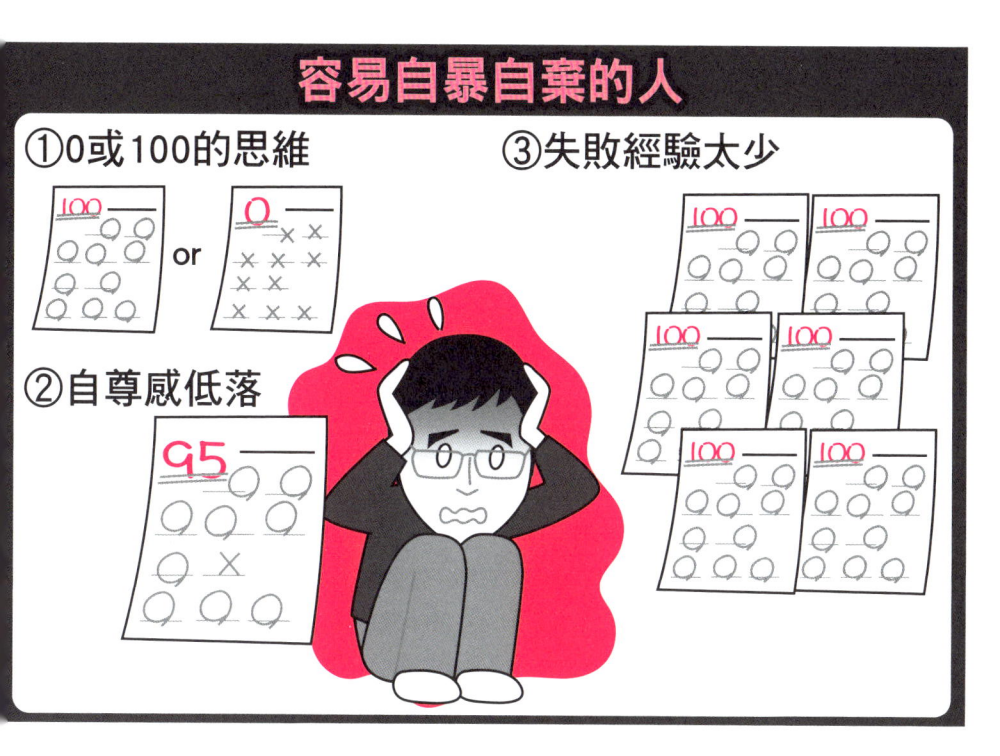

② 自尊感低落

③ 失敗經驗太少

60～70分左右的「還算可以的成功」。

活在「100分以外都是0分」思維中的人，人生的99%都是失敗。生活中沒有開心的事，自我肯定感低落，到最後要不就是精神疾病找上門，要不就是自暴自棄、自毀前程。

特徵②：自尊感低落

「自尊感」指的是「瞭解自我生存價值，珍惜自己被賜予的生命的感受。尊重、愛惜自我的感受」。

自尊感愈高，愈不會有「想死」、「想傷害自己」、「自己變得怎樣都無所謂」之類的念頭。相反地，自尊感低落的人，遇到事情就是責怪自己、傷害自己，甚至更極端的還會有「想死」的念頭。容易自暴自棄的人，

自尊感低落就是原因之一。

自尊感與自我重要感、自我效能感三者同為「自我肯定感」的構成要素。大部分的人都以為，「充滿自信、想法超級正面的人」的自我肯定感一定很高，其實並非如此。**「自己有很多缺點，也老是失敗，可是這就是我，沒關係」，像這樣就算是沒有用的自己，也能夠做到自我肯定的人，才是「自我肯定感高的人」。**

遭遇失敗的時候，若是「無法接受沒有用的自己」，依照大腦杏仁核的作用，這時候就會做出「戰鬥」或「逃跑」的反應。

這時候的「戰鬥」，指的是攻擊他人、責怪他人、說他人的壞話，或者是責怪自己、攻擊自己（自殘行為等）。「逃跑」則是逃避現實、退學或是辭掉工作、登出人生（自殺）。換言之，人若是被逼到絕境，同時做出「戰鬥」和「逃跑」的反應，就會變成自暴自棄。

那麼，要怎麼做才能提升自尊感呢？答案是，在失敗、沮喪失落的時候，不要責怪自己，而是告訴自己**「沒關係」**。

自言自語也行，把「沒關係」、「這就是我」說出來，給自己一個肯定。只要這麼做，心情就會變得比較正向，習慣之後自然就能肯定自己了。

可惜的是，大部分的人的作法都正好完全相反。有太多人只會為自己的缺點感到自卑而責怪自己，例如：「我不受歡迎」、「我是個沒用的人」、「我天生就是笨」等。

只要說一次自責的語言，自我肯定感就會倒扣一分。相反地，告訴自己「沒關係」，自我肯定感就會往上加一分。經常貶低自己的人，自我肯定感應該每天都倒扣一萬分了吧。

切記，若是察覺自己的自尊感低落，只要改變對自己的說話習慣，就能輕易提高自尊感和自我肯定感。

特徵③：失敗經驗太少

有個人以優異的成績從頂尖大學畢業之後，順利進入一流企業工作。

有一天，他的上司（我熟識的朋友）指出他在工作上的疏失，沒想到隔天他就沒來上班，最後就這樣遞辭呈辭掉了工作。上司也不是嚴厲指責，不過就只是像平常一樣稍作提醒而已。

現在有愈來愈多年輕人從小就沒有被父母和老師罵過，也有愈來愈多父母「不想讓孩子吃苦」、「不想讓孩子遭遇失敗」。

在這種環境下長大的年輕人，面對人生中第一次被罵，心裡當然會十分挫折和沮喪。沒有吃過苦，也沒有經歷過失敗，就這樣從小一路順遂地踏入社會，很可能會無法適應嚴峻的社會生活，最後人生一切成空。

學生時代就是要不斷地挑戰新事物，不斷地經歷失敗，不斷地丟臉，不斷地被罵，**要在踏入社會之前失敗 100 次以上才對**。就連失戀、考不好，也是人生中必要的體驗。

「痲疹跟失敗這種事，都應該趁年輕才行。」失敗可以鍛鍊心靈的強韌度，或者說是心理韌性（Resilience）。有些許的失敗和挫折的經驗，日後也比較不會自暴自棄。

另外，身為父母的人，孩子做錯事的時候，就該好好地責備孩子。這樣才能避免他「人生中第一次被罵是在出社會之後」。

以上「0 或 100 的思維」、「自尊感低落」、「失敗經驗太少」3 點，我想應該有很多人多少都符合其中幾點。這 3 點也可以算是「心靈脆弱的人」的特徵，所以符合的人，最好現在就開始慢慢改善、調整自我。

35 從現在開始，小心預防大腦疲勞

　　JR 東日本從 2022 年底起，開始在每個車站員工的身上配戴穿戴式相機，透過這種方式即時掌握與乘客之間的衝突應對，目的在於強化防止犯罪措施。

　　根據日本民營鐵道協會與 JR 集團各公司等全國 37 個鐵道相關業者所發表的數據顯示，針對車站員工的暴力行為，2020 年共發生了 377 件，到了 2021 年增加到 406 件。一般認為這是因為新冠肺炎的行動限制解除之後，搭乘電車的人變多了。換言之就是擁擠的電車變多了。

　　為什麼搭乘擁擠的電車會讓人感到焦躁、容易暴怒呢？
　　以下就是我根據目前為止的研究所得到的知識，以及抑制焦躁的方法。

知識①：搭乘擁擠電車的壓力遠大於開戰鬥機

　　擠在擁擠的電車中時，我們的大腦和身體會出現什麼反應呢？
　　根據英國心理學家大衛・路易斯（David Lewis）的研究，測量比較「準備上戰場的戰鬥機飛行員」、「防暴警察」跟「在尖峰時間搭電車通勤的人」三者的心跳（脈搏）和血壓後發現，搭電車通勤的人的數值最高。也就是說，**搭乘通勤電車的人，比開戰鬥機的飛行員和防暴警察承受更大的壓力。**

　　瑞典也做過一項研究，對象是搭乘通勤電車的乘客，調查擁擠的電車對這些人的身心帶來的影響。
　　研究結果顯示，**比起在電車剛發車的前幾站、車廂還算空的狀態**

擁擠電車帶來的驚人壓力！

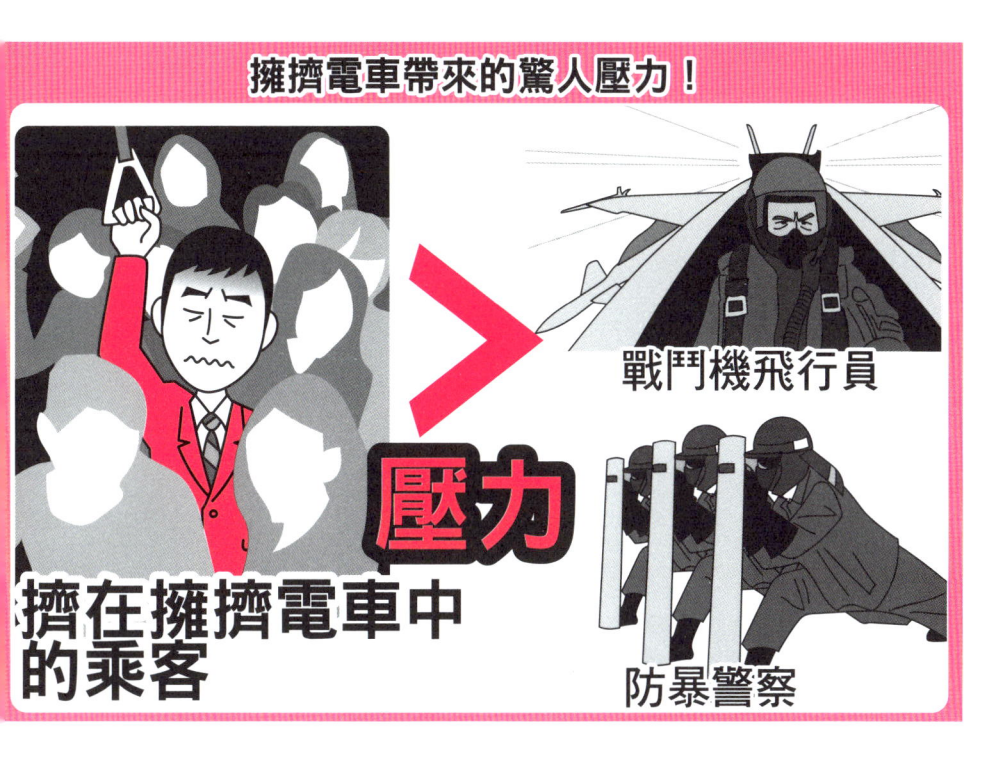

擠在擁擠電車中的乘客　>　戰鬥機飛行員　防暴警察

壓力

下就上車的乘客，從車廂裡已經擠滿人的中途車站上車的乘客，尿液中被檢測出高濃度的腎上腺素。這個結果表示，車廂裡的人漸漸愈來愈多，並不會讓乘客有太大的壓力產生。相反地，如果一上車就面對擁擠的人群，身體會感受到極大的壓力。

另一個 1960 年代的研究是以實驗老鼠為對象，發現若是把過多的老鼠一起飼養在一個狹小的籠子裡，老鼠體內的腎上腺素濃度會異常地高，而且彼此互咬之類的攻擊行為也會增加。若是再放更多老鼠到籠子裡，甚至會出現同類相食、雄鼠互相交配等異常的行為。

腎上腺素是一種分泌於憤怒、興奮時的大腦神經傳導物質，可見搭乘擁擠電車之所以容易暴怒的原因，就是因為腎上腺素分泌，使大腦處於「備戰狀態」所導致。

知識②：大腦疲勞

在承受極大壓力的狀態下搭乘擁擠的電車，會促使「大腦的警報裝置」杏仁核變得興奮，刺激正腎上腺素的分泌。這時候除了「不安」以外，就只會出現「戰鬥」或是「逃跑」的反應。

「戰鬥」的反應通常會以「他責」的行為表現，也就是變得具攻擊性，責怪、批評他人等。舉例來說，憂鬱症的患者在發病初期，經常會出現責怪公司、主管或是家人的行為。

正常來說，健康的大腦可以透過「理性」和「理論」來抑制杏仁核的興奮。例如被主管罵到臭頭時，就算在心裡大罵「王八蛋！」，也不可能當面直接罵回去，因為「理性」和「理論」（大腦皮質的控制）會告訴你：「要是說出口就完蛋了」。

可是，**若是長期受壓力所苦，造成大腦疲勞，大腦皮質的控制就會變得遲鈍**，導致衝動之下說出不該說的話。簡單來說就是變得「易怒」。

長期的大腦疲勞會造成血清素的指揮出現紊亂，沒辦法好好控制負面情緒，到最後演變成憂鬱症。所謂憂鬱症，就是血清素神經失去功能，體內缺乏血清素的狀態。

換言之，大腦疲勞就是精神疾病的第一步。

知識③：睡眠不足會導致易怒

睡眠不足、失眠都會導致自律神經失衡，使得身體持續處於交感神經興奮的狀態，血壓和心跳不斷上升。這種時候，人會變得更加易怒、焦躁。

此外，在酷熱的夏天，由於白天的活動量減少，使得體內的血清素濃度也跟著變少。血清素是幫助入睡的激素「褪黑素」的製造原料，體內的血清素不足，褪黑素也會跟著減少，讓人更加難以入睡，陷入睡眠不足的惡性循環。

血清素具有「控制情緒」的重要作用，當遇到讓人焦躁的情況時，血清素會發揮穩定情緒的效果。相反地，當體內的血清素不足時，人就會變得容易暴怒。

「大腦疲勞」是精神疾病的第一步

健康 ── 大腦疲勞 ── 精神疾病

狀況好 ────────────→ 狀況差

抑制方法①：不要發呆

有一陣子連續好幾天都是酷熱天氣，我走在路上，正在過紅綠燈的時候，在我前面約3公尺左右，有個男生和女生擦肩而過時互相撞到了對方。男生回過頭對著那位女生大罵「他媽的！」。由於事情就發生在我眼前，讓我著實嚇了一大跳。

其實我親眼目睹了兩人相撞的瞬間，當時雙方都完全沒有閃避，所以女生沒有道理要被對方罵。可以推測兩人應該都是因為缺乏睡眠造成全身疲倦，導致專注力和注意力不足。

想要避免這種無謂的糾紛，**走在路上或是搭乘電車的時候，切記千萬「不要發呆」**。這是再理所當然不過的事，可是事實上卻很少人能做得到。

抑制方法②：注意睡眠和運動

要改善大腦疲勞的狀態，最重要的還是要透過睡眠和運動。大家可以參考「40 從現在開始，透過優質睡眠改善自律神經」一節中所介紹的舒眠法，以及「column 晨間散步的好處」中的晨間散步，把這些變成每天的生活習慣。

抑制方法③：不看悲慘的新聞報導

研究顯示，**影像等視覺訊息停留在大腦變成記憶的比例**，是文字訊息的 6 倍。也就是說，影像對大腦造成的刺激是文字的 6 倍。

戰爭、悲慘事件等新聞會對大腦造成負面影響，這是無庸置疑的。因此，最近感覺比較累的人，最好先盡量避免接觸電視和網路的新聞影片。

> 新聞中的「今後生活之道」❸
>
> ## 為什麼會不想拿下口罩？

關於戴口罩預防新冠肺炎的措施,自 2022 年年中之後,以歐美為主的許多國家已經有大部分的人都拿下口罩了。日本厚生勞動省也在同年 10 月提出「戶外空間原則上可不必戴口罩」的建議,更於 2023 年 5 月 8 日起,將新冠肺炎降至「第五類」傳染病,「不論室內及室外空間,是否佩戴口罩交由個人判斷決定。」然而,不知道是因為日本的民族性還是同儕壓力的緣故,至今仍然有許多人依舊口罩不離身。

在 SNS 上可以看到許多人對於拿下口罩恐懼、不安的心情,像是「不想讓人看見拿下口罩的樣子」、「不戴口罩跟人說話會感到害怕、沒有自信」等。

為什麼會出現這種「害怕拿下口罩」的心理呢?我針對這一點做了一些研究,以下就是我推測出來的原因,以及該如何消除這種不安的方法。

原因①:恐懼制約

自從新冠肺炎疫情爆發以來,醫療方面的專家學者不斷地向大家呼籲:「不戴口罩會增加感染新冠肺炎的風險。」

也許是受到這樣的影響,在公共場合只要稍微沒戴口罩,就會被身邊的人一臉嫌棄地盯著看,相信很多人應該都有這種經驗吧。甚至在日本各地還出現所謂的「口罩警察」,只要看到有人沒戴口罩,就會立刻上前嚴厲警告或是大聲指責。

就這樣不論是在健康層面還是心理層面,「脫下口罩會發生可怕的事情」的印記已經深深烙印在我們的大腦裡了。這在心理學上稱為「恐懼制約」(Fear Conditioning)。

有個實驗將老鼠放進籠子裡,每當警報聲一響,老鼠便會遭受電擊。

反覆進行幾次之後，警報聲響起的瞬間，老鼠就會因為恐懼而縮成一團。接著再以同一隻老鼠進行實驗，就算只有警報聲響，沒有給予電擊，老鼠也一樣會因為恐懼而縮成一團。

由此可知，**一旦恐懼制約（＝不戴口罩會遭受嚴厲的對待）完成，接下來就算危險性（＝感染新冠肺炎）不再，恐懼反應（＝不敢脫下口罩）仍然會繼續存在。**

原因②：杏仁核過度敏感

「恐懼制約」跟大腦杏仁核的興奮有關。杏仁核是大腦的警報裝置，作用是及早察覺危險。

感染者和死亡人數不斷增加、Delta 變異株之後，緊接著是 Omicron 變異株的大流行、不必要的移動和聚會被禁止，沒辦法跟他人見面……**在新冠肺炎疫情期間，每天一打開電視，看到的盡是令人不安的報導，使得大腦的杏仁核不斷受到「刺激」而興奮。**這就像大腦裡的警報器一直響個不停，到最後杏仁核變得過度敏感。

也許有人會說：「不過就是脫下口罩而已，這種小事有什麼好不安的！」可是，一旦杏仁核過度敏感，只要遇到「一點點負面的刺激」，警報裝置就會鈴響大作，使人內心充滿「不安」。

原因③：心理的恆定性

在「25 從現在開始，把『調派和人事異動』當成是『重建人際關係的機會』」一節中有提到，人體具備「恆定性」的功能，能夠維持一定的血壓和體溫。因為這個功能的特性，所以人會「盡可能維持目前的生活方式和環境」。

在過去長達 3 年的時間內，只要外出就幾乎一定都會戴口罩。就算現在突然說「可以脫下口罩」，可是基於心理的恆定性，一時之間還是會無法接受，因為**做出跟現在不同的行動（＝脫下口罩）會令人感到不安，只有繼續保持同樣的行動（＝戴口罩），才會感到安心。**

害怕脫下口罩

原因1 恐懼制約
原因2 杏仁核過度敏感
原因3 心理的恆定性

克服方法1 養成習慣
克服方法2 練習微笑
克服方法3 告訴自己「溝通能力變差的不只是自己」

（圖中對話：你為什麼沒戴口罩！）

根據以上 3 個原因，接下來讓我來跟大家介紹克服的方法。

方法①：養成習慣

上述中提到的老鼠電擊實驗還有後續，被「恐懼制約」的老鼠，面對只有警報聲、沒有電擊的動作，一開始還是會出現「害怕得縮成一團」的反應。可是隨著同樣的動作一再重複，漸漸地老鼠學習到「就算警報聲響起也不會被電擊」，於是縮成一團的反應愈來愈小，到最後就算聽到警報聲，也不會做出任何反應。

這種現象稱為「制約消除」。當瞭解到「沒有什麼好怕的」之後，恐懼制約就會被消除。

將這個道理套用在人類身上，**隨著感染人數逐漸減少，脫下口罩的場合和時間漸漸變多，「害怕脫下口罩」的恐懼心情也會跟著慢慢消失。**

因為已經透過經驗瞭解到「就算脫下口罩也不會被感染」、「就算脫下口罩也不會被嫌棄」，所以能成功克服不安的心情。

方法②：練習微笑

我們已經有很長一段時間都是隔著口罩與人來往，再加上遠距工作的關係，實際跟人接觸的機會也變得非常少。在這種情況下，人很少會注意到自己的表情，所以就算要微笑，也會變得很僵硬，這是很正常的現象。

原因之一應該是臉部的肌力衰退所導致。

好久沒有脫下口罩，如今突然發現臉上的皺紋變多了，嘴角也下垂，看起來好像老了好幾歲……這種現象似乎被稱為「口罩老臉化」。這是因為戴口罩使得做表情的機會變少了，因此導致臉部的表情肌衰退。

一個禮拜臥床不起，身體的肌力就會下降 15%。同樣的道理，口罩戴了 3 年多，表情肌就算嚴重衰退，也一點都不奇怪。

想要重新鍛鍊衰退的表情肌，我個人最推薦的方法是「練習微笑」。

作法很簡單，就是**對著鏡子做出「滿臉的笑容」，每天 5 次以上**。

早上洗臉的時候做一次，刷牙的時候做一次，刮鬍子的時候做一次，或者是一面化妝一面練習微笑。上洗手間每看到一次鏡子就做一次，用手機自拍的時候也可以練習微笑……

像這樣只要看到鏡子就練習一次，一天 5 次以上絕對沒有問題。

練習微笑的時候，如果可以再加上按摩臉部肌肉（特別是嘴巴周圍和臉頰），效果會更好。

等到可以對著鏡子自然露出微笑之後，實際面對他人說話的時候，就能自然露出笑容了。為了不讓人覺得這 3 年來自己變得好老，記得一定要養成習慣隨時練習微笑。

方法③：告訴自己「溝通能力變差的不只是自己」

這是我自己的經驗。疫情告一段落之後，我站上睽違已久的演講台，對著台下 100 位聽眾演講。在疫情之前，就算是在面對 500 人，甚至是

1000 人的演講，我也毫不緊張。可是，當天我說著說著，竟然就開始結巴了起來。至今我已經做過數百場的演講，從來不曾發生這種事，所以連我自己都嚇到了。

相信很多人都跟我有一樣的感覺，經過這段長達 3 年的疫情，說話跟溝通的能力都變差了。只不過，這可以說是很多人都有的情況，絕對不是只有你自己的能力變差。

不論是說話能力還是溝通能力變差，都只是一時的現象，**只要增加脫下口罩實際與人溝通的機會，自然能重新找回原本的能力。**

36 從現在開始，適度地「宣洩壓力」

各位知道日本自殺人數最多的是哪個世代的人嗎？答案是 50～59 歲。而且，以這個年齡層為中心，40 歲以上的自殺人數其實就佔了全體的將近四分之三。順帶一提，直到 2014 年為止，人數最多的原本都是 60～69 歲的年齡層。

光是 50～69 歲的自殺人數，就佔了全體的 3 成左右（2021 年）。男性和女性的比例則大約是 2：1，男性的自殺人數幾乎是女性的 2 倍。

提到自殺，大家最常把焦點擺在「年輕人自殺」上面。然而，若是單從人數上來說，絕對是中高年男性佔最多。換個角度來看，也可以說這個年齡層的男性在精神方面，正面臨到最大的危機。

為什麼中高年男性會容易出現精神方面的問題呢？

很多男性都會把「事業成功」視為人生目標，可是在過了 55 歲以後，由於已經大概可以看見自己在公司的發展，因此會開始出現一種「很難再往上爬」的「放棄心態」。尤其是一路吃苦努力過來的人，一旦面臨這種狀況，就會陷入「失去目標」的狀態。另外，一直以來都沒有公司以外的人際關係的人，在退休之後就會面臨到「孤獨」的問題，再加上外出的機會變少了，緊接著要面對的就是「缺乏運動」的問題。

■ 預防精神危機的4大方法

各位中高年以上的讀者，也許有人「總覺得最近心情動不動就悶悶的，提不起勁」，或者是「對於名人自殺的新聞，覺得好像並非事不關己」。

中高年男性的高自殺率

自殺者（全體）的男女比例（2021年）

- 女性 7068人
- 男性 1萬3939人

男性佔全體的 **2/3**

各年齡層自殺者人數的比例（2021年）

- 10～19歲 3.6%
- 20～29歲 12.4%
- 30～39歲 12.2%
- 40～49歲 17.0%
- 50～59歲 17.2%
- 60～69歲 12.6%
- 70～79歲 14.3%
- 80歲～ 10.5%

50～69歲佔全體的 **3成** 左右

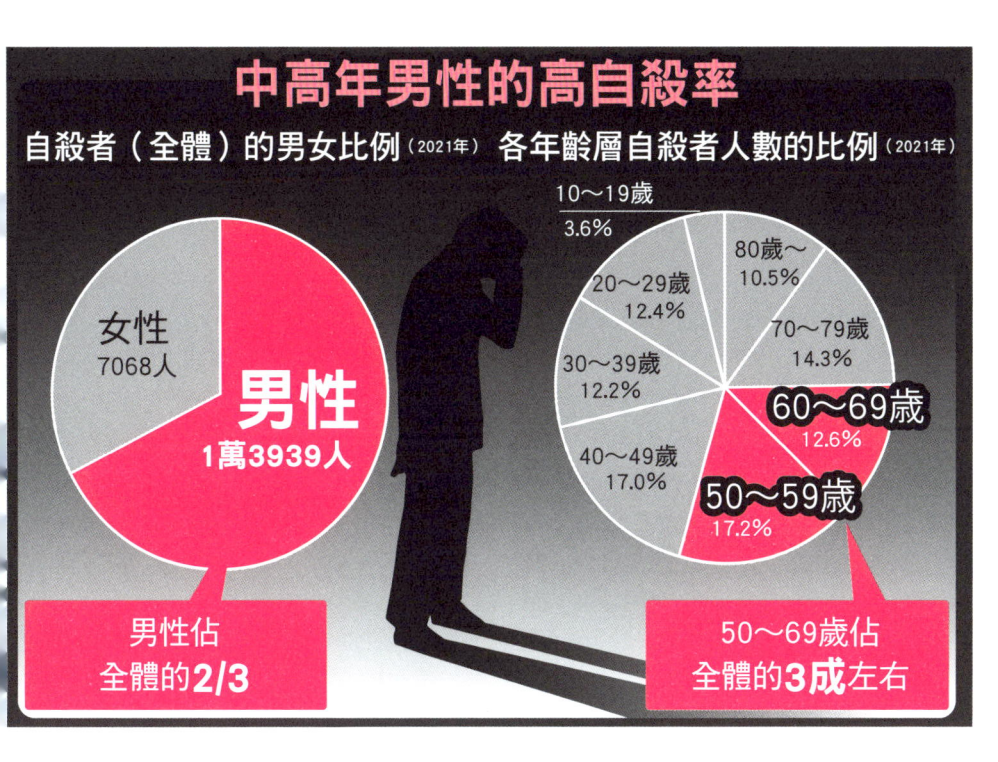

針對這些人，接下來我要提供4個預防精神危機的方法。

方法①：瞭解「這種事任何人都可能發生」

說到精神疾病和自殺，大部分的人都會覺得「這跟我沒有關係」，自然也就不會想到要做好預防。

可是，事實上精神疾病的終生盛行率（人一生中罹患某疾病的機率）大約有20%。也就是說，每5個人當中就有1人一輩子會罹患過一次精神疾病。

日本的自殺人口從2020年至2022年這3年期間，一共約有6萬4000人。另一方面，新冠肺炎的死亡人數直到2022年年底為止，一共有5萬

7266 人。雖然不能單從數字上來做比較，不過從這兩個數據可以知道，在日本，自己結束生命的人是何其多。從這一點來想，關心自己和家人及身邊的人是否正面臨重大的精神危機，是非常重要的一件事。

根據我的經驗，**外表總是很開朗，經常帶動氣氛，讓人覺得「這個人一定不會有憂鬱症」的人，愈有可能精神崩潰**，只是藉由表現開朗在硬撐而已。

所有的精神疾病都是如此，精神狀態愈不好的人，愈會想要「假裝沒事」。

因為不想被發現自己的心理已經生病了，所以就算其實「精神不好」、「已經快撐不住」，但是為了在大家面前隱瞞真相，還是會表現出「充滿活力」、「開朗」的樣子。這種「假裝沒事」的行為會消耗龐大的精神能量，導致大腦疲勞（詳細請見「35 從現在開始，小心預防大腦疲勞」）的情況更加嚴重，加速症狀惡化。

情緒低落的時候，若是為了不被發現而處處顧慮身邊的人、不斷強顏歡笑，不僅會給自己帶來龐大的壓力，精神上也會非常疲累。如果你自己就是這樣，或者是身邊有這樣的人，一定要格外注意。

切記，精神疾病「可能發生在任何人身上」。

方法②：壓力的表現有時間差

遭遇龐大壓力的時候，雖然看似會立刻影響到精神狀態，不過實際上直到症狀出現為止，中間還存在著一段「時間差」。**這是因為我們的心靈和身體會暫時替我們撐住，時間大約是 3 個月。**

舉例來說，就算廢寢忘食地忙碌於工作，也不會立刻就精神崩潰。最常見到的情況是，大約要等到忙完之後的 3～6 個月，憂鬱症的症狀才會出現。

方法③：少看電視新聞

在上一節的內容當中已經說過，電視上那些煽動不安和恐懼的新聞報導，最好少看為妙。**經常接觸跟「死亡」相關的報導，人會在無意識間被「死亡」所吸引。**

方法④：宣洩壓力

爆發新冠肺炎疫情之後，很多人都「減少了跟人見面的機會」，「改成遠距工作，跟同事閒聊的機會也變少了」。

溝通也可以看作是一種「療癒」的行為，光是把自己的「痛苦」和「辛苦」說給他人聽，大部分的壓力就能獲得釋放。說說喪氣話、發發牢騷，這些對穩定心情來說都有正面的幫助。

這種機會若是減少，壓力的氣球就會不斷膨脹，到了某個時間點就會突然應聲爆裂。也就是罹患精神疾病，或是自殺。

想要避免這種情況發生，**透過跟人溝通來適度地宣洩壓力是絕對必要的。**可以跟許久不見的朋友聚個餐，或是一起去看球賽。見面過程中的閒聊對話，對於我們的「心靈療癒」來說，會有很大的幫助。

同樣的，**如果身邊的人看似有煩惱，也請主動上前傾聽他的問題。**一面傾聽對方，同時也可以說說自己的感覺。這種方式可以降低彼此的精神危機。

> **電影中的「今後生活之道」❸**
>
> # 如何抑制不斷上升的孩童自殺率？

美國電影《親愛的艾文・漢森》（Dear Evan Hansen，2021年）讓我看了深受感動，過程中大概哭了有10次吧。

主角艾文・漢森是個17歲的高中生，因為社交恐懼症而定期接受心理醫生的治療。他在暑假時不小心左手骨折，打了石膏。美國人受傷打石膏時有個習慣，會讓朋友在自己的石膏上「簽名」。然而，艾文由於不善與人溝通，又沒有朋友，所以沒有人願意在他的石膏上簽名。

不過，後來出現了一個人願意幫他簽名，就是艾文心儀的女孩柔依的哥哥康納・墨非，一個有點神經質的年輕人。

可是過沒多久之後，艾文被叫到校長室，聽到了一件令人震驚的事情——康納自殺了。而他生前最後一個說話的人，就是艾文。艾文和康納兩人原本幾乎沒有任何往來，可是為了顧及康納家人的心情，艾文決定扮演「康納的好朋友」。沒想到這個善意的小謊言，最後引發了一場大騷動。

這部電影改編自榮獲美國東尼獎6項大獎的同名百老匯音樂劇，是一部相當令人讚賞的作品，以音樂劇這種非常平易近人的方式，呈現了美國高中生的「心靈危機」，以及急遽增加的自殺問題。

探討的主題雖然嚴肅，但是吸引人的劇情和動人的音樂，讓人完全融入其中。除了被音樂劇娛樂性的「歡樂」所吸引，細膩的人物描寫也令人不禁產生共鳴而感動落淚。

■10～19歲每5個人就有1人正接受精神科的治療

自殺的康納後來被發現有「藥物成癮」，為此還曾經進出戒毒中心。包括艾文在內，電影裡出現的所有高中生，每個人的心靈都病了，而且都正在接受精神藥物治療。

毫無疑問的，這就是美國的真實社會，10～19歲很多都正在接受精神科治療，服用精神藥物也是很正常的現象。以及急遽攀升的自殺率。

以下是關於美國年輕世代的幾個調查數據。

- 10～19歲的自殺人數，比起10年前增加了56%。
- 10～14歲的自殺率是日本的3.5倍。
- 10～19歲被診斷出有憂鬱症的比例為13%。
- 20歲之前被診斷出有發展障礙的比例約為10%。

在美國，每10個成人當中就有1人正在服用精神藥物。根據某項調查，美國有13%的人都有社交恐懼症。社交恐懼症大部分都是在10幾歲青春期的時候發病。

10～19歲光是被診斷出有「憂鬱症」的比例就有13%，若是再加上社交恐懼症、發展障礙、藥物成癮等其他各種精神疾病，合計至少也超過20%。換言之，10～19歲的美國青少年，每5個人當中就有1人，在20歲成年之前有看精神科和接受治療（包括藥物治療及心理諮商）的經驗。

美國青少年看精神科、服用精神藥物的情況相當普遍，這就是實際狀況。除了10～19歲的青少年以外，美國成人的自殺率同樣也是不停攀升，如今已經成為非常嚴重的社會問題。

■日本10～19歲青少年的自殺率也有增加的趨勢

關於自殺，當然不能認為那是美國才有的問題，日本10～19歲世代的自殺問題同樣也很嚴重。過去一直到2019年為止連續10年的時間，日本的自殺人數每年都在下降。可是，當中唯獨未滿20歲的自殺人數，幾乎一直都是保持持平的狀態，結果造成自殺總人數當中「10～19歲世代的比例」年年逐漸攀升。

到了新冠肺炎疫情爆發的2020年，這個世代的自殺人數來到777人，比起前一年增加了多達118人（18%）。在緊急事態宣告期間，學生不能到學校，只能線上上課，也沒有辦法跟朋友見面，更不能一起玩。這些改

變想必都給孩子們帶來不小的壓力。

同年除了 10～19 歲的自殺問題之外，另一個大家關注的重點是：女性自殺的人數也變多了（男性自殺人數略減）。這些現象顯現出當社會面臨動亂，經濟受到衝擊的時候，所產生的負面效應也會給女性和小孩等比較弱勢的族群帶來嚴重的影響。

■孤獨和絕望會引發自殺念頭

那麼，該怎麼做才能阻止他人自殺的衝動、將他們從困境中拯救出來呢？

在電影《親愛的艾文‧漢森》當中，選擇自殺的康納事前完全沒有跟家人或是其他人聊過，就只是某一天突然結束了自己的生命。面對這種突如其來的事件，被留下來的家人和朋友們想必都覺得，要是他在事前有說出來就好了，也許就能幫上一點忙……

透過研究自殺者的心理發現，自殺者的內心幾乎都被孤獨和絕望佔據。在「17 從現在開始，提升危機應能力」一節當中也有提到，日本的自殺者也有同樣的傾向，平均每 3 個人當中就有 2 個人完全沒有跟身邊的人透露想自殺的念頭，反而跟平常沒什麼兩樣，最後突然結束自己的生命。「沒有辦法找人說」、「說了也沒用」、「沒有人會願意聽我說」、「沒有人可以幫我」……就這樣孤獨變成了絕望，到最後走上自殺的路。

■精神疾病的預防靠的是「聯繫」

在這部電影中，艾文所唱的一首歌〈You Will Be Found〉，在 SNS 上廣為流傳。這首歌曲中蘊藏了電影非常重要的主題。

就連大家都認為個性孤癖的康納，在戒毒中心裡也有朋友，當然，還有關心他的家人。艾文雖然一開始覺得「自己沒有朋友」，可是後來才發現身邊也有支持自己、在乎自己的朋友。

而且，作為單親媽媽，平時忙到連好好跟孩子聊天的時間都沒有的母親，更是比誰都關心他。覺得「自己好孤單」的人，事實上根本不是這麼一回事。你不是一個人。

自殺死亡率的年度變化

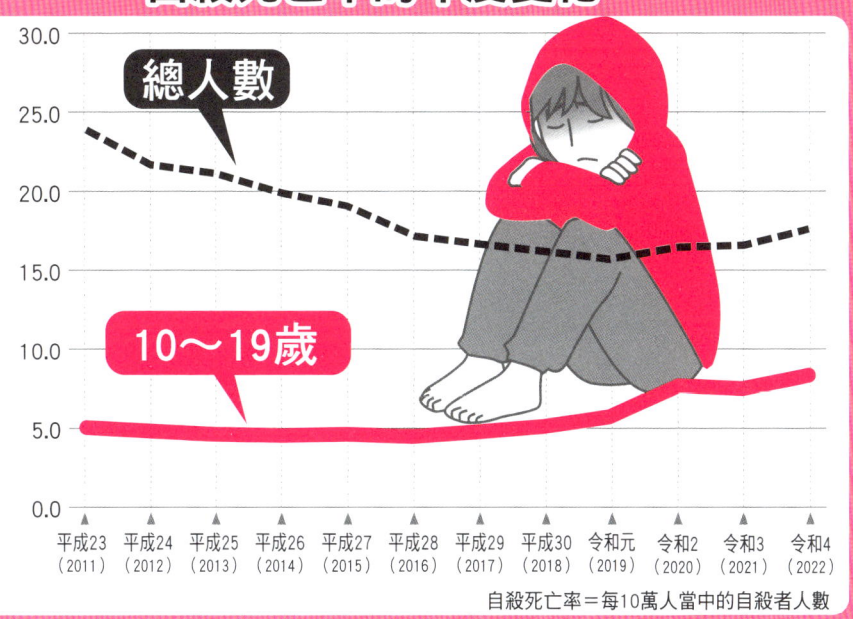

自殺死亡率（縱軸）

- 30.0
- 25.0　總人數
- 20.0
- 15.0
- 10.0　10～19歲
- 5.0
- 0.0

橫軸：平成23（2011）、平成24（2012）、平成25（2013）、平成26（2014）、平成27（2015）、平成28（2016）、平成29（2017）、平成30（2018）、令和元（2019）、令和2（2020）、令和3（2021）、令和4（2022）

自殺死亡率＝每10萬人當中的自殺者人數

資料：厚生勞動省

　　多多敞開自己的內心，說說自己的心情。一定會有人瞭解你。多和人建立聯繫，你不是一個人。這些訊息，就藏在〈You Will Be Found〉這首歌當中。

　　以精神疾病或是心理問題為主題的電影有很多，但是大部分都只做到「呈現問題」，卻沒有提出「解決辦法」。《親愛的艾文·漢森》這部電影值得讚許的地方就在於，它不只點出了「青少年的心理危機」，同時也提出了解決方法。

　　那就是，「多和人建立聯繫」，「積極地打開心房，與人對話」，「加強與他人之間的聯繫」。

　　能夠把自己從心理困境中拯救出來的，是親子、家人、朋友等人與人之間的聯繫。透過《親愛的艾文·漢森》這部電影，讓我們更加確定了這些聯繫的重要性。

電影中的「今後生活之道」❹

痛苦的時候就好好大哭一場

新海誠執導的動畫電影《鈴芽之旅》（2022 年）的官方網站及推特上，都清楚寫著：「本作品內含有關於地震的描寫，以及收到緊急地震速報時的警報音」。雖然沒有明寫出「東日本大地震」（311 大地震），但是當時我心想：「新海誠終於還是寫了那場地震。」

■痛苦到底該不該說出來？

當你的家人或是朋友因為「十分痛苦的經歷」而陷入沮喪時，你會怎麼做呢？

A：不理會
B：主動傾聽

雖然這還是要看對方的沮喪程度、精神狀態和個性來決定，不過 B 的作法對於陷入痛苦的人來說，應該會比較有幫助。

311 大地震之後，許多心理諮商師都紛紛走進災區，傾聽照顧災民們的心理。根據後來的研究，這種第一時間的心理介入，有助於災民之後心理層面的恢復，對於 PTSD（創傷後壓力症候群）和憂鬱症、恐慌症等各種精神疾病的發生，也有預防的作用。

我也在我的 YouTube 影片中說過：「**面對經歷過痛苦的人，最重要的是陪伴。**」

「陪伴」的意思是，對於對方的「痛苦」和「難過」展現理解的態度。

就算只是靜靜地陪在身邊，多少也能給對方帶來「安心」的感覺。這麼一來，他就會知道「自己並不孤單」。

■「宣洩情緒」勝過「商量」

要經歷過痛苦的人把事情的詳細經過說出來，例如「你怎麼了？把事情的經過說給我聽」，這並不是一個好的作法。因為對對方而言，每提到一次「痛苦經歷」，記憶就會更深刻。

這時候應該做的，不是問出對方過去的具體經歷，而是讓他把現在的「痛苦」、「難過」、「悲傷」的心情傾吐出來。用接住對方負面情緒的心態去傾聽。也就是**讓對方「宣洩情緒」，而不是「提供商量」**。

對對方來說也是一樣，「找人商量」會難以啟齒，可是如果是「宣洩情緒」，也許就能輕易地開口了。

■負面情緒應該藏在心裡？還是說出來？

有些311大地震的災民在看過《鈴芽之旅》之後，在推特上寫道：「電影看著看著，我的眼淚止不住地流了下來。」對此，也許有人會覺得「電影讓人想起地震的痛苦回憶，這樣不太妥當吧」。

可是，我的想法正好完全相反。**因為流淚代表的是「情緒能夠表達出來」、「情緒能夠表露出來」，是非常正面的表現。**

經歷過痛苦事件的人，通常都會把情緒徹底藏在內心深處。然而，這些負面情緒若是以《鈴芽之旅》當中的描寫來說，就像蚯蚓（各種扭曲的心情）從「後門」竄出一樣，會在某個時刻瞬間爆發。

這些在心中怒號的「負面情緒」，與其壓抑它，不如將它釋放、發洩出來比較好。

「哭」具有釋放和發洩情緒、療癒的效果。也就是達到放下、消除負面情緒的「宣洩情緒」的作用。

在進行心理諮商的時候，經常會遇到來談者說到流淚的情形。這表示諮商進行得很順利。來談者在哭完之後，通常都能帶著神清氣爽、煥然一新的表情走出諮商室。

「難過」、「想哭」的時候就哭，會讓身體從交感神經優位（緊張狀態）切換成副交感神經處於優位（放鬆狀態）。相反地，假使忍著不哭，交感神經就會更加興奮，給自己帶來更大的壓力。

■「接受」心裡的傷，朝前方邁進

《鈴芽之旅》的主角岩戶鈴芽和宗像草太，透過一場關閉災難之門的冒險之旅，想起小時候在地震中失去母親的回憶，重新好好地面對它。面對過去的負面情緒，她不再選擇深藏在心裡，而是「接受」自己，「接受」過去發生的事情，並且重新放下它之後，將門正式鎖上。

這部電影所描寫的其實是透過面對創傷（心裡的傷）來「關上創傷的心門」。電影以非常具體、淺顯易懂的方式告訴大家，面對「難過的事情」和「痛苦的記憶」時可以怎麼做——「關上創傷的心門」向前邁進！這部電影也許就是導演新海誠對災民的喊話、加油的歌曲。

若是拿掉關於地震的描寫片段，還有辦法表現出這股積極的呼喊嗎？我認為「很困難」。若是少了地震的描寫，恐怕就無法成為一部撼動人心的作品了。

另一方面，事實是《鈴芽之旅》當中所描寫的痛苦，並非只指地震。這部電影的構思和準備期間，正好和新冠肺炎爆發、開始大流行的時間點吻合。因此，電影中的蚯蚓所象徵的，其實是包括這一切在內的各種「災難」和「痛苦的過去」。

對於從悲傷的回憶和痛苦過去中重新站起來的人給予陪伴和支持，在科學上把這種行為稱為「哀傷關懷」（grief care）。**《鈴芽之旅》可以說就是一部談論「哀傷關懷」的電影。**地震帶來的悲傷、對新冠肺炎疫情的不安，以及大家普遍對生病和死亡抱持的恐懼等，面對這些各種負面情緒，我們到底該怎麼做——這部電影都一一為我們示範了最好的答案。

基於這一點，我認為遭遇悲傷事件的人、深陷在痛苦回憶中的人，或是心裡有深刻創傷的人，更應該去找這部電影來看。在看電影的過程中，

想哭的時候就放聲大哭吧！

哭是負面情緒的「宣洩」。

流淚能使副交感神經處於優位，哭完之後心情會比較輕鬆。

如果想哭就不要忍，放聲哭出來，因為這是一種療傷的過程，也能減緩心中的悲傷和痛苦。

37 從現在開始，
不要覺得「自己絕對不會被騙」

近年來詐騙案件層出不窮，受害者不計其數。

不可否認地如今的詐騙手段愈來愈高明，銀行裡的廣播隨時都在提醒大家要提高警覺，電視新聞和時事談話節目也經常會介紹最新的詐騙手法。

我們的生活周遭明明已經有這麼多防止詐騙的訊息，可是為什麼還是會上當呢？

這一節的內容就是要告訴大家落入詐騙圈套的心理原因，以及如何避免落入圈套的方法。

原因①：認知失調

很多人都覺得「應該只有老人家會上當，跟我沒有關係」。事實上這種人才是最容易被詐騙的類型。

美國心理學家費斯汀格（Leon Festinger）提出一項理論叫做「認知失調」。**當心裡的兩種認知產生互相矛盾時，會讓大腦覺得怪怪的、不太舒服。這時候人就會試圖改變或是扭曲其中一種認知，以消除這種不舒服的感覺。**這就叫做認知失調。

舉例來說，假設堅信「自己絕對不會被騙」的人接到詐騙電話，這種時候他的心裡會出現兩種互相矛盾的聲音：「我很聰明，才不會被騙」跟「該不會我已經上當了？」。

由於後者的念頭就等於承認「自己是個會上當受騙的笨蛋」，所以認為「自己絕對不會被騙」的人，會選擇聽信「我很聰明，才不會被騙」的聲音，將「這說不定是詐騙」的認知扭曲成「這不是詐騙」，結果害自己

容易被詐騙的心理原因
① 認知失調　　　② 確認偏誤
③ 濾盆式地看，濾盆式地聽，濾盆式地讀

上當受騙。也就是說，雖然心裡覺得有點怪怪的，但還是被對方的騙術牽著鼻子走。

原因②：確認偏誤

最近在書店的新書平台上，可以看到很多關於「認知偏誤」的書籍。認知偏誤指的是**對事物的判斷因為直覺和先入為主的影響而產生扭曲、偏頗、不合理的一種心理現象。**

「確認偏誤」是認知偏誤中的其中一種，指**人會下意識地蒐集有利自己的訊息，忽略、無視那些否證的訊息。**

舉例來說，平時會特別關注「已接種新冠疫苗的人當中有○○人出現嚴重副作用」、「✕人死亡」等這一類訊息的人，會在網路上找更多訊息

來強化「疫苗很危險」的論點。像這樣如果一開始就抱著結論去蒐集情報，自然不會注意到那些「自己不知道的訊息」或是「和結論相違背的訊息」。或者就算看到了，大腦也會當作沒看到。

認為「自己絕對不會被騙」的人，在瀏覽情報訊息時會帶著這種先入為主的想法，因此會自動忽略「網路釣魚詐騙的最新手法」這一類的報導。就算看了也不會謹記在心。

原因③：濾盆式地看，濾盆式地聽，濾盆式地讀

人類大腦的運作機制只會蒐集「必要的情報」，自動忽略「不必要的情報」。否則大腦每天接收如此龐大的情報量，要不了幾天肯定就會當機。

以下是十多年前我在精神科門診看診時發生的事情。當時我替一位初診的病患看診，花了約1個小時的時間問診，最後又花了10分鐘說明診斷結果和治療方法、用藥等。最後，我問他：「這樣聽懂了嗎？」病患回答我：「聽懂了。」

可是，從他的反應看起來似乎不是很懂，於是我又問：「你把我剛說過的話再說一遍，看你能記得多少。」結果他什麼也回答不出來。接下來的幾個病患也都有類似的狀況，我同樣請他們複誦我說過的話，能夠完整正確說出來的人……一個也沒有（除了邊聽邊做筆記的人以外）。

看起來聽得很認真，結果卻完全不記得。這就像水會直接流過濾盆一樣，聽到的東西完全沒有留在大腦裡，根本只是「聽過去」而已。這種現象不只發生在聆聽，包括「看」和「讀」也都有類似的情況發生。我把這種現象稱為「濾盆式地看，濾盆式地聽，濾盆式地讀」。

覺得「自己絕對不會被騙」的人，大腦對於詐騙相關訊息會毫無興趣，也認為沒有必要知道，因此就算看了詐騙手法的特集報導，大腦也會自動忽略，完全不留任何記憶。

防止方法：**不帶偏見地接收情報**

瞭解被詐騙的心理原因之後，接下來該怎麼做，才不會上當受騙呢？

方法就是，**先丟掉「自己不會被騙」的偏見**。看到「最近有很多偽裝成親友的詐騙電話」的新聞報導時，不要認為「我才不會上當」，應該要以「原來還有這種詐騙手法！」等中立的角度和立場去接收訊息。

不帶偏見地接收情報。這一點不只針對詐騙，面對電視和網路上的資訊，都應該像海綿吸水一樣接收各種不同角度的情報和意見，而不是一開始心裡就抱著結論。判斷和決定，就等到蒐集了大量情報之後再來決定就好。

還有一點也很重要的是，**在針對某個課題做判斷的時候，必須同時蒐集「贊成」、「反對」、「中立」等3種不同立場的意見**。舉例來說，如果可以從不同立場所寫的書當中各自挑一本來讀，就能不帶偏頗地蒐集到各種情報，做出公正的判斷和決定。

此外，**在蒐集情報時，為了避免發生「濾盆式地看，濾盆式地聽，濾盆式地讀」的現象，記得一定要「打開注意的天線」**。平時就要清楚知道「自己想瞭解什麼？」「哪些是自己關心的重點？」，這麼一來在接收電視新聞和網路資訊的時候，不只輸入的效率倍增，也會記得更清楚。

38 從現在開始,小心成癮症

大家也許都聽過「賭博成癮」,可是瞭解「成癮」的人應該不多。「不瞭解」很可能就會導致自己在沒有察覺的情況下,陷入成癮當中。就像有句話說「未雨綢繆」,只要「瞭解」成癮是怎麼一回事,就能做好預防。

因此,這一節我要為大家說明的就是賭博成癮的相關知識,並且連同其他成癮症來介紹預防的方法。

知識①:治療是必要的

賭博成癮(精神科醫學用詞稱為「賭博障礙症」)意指過度沉迷於賭博中而失去自制力,影響到社會生活和日常生活,必須接受專業治療的狀態。

具體的症狀包括:

■無時無刻心裡只想著賭博
■會因為追求興奮而不斷增加賭金
■即使想戒賭或是減少賭博次數,也辦不到
■沒有賭博就會情緒焦躁不定
■會想要把輸掉的錢贏回來
■會隱瞞賭博的事情,到處借錢
■把借來的錢拿去賭博,最後還不出錢來
■因為賭博而失去工作

知識②：平均每30個人當中就有1人有賭博成癮

根據厚生勞動省為了掌握賭博成癮的實際情況所做的調查（2018年）顯示，一生中曾經出現疑似賭博成癮症狀的人，成人的比例佔了3.6%。

把這個數字對照人口普查的數據，大約相當於320萬人。意思就是說，**大約每30個成人當中就有1人，從以前到現在曾經出現過疑似賭博成癮的症狀。**

順帶一提，在最近一年間疑似陷入賭博成癮狀態的人的比例是0.8%，大約是70萬人。

知識③：平均每3個人當中就有1人容易成癮

同樣的是賭博，為什麼有些人「會上癮」，有些人就「不會上癮」呢？

在成癮症的研究當中，專家們發現了所謂的「遺傳脆弱性」（genetic vulnerability），其中也發現「賭博成癮的遺傳脆弱性＝容易沉迷賭博的基因」。

根據美國密蘇里大學的研究，**平均每3個人當中就有1人有「容易成癮的基因」，每20個人當中就有1人有「極度容易成癮的基因」。**也就是說，對賭博「容易成癮的人」，或者是「極度容易成癮的人」，很可能體內都有著這一類的基因。

有「容易成癮的基因」的人，如果第一次賭博贏了一大筆錢，接下來就會一股腦地陷進去，再也爬不出來。由於每3個人當中就有1人有這種傾向，所以很有可能就是你或是你身邊的人。

另外，研究也發現一個可怕的數據，**家族裡若是有賭博成癮的人，自己出現症狀的機率也會比一般人高出4倍。**

藥物成癮也是一樣，研究也發現對藥物「極度容易成癮基因」的存在。有這種基因的人若是因為一時好奇而使用藥物，恐怕很快地就會變成習慣，最後變成成癮症。

古語說：「君子不立於危牆之下。」（智者會遠離危險）面對賭博和藥物等這一類「容易成癮的快樂」，千萬不能為了好玩而接觸。因為以1/3的機率來看，誰也不敢斷言「自己沒有『容易成癮的基因』」。另外，如果父母都是愛喝酒的人，自己就一定要有堅強的決心千萬不能碰酒。

知識④：賭博和電玩都無助於紓解壓力

愛賭博的人常會說這是為了「紓解壓力」。事實上，賭博單純只是一種「逃避現實」的行為，只是藉由一時的興奮來欺騙自己罷了。

賭博有非常大的機率會「輸」，因此所有的錢都輸光是常有的事。輸光了錢，心情當然會大受打擊，結果非但沒有辦法紓解壓力，反而給自己帶來更大的壓力。

近幾年電玩、手機的成癮現象也逐漸演變成了社會問題。電車上幾乎每個人都在低頭滑手機，可是大家看起來卻都是一臉無聊至極的表情。明明不覺得有趣，卻又不由自主地滑起手機……有這種傾向的人，代表你很有可能就是「手機成癮」的潛在族群。

我的意思並不是要大家「遠離所有容易成癮的事物」，我想表達的是，**不應該以抒發壓力為藉口，而去從事賭博、電玩、手機、藥物（包含酒精）等會成癮的娛樂活動（容易成癮的娛樂）**。

如果是為了要紓解壓力，強烈建議一定要設定時間限制。

■懷疑「自己可能有成癮症……」的時候該做的事

如果懷疑自己或是家人可能有賭博或是藥物等成癮症的話，該怎麼辦呢？

成癮症的特徵之一就是無法靠自己的意志力去控制。既然靠自己一個人的力量無法克服，這時候就需要專家的協助。

人體內有所謂「容易沉迷賭博的基因」?!

3人中有1人
體內有
「容易成癮的基因」

20人中有1人
體內有
「**極度**容易成癮的基因」

　　假如懷疑自己或是家人可能有成癮症，第一件事要做的就是尋求專業協助。現在各縣市政府都有提供成癮症的諮詢管道，只要上網以「成癮治療諮詢」為關鍵字進行搜尋，馬上就能找到相關資訊。

> 休閒娛樂中的「今後生活之道」❷
>
> ## 露營對心理層面帶來的絕佳效果

露營除了可以排解壓力以外，從腦科學的觀點來看，也有很多正面效果。以下就以全家人一起露營為例來說明 4 個腦科學上的正面效果。

效果①：培養「耐心」

根據日本旅行業協會的調查（2001 年），在成年之前和家人一起出遊超過 20 次以上，也就是<u>平均一年家族旅行一次以上的人，在跟人溝通與為人設想方面的能力特別突出，包括「有耐心」、「會為人著想」、「合群」、「善於交際」</u>等。

露營也跟旅行一樣，除了可以獲得開心、感動的體驗，有時候也會遇到突然下大雨或是暴雨之類出乎意料的情況。半夜有可能冷到睡不著，也有可能跌倒擦傷。加上身處在大自然中，難免會有些難受的體驗。**這些小小的忍耐的累積，將有助於培養孩子的「耐心」與「心理韌性」（克服壓力的能力）**。

效果②：提升創造力和記憶力

在前述「提升露營樂趣的 5 種方法」的內容中提到，到從未去過的地方、體驗未曾經歷過的事情，都可以刺激乙醯膽鹼增加分泌。

乙醯膽鹼是一種跟「靈感」有關的神經傳導物質。以最簡單概略的方式來說，**大腦內的乙醯膽鹼濃度高，代表的意思就是「頭腦好」**。順帶一提，失智症病患腦內的乙醯膽鹼分泌明顯比一般人來得少，因此才會造成記憶障礙和認知功能障礙。

帶著孩子一起去露營，孩子一到郊外就會開始撿花草樹枝做東西，追

露營有益心理健康的 **4大腦科學上的效果**

① 培養「耐心」

② 提升創造力和記憶力

③ 擁有更深入的溝通關係

④ 獲得「終極幸福」

著沒有看過的昆蟲四處跑,利用大自然裡的材料玩有趣的遊戲。這種好奇心旺盛的狀態,都有助於刺激乙醯膽鹼增加分泌,而這些體驗也能激發孩子的創造力和想像力。

此外,在山林間奔跑等在大自然中運動,也可以增加 BDNF(腦源性神經營養因子)的分泌(詳細請見「42 從現在開始,透過睡眠和運動預防阿茲海默症」),有助於大腦的發展。

綜合以上內容,透過露營可以激發乙醯膽鹼、BDNF,以及幸福物質多巴胺等各種跟發展大腦網絡、提升記憶力有關的神經傳導物質大量分泌。這些都是坐在家裡書桌前念書絕對不會發生的現象。

效果③：擁有更深入的溝通關係

外出露營或是旅行的時候，在抵達目的地之前，都會有好幾個小時的交通時間。如果是跟家人一起，這段時間就成了跟家人建立溝通的時間。抵達目的地之後當然也會一直在一起，因此跟家人之間的溝通肯定會變得更深入。

露營需要搭帳篷、備料煮飯，以及最後的清理和收帳等，要做的事情非常多。如果可以親子或是兄弟姊妹大家一起分工合作進行，也能成為一種培養合群、團結能力的訓練。

有些父母也許會基於危險，不讓孩子幫忙搭帳篷或是生火。這實在很可惜。給予孩子符合年齡能力的任務，像是撿樹枝、顧火等，都能提升孩子的參與感，有助於培養孩子的積極性和責任感。

效果④：獲得「終極幸福」

到郊外露營，悠閒地身處在大自然中，會感覺心情放鬆，獲得「療癒」。這就是「血清素幸福」（健康的幸福）。

此外，跟家人的溝通變得更深入，親子之間、夫妻之間、兄弟姊妹之間也變得更加親密。這些都是「催產素幸福」（詳細請見「提升露營樂趣的５種方法」）。

因為美麗的風景而感動、成功搭好帳篷、自己煮飯、品嘗美味的BBQ等，這些則屬於「成功的幸福」（多巴胺幸福）。

也就是說，**光是露營就可以一次獲得血清素幸福、催產素幸福、多巴胺幸福等幸福快樂最重要的「３大幸福」**。若說這就是「終極幸福」，一點也不為過。

column 消除對精神疾病的偏見

2023 年 1 月,日本令和新選組參議員水道橋博士辭去了議員的職務。

他在前一年的 11 月公開自己得了憂鬱症,暫時停止職務休假。當時在 SNS 上就出現許多無情的留言,像是「應該立刻辭去議員職務」、「身為國會議員太不負責任了」等。

同樣的情形,2021 年 5 月網球選手大坂直美坦承自己陷入「憂鬱狀態」的時候,日本的 SNS 上也出現各種「都憂鬱症了怎麼還能打球」、「以為說自己是憂鬱症就能得到原諒嗎」等尖酸刻薄的聲音。

這些冷酷發言和嚴厲批評的背後,都存在著一般人對精神疾病根深柢固的偏見。

■反對意見約佔 15%

為了知道對精神疾病的偏見是少數人才有的想法,還是大部分的人共同的觀念,我在我自己的推特上做了一份調查(有效回答人數為 723 人)。

我把調查的結果做成了 267 頁的圓餅圖,其中雖然有大約 2/3(67.4%)的人認為「因為精神疾病而停職也是迫不得已」,可是持反對意見的人數,包括「應該辭去議員職務」(12.9%)和「身為國會議員太不負責任了」(2.5%),合計就佔了 15% 以上。這樣的比例算「少」嗎?還是該說算「多」呢?我個人覺得是後者。

■每個人都很有可能面臨到精神疾病

會對精神疾病說出這種冷酷發言的人,應該都以為「自己不會有精神疾病」吧。以為只有心靈軟弱的人,才會罹患精神疾患,自己的內心堅強,不可能會得到精神疾病。可是,這種觀念是錯誤的。

就如同在「36 從現在開始，適度地『宣洩壓力』」一節提到的，精神疾病的終生盛行率大約是 20%，意思是每 5 個人當中就有 1 人一生中至少會有 1 次到精神科求診，被診斷出某種精神疾病的經驗。

根據 2020 年發表的一份研究指出，**有 86% 的人在 45 歲之前，至少會有一次符合憂鬱症或是躁鬱症、恐慌症等某種精神疾病的診斷標準**。這個數字也包含了沒有到醫院求診的人。

換句話說就是，每個人都有罹患精神疾病的可能，因此要瞭解，在漫長的人生中，自己或是身邊的人都有很高的機率，會面臨到精神疾病的問題。

■ 7 成的人沒有跟任何人透露就結束自己的生命

在 102 頁也有提到，根據一份針對日本自殺者的調查，大約有 2/3 的人在自殺之前完全沒有跟任何人透露自己的狀況。煩惱都已經嚴重到「想死」的地步了，卻完全沒有跟任何人傾吐，就這樣突然結束自己的生命。假使這些人嘗試過找人傾吐，也許事情就不會演變成自殺這種最糟糕的結果。

這些人深受煩惱所苦，卻不找人傾訴的原因有很多，其中之一就是因為不想讓人知道自己有精神疾病。他們害怕一旦被人知道，就必須忍受他人冷漠的眼光，或是受到「不想跟這種麻煩的人往來」的對待。

水道橋議員鼓起勇氣坦承自己的「憂鬱症」，可是換來的卻是 SNS 上冷酷無情的留言、猛烈攻擊、誹謗、中傷……看到這些，有類似煩惱的人當然就會覺得「絕對不想讓人知道自己的精神疾病」。

在疫情期間，日本的演藝圈陸續發生知名演員和藝人自殺的不幸事件。演員和藝人的工作都跟個人形象有關，所以通常生了病都會想辦法盡量隱瞞。如果上醫院或是跟身邊的人說，都有可能會因此走漏消息，所以也會盡量避免。

這樣造成的結果就是「難過」、「痛苦」的負面情緒不斷累積、變得更嚴重，最後像膨脹過度的氣球一樣應聲爆裂。最糟糕的情況就是以自殺的方式公諸於世。

推特上的問卷調查

據報導指出，令和新選組參議員水道橋博士因「陷入憂鬱狀態」，決定暫時停止職務休假。對此你有什麼看法？請從下列選項中選擇最接近的答案。

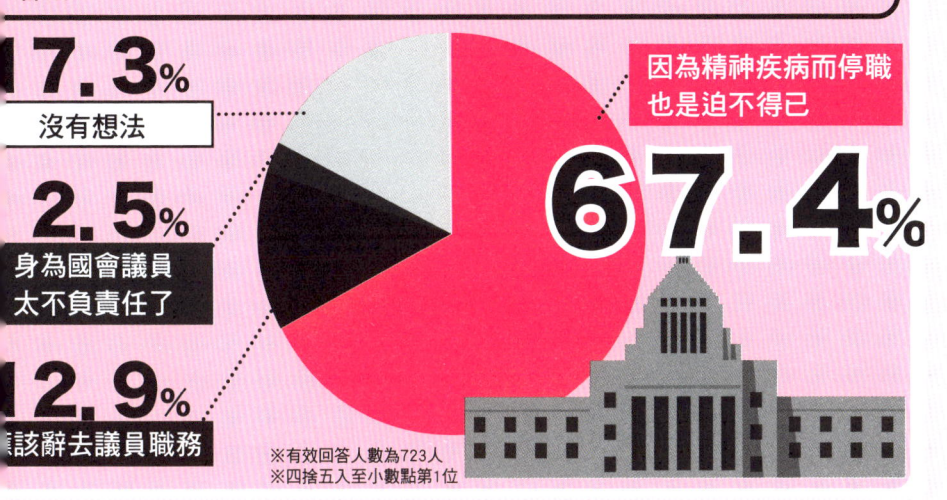

17.3% 沒有想法

2.5% 身為國會議員太不負責任了

12.9% 應該辭去議員職務

67.4% 因為精神疾病而停職也是迫不得已

※有效回答人數為723人
※四捨五入至小數點第1位

■ 光靠毅力和幹勁一點用也沒有

以下是我一位病患的例子。

他跟公司的主管要求：「我的精神狀態不是很好，可以讓我請幾天年假嗎？」得到的回答竟是：

「現在這種時候人手本來就已經不夠，你跟我說要請假是怎樣！我是絕對不可能准假的！給我想辦法打起精神來！你就是因為精神太懶散才會生病！」

精神狀態不好，卻沒辦法休息。最後，這個病患就這樣演變成憂鬱症。

憂鬱症並不是因為「沒有毅力」或是「精神懶散」才生病，而是體內缺乏血清素等神經傳導物質才引發疾病。

靠毅力和幹勁根本沒有辦法增加血清素的分泌，可是社會上卻高舉著「昭和根性論」的旗幟，以職務權力欺壓下屬的上司仍舊不計其數。

遇到問題就找人商量。覺得精神疲憊就跟公司請假。這樣才有辦法從「難過」和「痛苦」的狀態中慢慢地重新再站起來。

　但是，現在的日本卻不允許人這麼做，因為還有很多人認為會有精神疾病都是因為「沒有毅力」、「精神懶散」所導致。

　若是這些人可以改變觀念，拋開對精神疾病的偏見，我們每個人肯定可以活得更開心，自殺的人應該也會大幅減少。

　為了實現這樣的社會，你我可以做到的第一步，就是從自己開始，拋開對精神疾病的偏見。

第5章

今後時代「擁抱健康」的生活

39 從現在開始，適量飲酒不酗酒

各位聽過「少量飲酒有益健康」的說法嗎？網路上還有個網站告訴大家「比起滴酒不沾的人，少量飲酒的人生病的風險比較低」，「少量飲酒有助於長壽」。

關於心肌梗塞和腦中風等幾個少數疾病的預防，「少量飲酒能降低發病風險」。這種飲酒量和發病率的關係若用曲線來表示，會呈現字母「J」的形狀，因此稱為「J曲線」。

但是，像是高血壓和癌症等大部分的疾病，發病率會隨著飲酒量增加而跟著攀升。綜合所有疾病的數字來看，酒喝得愈多，疾病的發病率和死亡率也會跟著愈高。

因此，**「少量飲酒有益健康」的說法，算是以前錯誤的常識。**

新常識①：酒精是睡眠的大敵

很多人都以為「喝酒會比較好睡」，或者也有人會說「睡前喝一杯酒會睡得比較好」。這也是大錯特錯的觀念。

喝酒確實可以縮短入睡的時間，可是酒精的藥理作用會影響睡眠的後半段及快速動眼期睡眠，導致**很容易睡到半夜或是在一大早就醒來，整體的睡眠時間變短了。**

可見酒精非但無助於睡眠，反而可以算是造成睡眠障礙的主因。

新常識②：「喝酒能舒緩壓力」是騙人的！

我在前述內容中已經說過，「喝酒能舒緩壓力」是錯誤的觀念。

喝酒會使得壓力荷爾蒙皮質醇增加分泌，而且長期飲酒也會造成抗壓性變弱，增加「抑鬱」的風險。**有「憂鬱傾向」的人如果每天喝酒，憂鬱症的風險會大幅提高。**

「最近心情不太好，喝點酒來一掃陰霾，提振一下精神吧！」這也是錯誤的常識。因為壓力造成情緒低落、出現「憂鬱傾向」的人，更不應該靠喝酒來抒發壓力！倒不如快去睡覺才是最有效的辦法。

■聰明飲酒的5種方法

現在一般人的觀念都知道「不喝酒才是對健康最有益的作法，酒喝得愈多，對健康的影響愈大」。的確，不喝酒對健康最好，可是就算你告訴喜歡喝酒的人「滴酒不沾最健康」，他應該也戒不掉吧。既然如此，接下來我就介紹大家 5 種聰明喝酒的方法。

方法①：提醒自己飲酒要適量

「飲酒適量」的意思是，少量飲酒對健康的影響不會太嚴重。

不會造成生活習慣病風險大幅上升的飲酒量為每天少於 20 克純酒精，1 週不超過 100 克。**相當於每天 1 罐 500 毫升的啤酒。**

有人也許會說「這麼少怎麼可能喝得過癮！」，不過，如果過去是每天喝酒的人，應該把飲酒量調整為以「週」為單位。

也就是說，假如改成每隔一天喝一次，每次就能喝到 2 罐啤酒的量，而且還沒有超出適量的範圍。這樣的話，應該就不會覺得喝太少了吧。

方法②：不要每天喝酒

說到喝酒跟健康的關係，大家很容易把焦點擺在「量」上，不過我認為比起量，「每天喝酒」對健康造成的危害更大。因為每天喝酒會讓肝臟沒有時間休息，對肝臟造成非常大的負擔。

此外，如果每天喝酒，導致體內長期處於有酒精的狀態，一旦大腦習慣之後，就會加速酒精成癮的發生。而且會變得更想喝酒，飲酒量也會增加。

因此，聰明喝酒非常重要的一點就是，**每個星期至少要有 2 天的休肝日（完全不喝酒）**。

方法③：不喝「睡前酒」

睡前飲酒會影響睡眠品質，換句話說，喝睡前酒（為了好睡而喝酒）是最糟糕的習慣。

不過，喝完酒經過 2 個小時以上，體內大部分的酒精就差不多都能全部代謝掉，因此，若是將喝酒時間往前提，跟晚餐一起進行，就能降低對睡眠造成的影響。

另外，**多喝水能加速酒精代謝，隔天也比較不容易宿醉**。

方法④：大家一起邊聊天邊喝酒

喝酒無法舒緩壓力，所以不應該為了排解壓力而喝酒。但是，酒也是社交的潤滑劑，大家一起邊聊天邊開心喝酒倒也無妨。**自己一個人喝酒，很容易會愈喝愈多**。

方法⑤：小心高濃度酒精飲料

這幾年市面上出現很多酒精濃度高達 9% 的「Strong 系列的燒酎調酒（Chu-Hai）」，價格實惠又能喝醉，CP 值非常高，深受上班族和學生的歡迎。

但是，這種高濃度酒精飲料其實非常危險，我一點也不推薦。

小心提防高濃度酒精飲料！

高濃度酒精飲料
（酒精濃度9%）

威士忌
（酒精濃度40%）

1罐 500毫升 ＝ 純威士忌（30毫升）3.75杯

3罐 ＝ 1瓶（700m毫升）約 $\frac{1}{2}$ 瓶

　　酒精濃度9%的高濃度酒精飲料一罐（500毫升）的純酒精量，若是換算成威士忌（40%），就相當於3.75杯不加水稀釋的純威士忌那麼多。

　　有些人一天甚至會喝到3罐，**3罐的純酒精量就相當於337.5毫升的威士忌**，幾乎等於半瓶的分量了。每天都這麼喝的話，就算酒精成癮也一點都不奇怪。喜歡在家喝酒的人，記得盡量避免喝高濃度酒精飲料。

40 從現在開始，透過優質睡眠改善自律神經

夏日疲勞症候群是因為自律神經紊亂所造成。自律神經由交感神經和副交感神經組成，交感神經是主掌活動的「白天的神經」，副交感神經則是掌管休息的「夜晚的神經」。藉由順利切換白天和夜晚來轉換交感神經和副交感神經的作用，就是維持健康的祕訣。

然而，夏天炎熱的溫度會打亂這種調節功能，造成身體感覺倦怠、疲憊、失眠、食慾不振、無精打采、拉肚子或便祕、水腫等各種夏日疲勞症候群。

預防夏日疲勞症候群必須要靠改善自律神經，確實做到白天和夜晚的切換。而要做到這一點，最重要的當然就是「睡眠」。

因此，這一節要介紹的就是 6 個擁有優質睡眠的方法。

方法①：晚上冷氣開著不關，比定時關機好

夏天太熱睡不著，如果把冷氣溫度設定得很低，睡到半夜身體就會覺得太冷，有人還會因此感冒。所以很多人都會利用定時開關的功能，讓冷氣在半夜自動關機。根據大金工業的調查，有 53.1% 會使用冷氣機的定時開關功能，23.5% 的人則是整晚開著冷氣直到早上。

有研究針對冷氣溫度設定為 26 度，睡著之後 2 個小時自動關機的「定時關機派」，跟溫度設定為 28 度，一整晚都不關直到隔天早上的「開著不關派」，比較兩者的睡眠品質。得到的結果是，「開著不關派」的人睡得比較沉，睡眠品質比較好。

想要睡得深沉，**人體的「深層體溫（身體內部溫度）必須下降 1 度」**。「定時關機派」的人在冷氣關機之後，隨著房間溫度上升，皮膚

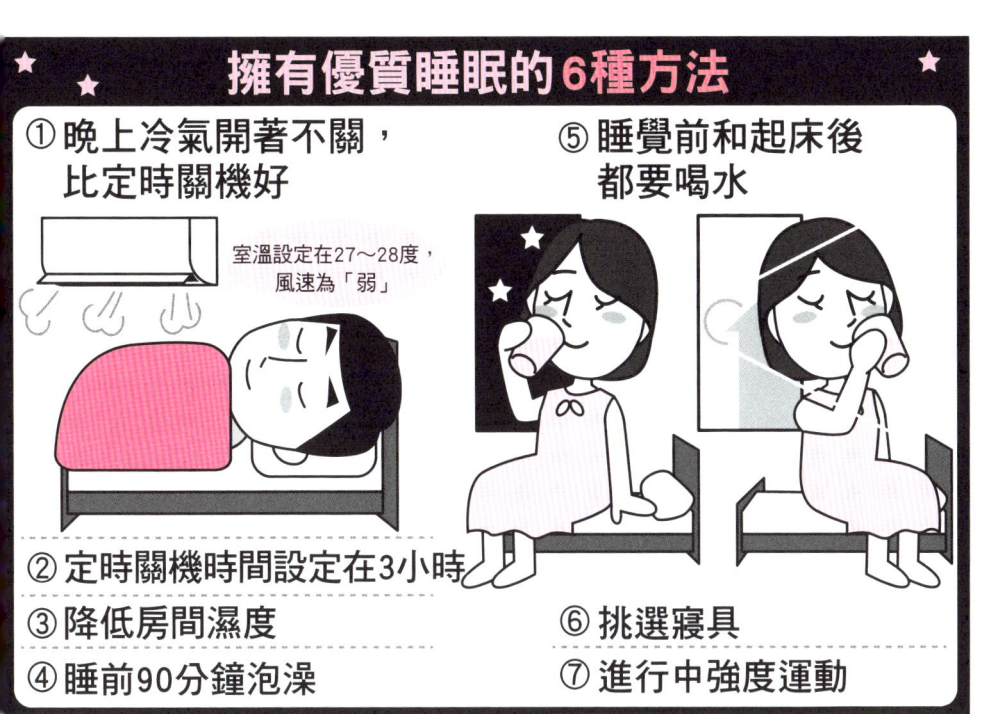

擁有優質睡眠的6種方法

① 晚上冷氣開著不關，比定時關機好
　　室溫設定在27～28度，風速為「弱」
② 定時關機時間設定在3小時
③ 降低房間濕度
④ 睡前90分鐘泡澡
⑤ 睡覺前和起床後都要喝水
⑥ 挑選寢具
⑦ 進行中強度運動

　　溫度（體溫）也跟著上升，緊接著深層體溫也會跟著變高，導致人在半夜就醒來。

　　晚上睡覺冷氣若是開著不關，溫度最好設定在 27～28 度左右，風量設定為「靜音（弱風）」。

方法②：定時關機時間設定在3小時

　　有些人即使冷氣設定成「溫度較高，整晚開著不關」，可是睡到半夜就會覺得冷、不舒服，所以還是習慣「定時關機」。如果是這樣，不妨把冷氣設定在最適當的時間關機。

　　很多人都會設定1個小時就關機，這樣的時間太短了，建議可以設定3個小時。

人的睡眠以大約 90 分鐘為一個周期，剛入睡的第一個周期睡得最沉，這個時候也是生長激素分泌最多的時期。生長激素是消除疲勞不可或缺的要素。

如果冷氣設定 1 小時就關機，第一個 90 分鐘的周期才進行到一半，體溫就會上升而影響到睡眠。如果設定成 3 小時，等於 2 個 90 分鐘的周期，這對於藉由睡眠消除疲勞的效果來說，已經相當足夠了。

方法③：降低房間濕度

大家都會注意睡覺時的溫度，可是意外地經常都會漏掉「濕度」。濕度太高的話，體感溫度就會上升，讓人感覺不舒服，影響到睡眠。冷氣機如果有除濕功能，記得在睡覺前要先開除濕。

不喜歡冷氣整晚開著不關的人，只要**在睡前開啟除濕功能，讓房間的濕度降低**，就能幫助睡眠。

方法④：睡前90分鐘泡澡

有些人會說「泡澡當然是睡前再泡」、「早上泡澡才舒服」，可是，在上床睡覺前 90 分鐘泡完澡這種「睡前 90 分鐘泡澡」的作法，可以讓晚上睡覺睡得更沉。這是睡眠學權威，史丹佛大學的西野精治教授所提出的方法。

舉例來說，假設想在晚上 11 點入睡，在 9 點半之前泡好澡，到 11 點上床睡覺剛好就是 90 分鐘。泡澡的水溫可以設定在 40 度左右，大約泡 15 分鐘即可。

上述內容中有提到，想要進入深層睡眠，必須讓深層體溫（身體內部溫度）下降約 1 度才行。泡完澡之後，皮膚溫度會透過蒸發散熱慢慢下降，緊接著深層溫度也會跟著下降。換言之，在睡前 90 分鐘泡完澡，到了要睡覺的時候，深層體溫正好下降約 1 度，是最適合入睡的狀態，很快就能

進入深層睡眠，促使身體大量分泌生長激素。

生長激素也可以稱為「消除疲勞的荷爾蒙」，可以消除肌肉疲勞，提高新陳代謝，讓肌膚充滿彈性光澤，是功效非常多的健康激素。

至於泡澡的溫度，夏天以 38～40 度最恰當。喜歡泡 42 度以上熱水的人，建議可以把泡澡時間往前移，在睡前 2 小時泡完澡，因為體溫下降需要更多的時間。

有時候因為加班等緣故太晚回家，泡完澡之後會很想馬上窩進棉被裡睡覺。可是，由於這時候的體溫還處於高點，所以就算上床也很難入睡。基本上泡澡都可以幫助睡眠，但是泡完熱水澡就直接睡覺，反而會導致睡不著。

夏天也有人喜歡泡冷水澡，但是我不建議這種作法。如果是在中午大熱天的時間，泡冷水澡或是沖冷水浴倒無妨，可是如果是在晚上睡前這麼做，會導致汗腺收縮，體內的熱氣排不出去，反而阻礙了深層體溫的下降。

另一個原因是，泡冷水澡和沖冷水浴都會造成交感神經（白天的神經）處於優位，所以睡前最好還是避免這麼做，才不會影響到睡眠。

相反地，我也很推薦在早上泡冷水澡或是沖冷水浴，因為透過這樣啟動交感神經，可以讓自律神經維持在平衡的狀態。我每天早上也都會沖個 1 分鐘的冷水浴，沖完澡之後人會比較清醒，大腦也會變得更清晰。

方法⑤：睡覺前和起床後都要喝水

人在睡覺的時候，身體流失的水分大概會有一個水杯的分量（約 250 毫升），夏天悶熱的晚上，甚至也有人會流失 2 水杯以上的水分。這種時候，如果沒有充分攝取水分，就可能會導致身體脫水。

事實上，**夏天的中暑有 4 成都是發生在半夜**，腦中風也是最容易發生在 6～8 月的夏天，睡眠中及早上起床之後的 2 小時內。這些都是因為脫水造成血液變濃稠，容易阻塞血管的緣故。

想要預防這些情況發生，「睡覺前」和「一起床之後」一定要記得喝一杯水。只不過，睡前喝酒或是咖啡、茶等，這些都不能算是水分，因為咖啡和茶有利尿作用，會導致體內水分轉變成尿液排出，反而成了脫水的原因。

不只睡前和起床之後要馬上喝水，夏天的白天也應該要定時攝取水分。除了能預防脫水和中暑以外，也能預防夏日疲勞症候群。

方法⑥：挑選寢具

各位覺得造成睡不著的最大原因是什麼呢？

室溫當然也有關係，不過其實最大的原因是出在自己的體溫。人體的體溫通常大約都在 36 度上下。室溫不管再怎麼高，半夜幾乎都不太會超過 36 度。

到頭來，自己的體溫（熱）經由棉被和毯子、床墊等寢具的傳導，最後又回到自己身上。因此，如果冷氣開得很強還是睡不著，原因就在於自己的體溫。

近來市面上有各種主打能提升睡眠品質的寢具，當中我個人最中意的是「溫冷水床墊」。這是一種可調溫的冷水式床墊，只要把溫度設定在 26～27 度，躺起來背部就會感覺涼爽舒適，又不會像冷氣那樣讓人冷到感冒，可以一覺熟睡到天亮。

最近坊間還出現熱傳導效率高的「涼感」床墊和氣冷式床墊等寢具，很多價格都不低。不過，如果可以晚上睡得香甜，好讓自己白天能夠充分發揮工作效率，我認為也不失為一項合理的投資。

方法⑦：進行中強度運動

有夏日疲勞症候群傾向的人，就要小心注意自己是不是缺乏運動了。出現夏日疲勞症候群而感覺疲憊、不想動的時候，更要做一些中強度運動

來讓自己流流汗。像是「快走」和「上下階梯」等，每天做 30 分鐘這種中強度的有氧運動，可以促使生長激素大量分泌。生長激素可以幫助消除疲勞，還能改善睡眠品質。

晨間散步能刺激血清素增加分泌，血清素具有抑制焦躁、穩定心情的作用，「容易焦慮」的人，不妨在中午之前找時間散步 15 分鐘。

41 從現在開始，為延長健康壽命努力

2023 年 NHK 大河劇的主角德川家康，去世時是虛歲 75 歲（實歲 73 歲）。以當時的平均壽命 35～45 歲來看，大約是一般人的 2 倍長，在當時可以算是相當長壽了。

家康在收服豐臣秀吉的時候已經高齡 74 歲了。說到家康，最有名的一句話就是「鳴かぬなら鳴くまで待とう時鳥」（倘若杜鵑不叫，我就繼續等到牠叫為止），可以看出他是個「有耐心」的人。可是除此之外，要是沒有「健康」和「長壽」，恐怕也無法等到一統天下的一天。

家康維持健康壽命的祕訣到底是什麼呢？接下來就讓我們來一探究竟吧。

原因①：積極學習健康知識

大家都知道家康是個「健康阿宅」，平時就非常積極學習健康的生活習慣，預防疾病。

家康很喜歡讀《和劑局方》和《本草綱目》等從中國取得的中醫醫學書籍和藥學書籍，據說會自己將藥物做製劑、調整來服用。而且精通醫學知識，有時甚至還能說倒侍醫。

家康身邊有個親信叫做天海上人，據說一生總共侍奉了秀忠、家康、家光三代將軍，享年 108 歲。想必家康應該有從他身上獲得健康長壽的祕訣。家康的健康術以當時來說，肯定是最先進的。

家康去世於 1616 年，可是有軼聞指出，在關原之戰當時（1600 年）的家康據說非常胖，胖到沒有辦法自己穿褌（日本傳統內褲），必須靠侍

德川家康健康長壽的7大原因

一、積極學習健康知識

二、麥飯、糙米飯、一湯一菜的飲食習慣

三、吃東西細嚼慢嚥

四、生活規律

五、睡眠充足

六、每天運動的習慣

七、好奇心旺盛

女幫忙綁好褲繩。肖像畫中的他也的確身材相當魁梧。

此外,也有一說是家康其實有糖尿病。很有可能就是因為這些肥胖和疾病造成身體狀況差的失敗經驗,才讓他後來變成一個「健康阿宅」。

原因②:麥飯、糙米飯、一湯一菜的飲食習慣

據說家康平時的飲食很喜歡一湯一菜的簡單形式,大部分都是以麥飯、糙米飯配上料多的味噌湯。很多食材都是以「粗食」的方式呈現,可以均衡攝取到豐富的營養素,算是相當極致的健康飲食。光是糙米就含有豐富的維生素和礦物質,膳食纖維甚至是白米的6倍之多。

有研究指出,**日本人之所以能以長壽聞名世界,原因就在於一湯一菜的傳統日本飲食**。只不過,自從日本人的飲食生活也開始頻繁出現高

油脂的東西和垃圾食物之後，將來是否還是維持長壽的平均壽命，就是未知數了。

維生素和礦物質雖然富含於蔬果當中，可是在家康的時代，通常只能從當季蔬菜來攝取，難免會有季節上的差異。針對這一點，只要每天的主食改吃麥飯或是糙米飯，就能一整年都確實攝取到足夠的維生素和礦物質。順帶一提，我自己也是每天吃糙米飯。

身為一統天下的將軍，家康當然吃得起比麥飯和糙米飯珍貴的白米飯，但是從他選擇麥飯和糙米飯作為主食來看，可見比起滋味和奢華，他更重視的是營養。

原因③：吃東西細嚼慢嚥

家康生前將自己的健康術寫成了一篇「健康十訓」，其中第一條寫的是：

「一口、四十八回噛む」

意思是每一口食物都要咀嚼 48 下才吞進肚子裡。簡單來說就是細嚼慢嚥。

當時的麥飯用的不是押麥（大麥蒸熟後乾燥而成），因此可以想見應該不易咀嚼。從家康常以麥飯和糙米為主食這一點來看，跟「細嚼慢嚥」的飲食方法正好吻合。

細嚼慢嚥可以刺激神經傳導物質血清素增加分泌，能穩定情緒，提升專注力，使得工作效率更好。

細嚼慢嚥對於失智症的預防也很有效，因為咀嚼會給大腦帶來適當的刺激，發揮防止老化的效果。相反地，因為存留齒太少等原因而無法細嚼慢嚥的人，失智症的風險會比一般人來得高。

順帶一提，「無法咀嚼」和「無法吞嚥」都是老化的初期徵候。這在醫學上稱為「口腔衰弱」（oral frailty，指牙齒和口腔功能變差）。東西咬不動、無法吞嚥的人，由於沒辦法好好吃東西攝取營養，因此急速老化，吸入性肺炎導致死亡的機率也會提高。

原因④：生活規律

《江戶時代圖誌》（赤井達郎著）裡詳細描述了家康平時一整天的生活樣貌。

根據內容，家康每天早上 6 點起床，洗臉、穿好紋服後，會先至佛前禮拜，隨後才整理頭髮。接著在數名醫生的把脈檢查之後，8 點左右吃早餐。早上的活動大多是研讀經書和練武，中午吃完飯後會利用休息時間處理政務。傍晚若有閒暇時間，就會做一些歌謠、騎馬之類的興趣娛樂，洗完澡之後 6 點吃晚餐。接著會再處理一些公事，晚上 9 點上床睡覺。

從這些內容可以知道，家康**奉行早睡早起，每天固定時間就寢，固定的時間起床，生活相當規律**。

睡覺、起床時間不定、熬夜等不規律的生活習慣都會打亂生理時鐘，影響健康。規律的生活才能為自己帶來健康長壽。想必身為健康阿宅的家康應該也很清楚這一點。

原因⑤：睡眠充足

家康每天晚上 9 點上床睡覺，隔天早上 6 點起床，等於每天都有 9 個小時的睡眠時間，相當充足。

順帶一提，家康共有 16 個小孩，最小的在他 66 歲的時候才出生，可見他體力和精力的過人之處。

原因⑥：每天運動的習慣

家康精通各種武術，箭術、馬術，就連射擊砲術也相當優秀。說到德川家，更不能不提柳生新陰流的劍法。在上述家康一天的生活中可以發現，他在中午之前都會練武，表示他有每天運動的習慣。

除此之外，家康也很喜歡獵鷹，就算 70 幾歲也仍然興趣不減。獵鷹活動在某方面來說屬於軍事訓練之一，可見家康的體力相當驚人。

原因⑦：好奇心旺盛

好奇心旺盛、熱愛新事物的家康，很喜歡到處發掘日本各地的健康美食，像是八丁味噌、奈良漬物、山葵、折戶茄子、草加煎餅、佃煮等。

一直重複同樣的事情，會使得大腦逐漸退化。**對新事物抱持興趣，會刺激神經傳導物質乙醯膽鹼的分泌，可是一旦罹患失智症，乙醯膽鹼的分泌量就會減少。**換言之，對新事物抱持興趣和關注，並且勇於挑戰嘗試，可以讓大腦常保年輕。

我在拙作《自造幸福》（原書名：精神科　が見つけた 3 つの幸福）一書中不斷強調**血清素幸福（健康的幸福）、催產素幸福（聯繫的幸福）、多巴胺幸福（成功的幸福）三者平衡的重要性**。奉行一切健康習慣的家康，擁有堅不可摧的血清素幸福，再加上膝下有 10 男 5 女等眾多子女，想必也感受到滿滿的催產素幸福。另外，一統天下的成就，肯定也為他帶來了多巴胺幸福。

現今的日本人動不動就因為忙於工作而犧牲了健康，可是，如果想在事業上達成目標、獲得成功，應該要先擁有「健康」作為堅固的根基才對。在人生百年時代的現今，就算活得久，要是長期臥床不起或是失智纏身，也算不上是幸福。我們要追求的應該是年過古稀還能行動充滿活力的健康

壽命，而不是只有延長平均壽命而已。為此，一統天下的家康一生所奉行的健康術，對你我應該都非常有幫助。

42 從現在開始，透過睡眠和運動預防阿茲海默症

2023 年 1 月，FDA（美國食品藥物管理局）核准了日本衛采（Eisai）與美國百健（Biogen）共同研發的阿茲海默症新藥「Lecanemab」（藥品名稱 Leqembi）。衛采也已經向日本厚生勞動省提出申請，希望「Lecanemab」也能在日本使用。

「Lecanemab」跟同為衛采與百健共同研發的阿茲海默症藥物「Aducanumab」一樣，能夠清除大腦中的 β 類澱粉蛋白（β-Amyloid），也就是一般認為會導致阿茲海默症發生的原因物質。

事實上，我早在 25 年前就做過 β 類澱粉蛋白的研究了。當時我每天透過顯微鏡觀察以 β 類澱粉蛋白的抗體染色後的阿茲海默症腦組織，還將研究結果寫成博士論文，獲得醫學博士的學位。

當時，阿茲海默症的新藥（抗 β 類澱粉蛋白抗體）研究才剛起步，連臨床試驗都還沒有。如今新藥獲得核准，研究終於有了成果，不禁讓人感慨良多。

■新藥真的能抑制阿茲海默症的惡化嗎？

研究證實，在阿茲海默症的腦組織當中，有所謂「老人斑」（senile plaques，老年斑塊）的 β 類澱粉蛋白沉積。

β 類澱粉蛋白具有非常強烈的神經毒素，不斷沉積之下，就會殺死腦部的神經細胞，造成腦細胞慢慢減少，大腦逐漸萎縮，最後出現「記憶障礙」等各種症狀。

如今的醫學已經找出阿茲海默症的發病原因，其中最主要的原因之一，就是「β 類澱粉蛋白的沉積」。

換言之，若是能阻止 β 類澱粉蛋白的沉積，也許就能阻止阿茲海默

症引起的失智症狀繼續惡化下去。於是，「清除 β 類澱粉蛋白也許能改善阿茲海默症的症狀」的假說便成立了。

「Aducanumab」和「Lecanemab」就是根據這樣的假說而研發出來的藥物。研究證實，這些對抗 β 類澱粉蛋白的抗體藥物特別容易跟腦內沉積的 β 類澱粉蛋白結合，確實達到減少 β 類澱粉蛋白的效果。

■「Aducanumab」和「Lecanemab」的問題點

「Aducanumab」曾經做過兩次大規模臨床試驗，其中一次的結果認知功能的衰退速度減緩了22%，可是在另一次的試驗結果當中，整體平均下來，認知功能看不出有任何明顯的差異。

對於在臨床上沒有明顯效果的「Aducanumab」最後仍獲得 FDA 的核准，研究學者們開始出現批評的聲音。不只如此，「Aducanumab」用藥一年的費用，以日圓來計算就高達 600 萬，這一點也同樣引起爭議。

至於後來問世的「Lecanemab」，在臨床試驗的結果當中，認知功能的衰退速度減緩了 27%，可是使用藥物的病患有 17.3% 出現腦出血症狀，12.6% 有腦水腫。

同樣地，藥一年也需要花費高達 340 萬日圓，雖然比起「Aducanumab」已經減少了將近一半，可是還是非常昂貴（在日本屬於健保用藥）。

■最重要的是「預防」！

雖然「Aducanumab」和「Lecanemab」這兩種治療阿茲海默症的藥物都還存有不少問題和爭議，但是站在病患家屬，或者是擔心自己可能發病的人的立場來說，當然會希望這些藥也能盡早在日本上市。

可是，並不是使用了這些藥，阿茲海默症就能獲得痊癒。也就是說，**一旦罹患阿茲海默症，就沒有辦法阻斷病程進展**（不可逆）。

不過，如果只是「**輕度知能障礙**」（MCI），也就是阿茲海默症的前

驅症狀，是有可能恢復健康的（可逆的）。

　　阿茲海默症如果等到發病了才來著急，一切都已經來不及了，所以「預防」工作一定要確實做好。不論是自己或是家人，都必須確實做到失智症的預防，這一點非常、非常重要！

　　所以，接下來我要針對阿茲海默症等所引發的失智症，跟大家介紹 2 個最重要的預防方法。

預防方法①：每天睡滿7小時

　　西班牙馬德里康普頓斯大學的研究指出，**比起平均睡眠時間 7 小時的人，每天睡不到 6 小時的人失智症的罹患風險高出 36%**。

　　日本國立長壽醫療研究中心的研究也發現，75 歲以上的人，晚上 11 點以後才上床睡覺的人，失智症的發病風險比晚上 9～11 點入睡的人高出 1.83%。

　　由此可知，充足的睡眠就是消除 β 類澱粉蛋白最簡單的方法。

　　人類的大腦有個「清掃」系統，會把每天堆積在腦內的老廢物質排出。晚上睡覺的時候，腦內的神經膠細胞（glial cell）會收縮 60%，使細胞之間出現間隙，腦脊髓液便順勢流入細胞間隙中，將 β 類澱粉蛋白等大腦的老廢物質沖走。與其說是清掃，其實比較像是每天晚上用噴射水柱清洗大腦。

　　只要每天確實睡飽，阿茲海默症的原因物質 β 類澱粉蛋白就會在睡覺時被徹底消除。相反地，睡眠時間太短就會造成 β 類澱粉蛋白容易沉積。換言之，睡眠不足會加速阿茲海默症的發生。有研究顯示，有睡眠障礙的人比起一般人，阿茲海默症的發病風險高出 4～5 倍。

　　在阿茲海默症發病之前的大約 20 年左右，β 類澱粉蛋白就開始在大腦沉積了。也就是說，60 幾歲發病的人，其實從 40 幾歲開始 β 類澱粉

阿茲海默症的病程進展

認知功能

大腦
超早期
β 類澱粉蛋白沉積

輕度知能障礙（MCI）

阿茲海默症
大腦萎縮

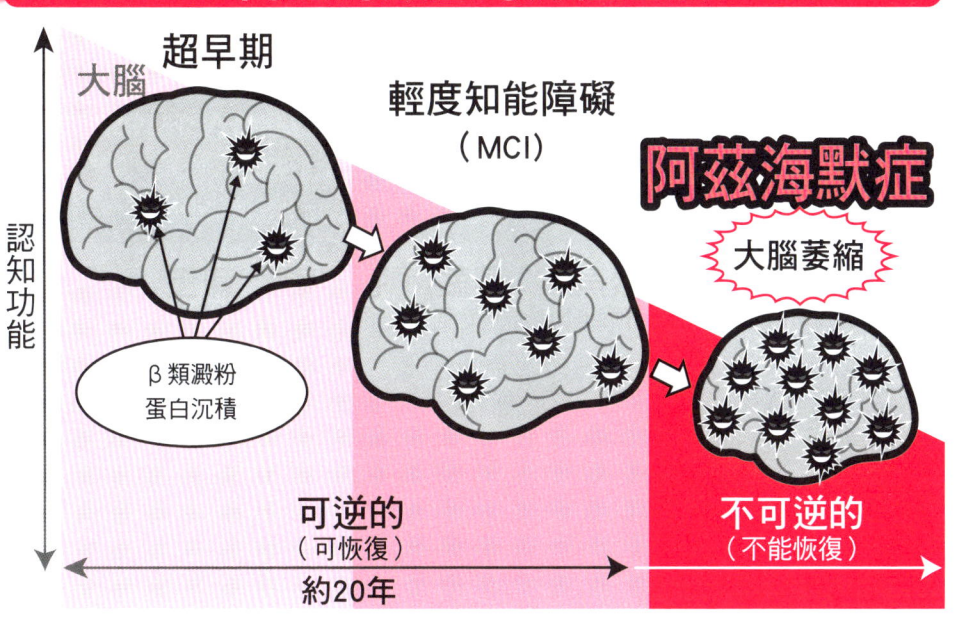

可逆的（可恢復） ← 約20年 → 不可逆的（不能恢復）

蛋白就在大腦不斷沉積。假設各位在 40、50 幾歲的時候天天睡眠不足的話⋯⋯這筆帳在 20 年後就會回到自己身上了。

預防方法②：每天散步30分鐘

芬蘭的研究發現，**從中年期開始每星期從事 2 次以上會稍微流汗的運動（中強度運動），每次 20～30 分鐘，20 年後罹患阿茲海默症的風險會減少三分之一**。也有其他研究結果顯示，每星期 2 小時，或者是每天 20 分鐘的有氧運動，可以使失智症的風險降低至一半以下。

從事有氧運動能促使 BDNF（腦源性神經營養因子）增加分泌。BDNF 簡單來說就是「大腦的肥料」，會促進神經細胞的發生和生長、再生，抑制神經細胞死亡，活化大腦，使大腦充滿活力。阿茲海默症病患大

腦中的 BDNF 濃度普遍都偏低。

運動能活化大腦，預防阿茲海默症，而且每天只要 20 分鐘就足夠，不需要長時間的激烈運動。舉例來說，上下班的時候改用快走的方式，就能達到預防阿茲海默症的效果。

年紀大的長輩會因為膝蓋痛或是腰痛而排斥出門。不過就算麻煩，也要勉強自己試著出門走走，像是到附近的超市買東西等，這樣就能算是很好的運動。家裡如果有長輩，回老家的時候也可以帶長輩外出買東西或是散散步，達到預防阿茲海默症的效果。

預防阿茲海默症的方法除了這 2 個以外，其他還有「避免孤獨（增加人際交流）」（40 頁）、「學習」、「預防高血壓和糖尿病」等方法。

數字中的「今後生活之道」

早期發現失智症的 5 大警訊

■可以預防陷入照護地獄的人，就是你自己

根據厚生勞動省所公布的各年齡層失智症盛行率，70 歲以上每 25 人當中就有 1 人有失智症，80 歲以上為每 5 人當中有 1 人，90 歲以上為每 5 人當中有 3 人。換言之，活得愈久，失智症的風險愈高。

看到這個數據，你也許會說「得失智症是沒辦法的事情」。可是，近年來醫學已經解開失智症的發病原因，關於預防方法也已經有了非常多的研究結果。

當中效果最好的預防方法就是，**「每天運動 20 分鐘以上」**和**「充足的睡眠」**，另外還要再加上**「早期發現」**。

失智症是不可逆疾病，一旦發病就不可能治癒，病症只會愈來愈惡化。

但是，**若是能在失智症前驅期的「輕度知能障礙（MCI）」階段及早發現，就能藉由運動療法等方法恢復到健康狀態，也就是「可逆的」**。因此，失智症的「早期發現」跟「預防」一樣，都非常重要。

父母若是有失智症，對子女來說會非常辛苦。失智症的「照護」無論是在時間和金錢上，都是龐大的負擔。除此之外，承受的精神壓力也超乎尋常。甚至有說法用「照護地獄」來形容這種看不到盡頭的失智症照護的辛苦。

事實上，這種風險是可以避免的，條件是必須在 MCI 的階段，或者是失智症的前幾個階段盡早發現。

以失智症之一的阿茲海默症來說，在發病、明顯出現病症之前 20 年，大腦就已經開始慢慢出現病變了。也就是說，**失智症不會突然發病，病症在顯現之前，其實都已經持續發生好幾年了。**

因此，家人若是能仔細觀察、注意，就有可能及早發現。大部分的人都是等到記憶障礙已經到很嚴重的地步，才驚覺到醫院就醫，這時候都已經太晚了。

所以，接下來我要告訴大家的就是「早期發現失智症的 5 大警訊」。

警訊①：忘記整件事

失智症最明顯的症狀就是「健忘」。可是，「忘記人名」、「想不起來以前發生的事」這種現象，只要是上了年紀的人都可以發生，不算是失智症的獨特症狀。

健康年長者的「健忘」，跟「失智症的健忘」有很明顯的差異。那就是，失智症通常會是「忘記整件事」。

舉例來說，明明已經吃過午飯，卻說「我吃過午飯了嗎？」，或者是「想不起來自己吃了什麼」，這些都是健康年長者可能發生的情況。如果提示性地問：「你中午是吃烏龍麵嗎？」他能回答得出「不是，我是吃蕎麥麵」，表示沒有問題。

但是，如果跟他說「你中午吃蕎麥麵，對吧？」，他卻堅持「沒有啊，我還沒吃午飯」，很可能就有失智的現象了。

只不過，健忘雖然是失智症的主要症狀，但是通常都是在發病之後，才會出現明顯的健忘情形。甚至有些在發病之前，幾乎沒有任何健忘的情形發生。

因此造成有些人雖然發現父母的行為「好像怪怪的」，可是「健忘的情形沒有很嚴重」，於是判斷應該沒事。像這樣**只用健忘作為判斷依據，很可能就會因此錯失及早發現的機會**，一定要特別小心。觀察健忘以外的症狀也非常重要。

警訊②：廚藝走味

這是有一次我回札幌老家時發生的事情。當時我吃了 80 幾歲的媽媽做的稻荷壽司，味道就跟以前吃的「媽媽的味道」一樣，讓我鬆了一口氣，因為這表示她沒有失智。

有些失智症在早期會出現「味覺」異常的情形，像是醬油或是鹽巴加太多，「東西煮得太鹹」，都是危險的徵候。

失智症早期發現的5大徵兆

1. 忘記整件事
2. 廚藝走味
3. 不斷重複買同樣的東西
4. 迷路
5. 試圖掩飾

　　另外，下廚通常都是一心多用，事情非常多，作業非常複雜。因此，如果「變得沒辦法跟以前一樣做得那麼得心應手」，也有可能是失智症所造成。還有一種經常出現的情況是，因為失智讓廚藝變差，所以也就變得不愛下廚了。

　　或者是經常發生把鍋子燒焦的事件，這些都證明了注意力已經衰退。

警訊③：不斷重複買同樣的東西

　　「回老家的時候發現家裡出現很多同樣的東西……」。這也是危險的徵候，表示父母親東西才剛買完就忘記，又繼續買同樣的東西。

　　例如，如果在廚房發現5瓶未開封的醬油，就要懷疑父母親是不是有失智症的前兆。

警訊④：迷路

外出之後找不到回家的路，回不了家。這對健康的年長者來說，是絕對不可能發生的事情。

對空間的認知能力變差，也就是所謂的「視覺空間失認症」，是失智症的主要特徵之一。**「父母外出找不到路回家」這種情形只要發生過一次，就有失智症的可能。**

《父親》（The Father）是從病患當事人的角度，描寫失智症發病過程的一部電影。飾演主角的演員安東尼‧霍普金斯，把失智症病患的角色詮釋得維妙維肖，還因此奪得奧斯卡最佳男主角獎。

這部片最特別的地方是關於安東尼‧霍普金斯飾演的老父親「不知道自己在哪裡」的描寫。不知道自己是在「自己家裡」，還是「女兒家裡」，又或者是「醫院」，所以感覺混亂、充滿不安，有時還會陷入恐慌。片中主角住院時在醫院迷路，回不了自己的病房，也疑似是視覺空間失認症的表徵。

警訊⑤：試圖掩飾

假設覺得對方的行為可能是失智症，可以試著直接說出口，例如「你最近是不是經常忘東忘西？」或是「你最近常把鍋子燒焦喔」等。

這時候，如果對方強力否定「我哪有！」，或者說「只是今天碰巧燒焦而已」來試圖掩飾、找各種藉口和理由、刻意轉移話題、惱羞成怒等。只要出現這些反應，就有失智症的危險。

這些反應在心理學上稱為「否認」。正因為自己已經感覺到身體的衰退，為了不被看穿，所以才會強烈否認，或是假裝自己很正常。

如果自己承認「我最近經常忘東忘西欸」，大多表示都還正常。**假如是失智症已經發病的人，通常都會強調自己沒事。**愈是這麼說，否定的意味就愈強，因此可以推測失智症的機率應該很高。

各位的父母或是身邊的人，如果出現以上 5 個警訊中的其中幾項，請趕緊帶他到「記憶門診」的精神科接受診斷。到底是 MCI 還是失智症，

都需要靠專業醫生的診察，一般人是無法分辨的。再重申一遍，一旦 MCI 惡化成失智症，就再也無法恢復健康了！

另外，**如果覺得「怪怪的」，千萬不要抱持「觀望」的態度。**這麼做只會讓自己將來陷入「照護地獄」中。

43 從現在開始，好好吃早餐

我的 YouTube 頻道經常會收到「早餐到底要吃還是不吃才好？」等關於早餐的問題。所以，我在這裡就來為大家說明不吃早餐帶來的負面效應有哪些。

影響①：生理時鐘無法獲得重新設定

早上起床看到陽光，光線的刺激會直接傳到大腦的視交叉上核（suprachiasmatic nucleus），重新設定體內的生理時鐘。簡單來說就是大腦會知道「現在已經是早上了」。

體內的生理時鐘除了大腦以外，也存在於體內的所有器官，包括心臟、消化道、肝臟、胰臟、肌肉等。吃早餐會讓血糖上升，促使胰臟分泌胰島素，使器官的生理時鐘也獲得重新設定。這時候大腦和器官的生理時鐘會同步，正式開啟一天的活動。

反過來說，如果不吃早餐，器官的生理時鐘就沒辦法重新設定，也就沒辦法和大腦的生理時鐘取得同步了。

影響②：早上精神恍惚，注意力無法集中

如果器官的生理時鐘沒有重設，跟大腦的生理時鐘不同步，大腦和身體就沒辦法完全清醒，導致一整個早上人一直處於精神恍惚的狀態。

此外，不吃早餐，大腦就沒辦法提供能量給全身，會造成身體能量不足而精神不濟，像是整個人懶洋洋的、提不起勁。

「早上工作提不起勁」、「中午之前狀況一直不太好」的人，原因也

不吃早餐的人會……

① 生理時鐘無法獲得重新設定

② 早上精神恍惚，注意力無法集中

③ 容易變胖

④ 生活習慣病的風險增加

⑤ 容易心煩氣躁

⑥ 精神疾病的風險增加

⑦ 成績變差

對比有吃早餐的人
心血管疾病的死亡率 **1.87倍**
腦中風的死亡率 **1.36倍**
腦出血的死亡率 **1.18倍**

過高！

許單純只是因為「沒有吃早餐」而已。

影響③：容易變胖

根據一項針對 3 萬名日本人所做的大規模研究，**沒有吃早餐習慣的人，代謝症候群的風險比習慣吃早餐的人高出 1.26 倍**（男性）。再從肥胖的機率來看，男性高出 1.15 倍，女性高出 1.18 倍。

其原因一般認為應該是吃早餐可以讓大腦和器官的生理時鐘同步啟動，開啟「能量代謝」（燃燒熱量）的開關。有研究就發現，**比起沒有吃早餐的人，有吃早餐的人體溫比較高**。體溫高代表的意思就是身體正在積極進行能量代謝中。

很多正在瘦身的人都會選擇不吃早餐，其實這麼做反而會得到「容易

變胖」的反效果。

影響④：生活習慣病的風險增加

研究顯示，**比起有吃早餐的人，不吃早餐的人早上血壓容易升高，因此心血管疾病的死亡率比一般人高出 1.87 倍，腦中風的死亡率高出 1.36 倍，腦出血的死亡率也高出 1.18 倍。**

此外，不吃早餐也會造成午餐和晚餐吃得比較多，導致血糖容易上升，增加糖尿病的風險。有研究發現，有吃早餐習慣的人，糖尿病的風險減少了 4 成之多。

美國一項針對 7000 人所做的研究也顯示，不吃早餐的人癌症的死亡風險，比有吃早餐的人高出 52%。

由此可知，不吃早餐會提高心血管疾病、高血壓、糖尿病等多數生活習慣病的風險。

影響⑤：容易心煩氣躁

早餐不吃會造成血液中的葡萄糖（血糖）濃度不足，身體於是會分泌腎上腺素來增加葡萄糖。**腎上腺素分泌會使得交感神經處於優位，令人感到焦躁、憤怒。而且壓力也跟著增加，造成自律神經紊亂**。自律神經一旦失調，就會引發各種身體不適。

影響⑥：精神疾病的風險增加

澳洲塔斯馬尼亞大學研究證實，**經常跳過早餐不吃的人，比一般人更容易得憂鬱症**。這是因為不吃早餐容易造成生理時鐘紊亂，影響睡眠，導致精神疾病的風險增加。

關於治療精神疾病的教科書都會告訴你，務必要做到「一日三餐」。有精神疾病的人除了不吃早餐以外，有人甚至是根本不吃飯，因此很多都

有營養不良的問題。

影響⑦：成績變差

根據日本文科省的「全國學力與學習狀況調查」（2019年），**每天吃早餐的學生（國三生），平均答對率比不吃早餐的學生來得更高。**

以國文的平均答對率來看，「每天吃早餐」的學生，和「完全不吃」的學生，兩者的結果相差了14.2%。如果滿分是100分，就差了14分之多。不吃早餐，大腦就沒辦法獲得能量，導致早上的專注力無法提升，上課當然也就無法專心。

■ 早餐該吃些什麼才好？

從以上的內容可以得到一個結論：早餐不要省略，還是要吃比較好。既然如此，該吃些什麼呢？

（1）有嚼勁的東西

早餐建議吃一些有嚼勁、可以充分咀嚼的東西。因為這樣可以**刺激跟「幸福」有關的神經傳導物質「血清素」分泌，讓人一早就充滿活力。**而且，咀嚼也有刺激大腦的作用，可以讓大腦更清晰。

柔軟的甜麵包、牛奶麥片、茶泡飯等，這些東西因為可以快速解決，是很多人早餐的選擇。可是，這些都不太需要咀嚼，建議一定要另外再搭配有嚼勁、需要咀嚼的食物。

（2）注意營養均衡

早餐除了澱粉、蛋白質、脂質以外，記得也要攝取維生素和礦物質等微量營養素。推薦的食材有糙米、蔬菜、水果等。糙米含有維生素C以

外的大部分營養素，礦物質含量也很豐富。

蔬菜有豐富的維生素、礦物質、膳食纖維和葉酸。如果做成沙拉，連料理的時間都能省去。只不過，市售的沙拉醬幾乎都含有大量的「不好的油」及「鹽分」，所以我通常都只會淋橄欖油而已。

水果的果糖因為容易讓人發胖，所以很多人會選擇不吃。事實上，如果只吃 1 根香蕉或是半顆蘋果，完全不需要擔心會發胖。而且水果不需要料理就能輕易補充到維生素 C 和膳食纖維，非常方便。香蕉還有豐富的「色胺酸」，是血清素生成的原料，很適合精神疲勞的人吃。

蛋白質可以促進被稱為「飽食激素」的「膽囊收縮素」分泌，能抑制食慾，很適合推薦給正在瘦身的人。最理想的料理是烤魚，如果沒有時間，納豆和雞蛋也是不錯的選擇。

我每天早上都固定會吃糙米納豆生雞蛋拌飯。納豆和雞蛋富含蛋白質、維生素和礦物質，可以算是「用吃的營養補給品」。攪拌之後淋在飯上面一起吃，就是一道美味又營養的早餐。

（3）挑選不含添加物的東西

有些人會用蔬菜汁或是果昔（smoothie）來取代早餐。這一類的商品很多都會添加過多的砂糖，要特別小心糖分攝取過多的問題。

另外，早餐最常見的就是培根蛋或是火腿蛋了。不過，培根、火腿、香腸這一類的加工肉品大多含有飽和脂肪酸、防腐劑和食品添加物等會影響健康風險的物質，最好還是要避免天天食用。

44 從現在開始，有意識地攝取微量營養素

想要擁有健康，「睡眠、運動、晨間散步」缺一不可。這不僅是我常掛在嘴邊的健康口號，在本書的內容中也一再重申這個觀念，希望可以變成大家的生活習慣。

聽到這裡，也許你會問：「為什麼沒有『飲食』？」那麼，接下來就讓我們從 3 個不同的觀點來思考「有益健康的飲食」。

觀點①：比起調整飲食生活，「運動、睡眠、晨間散步」更容易見效

飲食對健康很重要，可是即便如此，就算知道什麼是有益健康的飲食或是吃法，真的要落實也非常困難。

很多研究告訴我們「紅肉、加工肉品會增加罹癌風險」、「魚肉含有豐富的不飽和脂肪酸，對健康很好。尤其青背魚中含量豐富的 DHA（Docosahexaenoic acid）和 EPA（Eicosapentaenoic acid），是維持認知功能非常重要的營養素」等。看到這些，愛吃肉的你會因此決定「從明天開始中午要改吃味噌鯖魚或是鹽烤秋刀魚，不要再吃牛丼和燒肉」嗎？恐怕是跟過去一樣，無法抗拒以肉為主的飲食吧。

同樣地，就算聽人家說「酪梨含有大量具抗氧化作用的維生素 E，以及有助於消除疲勞的維生素 B 群，以及可抑制低密度脂蛋白膽固醇的油酸」，我想應該也不會馬上開始天天吃酪梨，把酪梨變成飲食生活的一部分。

糖尿病患者或是血糖過高的人，就算聽完營養師的飲食指導，也幾乎沒有人會照著做。能夠照著做的人，都是原本的飲食生活就很健康，不太

容易得糖尿病。「減重必須減少澱粉的攝取」也是同樣的道理。

一直以來，就算我告訴告訴病患該怎麼吃，能夠做得到的人幾乎沒幾個。根據這些經驗來看，改善飲食生活所遭遇到的難處是「飲食習慣並不是說改就能改」。老實說，我自己也經常抵擋不了美食的誘惑。

既然如此，**與其調整生活習慣，不如先從短時間內就能做到的「睡眠、運動、晨間散步」開始做起，比較容易看見效果。**基於這個原因，所以我才沒有納入飲食習慣，而是建議先從這 3 項做起。

但是，我的意思也不是要大家「不必改變飲食習慣」。即便暫時改變不了，不過就算是循序漸進也好，還是要想辦法去做，疾病才能獲得改善。

觀點②：少吃並不會變瘦

很多人應該都有「想變瘦」、「想減重」的念頭，也有不少人為此每天少吃一餐，或是施行嚴格的飲食控制。肥胖的確不是一件好事，可是極端的飲食控制對健康同樣也沒有幫助。

很多人都以為「少吃就能變瘦」，這是錯誤的觀念。攝取的熱量減少，基礎代謝就會跟著下降，身體消耗的能量也會變少。而且，突然實行激烈的瘦身方法，身體為了因應飢餓，反而會增加脂肪來儲存能量。

燃燒脂肪必須要有蛋白質和維生素、礦物質等營養素。每天少吃一餐，身體就會缺乏這些營養素，好不容易減少熱量攝取，可是身體卻變得沒辦法燃燒能量。尤其維生素和礦物質是燃燒能量的輔酵素，具有催化劑的作用，對燃燒效率的影響非常大。因此，減重的時候如果沒有攝取維生素和礦物質，是看不見效果的。

觀點③：充分攝取微量營養素

我們平時的飲食最應該注意的，不是「不要吃」或是「減少攝取量」，而是「充分攝取必要的營養素」。

不要不吃早餐，害得上班精神不濟。早餐一定要好好地吃，才能提高

專注力，充滿幹勁地面對工作。這才是健康的工作方式。要做到這一點，就必須攝取必需營養素來提升大腦效率。

大部分的人都以為，身體製造熱量所需的營養素是碳水化合物（醣質）、脂質、蛋白質等三大營養素。這些當然很重要，可是除此之外，「微量營養素」同樣也很重要。

微量營養素是維持身體的成長、發育和代謝功能正常運作的必要營養素，包括維生素和礦物質（無機物）。具體來說有維生素B群、維生素E、維生素D、維生素K2、鈣、鎂、硒等總共約60幾種。

人體的各種運作都跟微量營養素有關，包括代謝、免疫、抗炎性、細胞的訊息傳遞、DNA的修復等。此外，微量營養素也跟大腦效率（產生能量）有很密切的關係。

可是，**人體很容易缺乏微量營養素**。很多人都會注意三大營養素的攝取，像是「減少醣質和脂質的攝取」、「運動完要攝取蛋白質」等，可是卻很少人會有意識地補充微量營養素，所以很容易造成不足。

那麼，哪些食材含有微量營養素呢？

富含維生素E的食材有雞蛋、杏仁、橄欖油、酪梨、大豆、鰻魚、南瓜等。

富含維生素D的食材有魚類、小魚乾、乾香菇、木耳、雞蛋等。

富含鈣質的食材有海藻（海帶芽、石蓴、羊栖菜、昆布）、海鮮（蝦米、小魚乾、海瓜子、蛤蜊）、穀類（糙米、裸麥麵包、蕎麥）等。

要怎麼吃，才能適當地攝取到這些微量營養素呢？

介紹大家一個很好記的說法，各位也許也聽過，就是：「まごわやさしい」。

ま：豆子（豆類）
ご：芝麻（種子類）
わ：海帶芽（海藻類）

ま	ご	わ	や	さ	し	い
豆子 （豆類）	芝麻 （種子類）	海帶芽 （海藻類）	蔬菜 （蔬菜類）	魚類 （海鮮）	香菇 （菇類）	地瓜 芋頭 （根莖類）
納豆 豆腐 毛豆 等	芝麻 花生 胡桃 等	海帶芽 昆布 海苔 等	紅蘿蔔 洋蔥 番茄 等	特別是 秋刀魚 沙丁魚等 青背魚 章魚 海瓜子	香菇 鴻喜菇 金針菇 等	馬鈴薯 芋頭 地瓜等

や：蔬菜（蔬菜類）

さ：魚類（海鮮）

し：香菇（菇類）

い：地瓜、芋頭（根莖類）

「まごわやさしい」是取日本傳統食材日文發音的第一個字母組合而成的口訣。這種方法簡單來說，就是將這7類的食材放入每天的飲食中均衡攝取。一餐要吃到7種食材很困難，所以只要記得**「在一天內完整攝取這7種食材」**就行了。

舉例來說，海藻類就含有鎂、鈣、鐵、葉酸、膳食纖維；菇類含有維生素 B1、維生素 B2、維生素 E、鈣、硒等。每一種食物所含的微量營養素不同，透過攝取這7大類的食物，就能補充到各種微量營養素。

大家也可以在每天晚上想一下當天是否有完整攝取到這 7 大類的食物。把「まごわやさしい」寫下來，有吃到豆類就把「ま」圈起來，吃了堅果就把「ご」圈起來。如果「今天沒有吃到海藻」，就在「わ」的地方打╳，然後告訴自己「明天要喝海帶芽味噌湯」。

　　很多人也許是第一次聽到微量營養素的說法。如果想要擁有健康，在工作上展現高效率，除了常聽到的三大營養素之外，微量營養素也不可少。因此，記得要透過平時的飲食，有意識地攝取「まごわやさしい」的食材。

column 炸雞能消除「疲勞」？！

又忙又累的時候，各位是不是會超想吃拉麵呢？而且還是「濃厚口味」的拉麵，不是「清淡口味」。

根據京都大學的研究，每天給空腹的老鼠喝下濃度 5% 的玉米胚芽油之後，到了第 5 天，老鼠的油攝取量會增加到 2 倍。值得注意的是，POMC（腦內啡的前體）的量同樣也增加了約 1.7 倍。而且，連續 5 天攝取玉米胚芽油的老鼠，只要把油接近牠的嘴巴，POMC 就會增加到 2.5 倍。這時候老鼠體內的腦內啡濃度也會上升 1.5 倍。

腦內啡也有緩解壓力的作用。換言之，**在壓力大、精神疲憊的時候，之所以會想吃口味濃厚的拉麵，是因為大腦渴望獲得「油」＝「腦內啡」**的緣故。

■炸物「消除疲勞」的效果

說到以油料理的食物，最具代表性的就是炸豬排和炸雞這一類的炸物了。雖然現在的店家數量比起過去某段時間已經變少了，不過街上還是隨處可見「炸雞」專賣店。根據日本炸雞協會的調查，2018 年全日本有 1408 家炸雞店，到了 2012 年已經來到 3123 家，3 年間增加了 2 倍以上。

炸雞所使用的雞胸肉，具有一種有別於腦內啡的重要功效。

雞胸肉（雞翅膀所連接的肌肉）富含一種叫做「咪唑二肽」（Imidazole dipeptide）的物質，這種物質可以有效分解造成疲勞的活性氧。候鳥之所以能夠飛越幾千公里也完全不用休息，就是因為體內有大量咪唑二肽的關係。

咪唑二肽是一種水溶性物質，「煮」和「蒸」的料理手法都可能導致咪唑二肽溶於水中而喪失營養價值，因此最適合的方法就是「炸」或「烤」。尤其炸雞的麵衣會將肉汁保留住，更能攝取到完整的咪唑二肽。

此外，近年來有研究發現咪唑二肽具有改善記憶力的效果，因此有望也能預防大腦退化和失智症。

研究指出，每天攝取約 200 毫克的咪唑二肽，就能達到消除疲勞的效果。這個分量大約是 100 克的雞胸肉，相當於 2～3 塊炸雞。

炸雞所使用的部位，大致可分成「雞胸肉」和「雞腿肉」兩種。日本人大多喜歡比較有口感的「雞腿肉」，可是**如果想要獲得消除疲勞的效果，「雞胸肉」會比較適合**。順帶一提，美國人最喜歡的就是吃起來又柴又乾的「雞胸肉」。

■辣是一種「痛覺」

疲累的時候，我會很想吃印度咖哩或是韓國料理等辛辣的食物。吃超辣的食物，有時候甚至會有一種興奮的感覺。一般認為這是腦內啡這種神經傳導物質所帶來的效果。

辣椒含有辣椒素，是辣度的來源，所以辣椒素愈多的辣椒愈辣。而辣椒素也會刺激腦內啡增加分泌。

這是因為「辣」是一種痛覺，會讓人感到疼痛。辣度如果太強，身體為了緩和「辣度」=「疼痛」，於是就會分泌具有鎮痛作用的腦內啡來緩解疼痛。

■巧克力的紓壓效果

很累的時候，很多女生都會想吃甜點，特別是巧克力。原因之一就是因為「疲累」=「身體缺乏能量」。也就是說，這時候的身體會渴望獲得能夠馬上轉換成能量利用的醣質。

不過，巧克力還有另一個特別的效果是，製作巧克力的原料可可豆，也有刺激腦內啡分泌的作用。吃到好吃的巧克力時，是不是會覺得很開心呢？這應該也可以算是腦內啡所帶來的效果。

■當身體渴望油脂、辛辣、甜膩的時候

從食慾可以看出身體的壓力指數和疲勞程度。如果非常想吃炸雞、拉麵、辛辣料理、巧克力等會刺激腦內啡分泌的食物，也就是「很想吃炸的、辣的、甜的東西！」的時候，表示你的大腦和身體正處於疲憊的狀態。

能刺激腦內啡分泌的代表性食物，與腦內啡的**驚人效果**

炸雞

濃厚口味拉麵

幸福感・欣快感・恍惚感

強力的鎮痛效果(嗎啡的6.5倍)

提高想像力

消除壓力

巧克力

提高專注力和注意力

超辣咖哩

小心別攝取過量！

　只不過，**飲食所帶來的腦內啡作用，只是一時的**。就跟頭痛、胃痛的時候吃止痛藥一樣，只是在針對症狀治療，沒有辦法從根源消除壓力。偶爾藉由這些能刺激腦內啡分泌的食物來紓解壓力倒也無妨，不過還是要適可而止，才不會產生反效果。

45 從現在開始，學習無痛瘦身法

明明正在減重，可是一到晚上就超想吃拉麵和甜點……

若是無法控制這種暴走的食慾，之前為減重付出的辛苦努力，一切都會變成白費。

食慾跟大腦的運作機制有很密切的關係，只要能從腦科學的角度來瞭解食慾旺盛的原因及應對方法，也許就能毫不費力地輕鬆瘦下來。

原因①：壓力

食慾旺盛最大的原因就是壓力。為什麼壓力會導致食慾旺盛呢？

對生物來說，造成壓力的兩個最大原因就是「外敵」和「飢餓」。**當人長期承受龐大的壓力，身體便會做出跟飢餓狀態時一樣的反應。也就是變得很想吃東西，但是身體會減少代謝，將能量轉換成脂肪儲存起來，結果變得更容易發胖。**這就是所謂的「壓力肥」。

長期承受龐大的壓力還會導致身體開始分泌各種壓力荷爾蒙，其中之一就是腎上腺皮質所分泌荷爾蒙——皮質醇。

壓力荷爾蒙更正確的說法應該是「應對壓力荷爾蒙」。它的作用就像「嗅鹽」一樣，身體為了對抗壓力、恢復活力，所以對能量產生渴望。具體來說，壓力會造成食慾荷爾蒙「瘦體素」受到抑制，所以食慾就變好了。

皮質醇也會被拿來作為免疫抑制劑活用在內科治療上，服用皮質醇的病患會有「胃像無底洞一樣」的強烈食慾，很多人在一個月內就會胖上好幾公斤。由此可見，皮質醇過度分泌就是造成食慾大暴走的主要原因。

應對方法①：有氧運動

食慾大暴走 的原因和應對方法

原因1：壓力
應對法1：有氧運動

原因2：多巴胺暴增，血清素不足
應對法2：晨間散步

原因3：睡眠不足
應對法3：7小時以上的睡眠

只睡5小時的人只要睡滿7小時以上……

7小時

約385大卡的瘦身效果！

有個簡單就能降低皮質醇分泌的方法，就是「運動」。

運動的時候，皮質醇濃度雖然會暫時上升，可是運動完之後，濃度便會降回正常值。只要進行 20～30 分鐘中強度的有氧運動（快走、慢跑等），就能獲得這種效果。

如果把有氧運動變成每週數次的習慣，之後就算遇到壓力，皮質醇濃度也不會有太大的起伏，因為身體的「抗壓性」已經提高了。

大家常說「運動能紓壓」，指的不只是心情上的效果，而是確實能讓「皮質醇分泌恢復正常」，從科學的角度來說，是效果相當好的一種排解壓力的方法。

原因②：多巴胺暴增，血清素不足

壓力會造成大腦邊緣系統變得興奮，過度分泌「幸福物質」多巴胺。

這是為了緩解壓力所帶來的「難過」和「痛苦」的感覺。

多巴胺是幸福感的來源，所以增加分泌並不是什麼壞事。只不過，若是長期處於這種狀態，就會造成「渴望更多」的成癮症。當出現「想再擁有更多」、「想再吃更多」的衝動時，表示體內的多巴胺已經過度分泌了。多巴胺的作用之一就是促進食慾。

然而，人的大腦裡也有個防止多巴胺暴增的機制，就是血清素。血清素可以調節多巴胺等其他神經傳導物質的分泌，控制憤怒和焦躁等情緒，也有適當調節食慾的作用。

可是，就像「35 從現在開始，小心預防大腦疲勞」的內容裡所提到的，如果壓力持續好幾個月，造成大腦處於疲勞的狀態，血清素的調節功能就會出現紊亂，沒辦法再控制食慾。

大腦疲勞的情況若是不改善，很快就會演變成憂鬱症。到了這個時候，攝食中樞的運作就會出現異常，食慾反而會變差。

因此，**原本過度旺盛的食慾如果一下子變差，體重開始減少，很可能就是憂鬱症的徵兆。**

應對方法②：晨間散步

血清素可以適當地控制食慾，也就是說，只要刺激血清素增加分泌，就能抑制暴走的食慾。

增加血清素分泌最有效的方法，就是「晨間散步」（詳細請見「column 晨間散步的好處」）。關於晨間散步，在前面的內容中已經提過好幾次了，方法就是在起床之後的 1 個小時內，用快走的速度散步 5～15 分鐘，藉由接觸陽光和規律性的運動來刺激血清素分泌。

原因③：睡眠不足

每天只睡 6 個小時的人，大腦裡的「食慾開關」隨時都處於開啟的狀態。

食慾暴走最大的原因是壓力，但是，如果壓力沒有特別嚴重，食慾卻很旺盛的人，就要強烈懷疑是「睡眠不足」所造成。

根據哥倫比亞大學的研究，假設睡眠時間7小時的人肥胖的比例是1，睡5小時的人的比例會提升50%，睡4小時的人則會提升73%。蘇黎世大學的研究也發現，每天睡不到5小時的人一年內BMI（Body Mass Index，肥胖指數）的上升率，是每天睡6～7小時的人的4倍，也就是發胖機率是其他人的4倍。

睡眠不足會使得促進食慾的荷爾蒙「飢餓素」增加分泌，相反地抑制食慾的荷爾蒙「瘦體素」會減少分泌。這兩種荷爾蒙的變化結果相當於「食慾增加25%」。

倫敦大學的研究也指出，睡眠時間不到6小時的人，平均每天會多攝取385大卡的熱量。

應對方法③：7小時以上的睡眠時間

簡單來說，**原本睡眠時間只有5小時的人，只要睡滿7小時，每天就能減少385大卡的熱量，相當於慢跑45分鐘。**

慢跑45分鐘一點也不輕鬆，可是「多睡一點」很輕易就能做到，而且容易持之以恆，可以說是最厲害的瘦身方法。

46 從現在開始，做好糖尿病的預防

　　日本的糖尿病人口大約有 1000 萬人，潛在人口也有 1000 萬人左右，也就是說，大約每 6 個人當中就有 1 人有糖尿病或是潛在糖尿病患者。

　　大家都以為糖尿病是內科疾病，跟精神科應該沒有關係，其實這是錯誤的觀念。憂鬱症患者的糖尿病發病率是一般人的 1.4 倍，反過來說，一旦有了糖尿病，憂鬱症的發病率也會跟著提高 2～3 倍。實際上很多精神病患都有糖尿病的問題，我自己也見過很多這一類的病人。

　　在跟這些病人接觸的過程中，我發現大部分的人對糖尿病都有錯誤的認知，以至於輕忽了它的嚴重性。甚至有人等到糖尿病惡化，被醫生宣告「快要失明」時，才開始感到緊張。

　　因此，接下來我要告訴大家的就是一些關於糖尿病常見的「錯誤常識」。

錯誤常識①：糖尿病不過就是血糖比較高而已

　　很多人都以為糖尿病就是「血糖過高的一種疾病」。事實上，這種疾病真正可怕的原因除了會造成血糖過高之外，還會出現併發症。

　　糖尿病一旦持續惡化，體內的糖分會慢慢攻擊血管，造成動脈硬化，血管變得殘破不堪，進而引發各種併發症。

　　心臟的血管損傷會造成心肌梗塞，大腦的血管損傷會造成腦中風。腎臟血管損傷會引發糖尿病腎病變，繼續惡化下去就需要洗腎。

　　此外，腳部的血流不順容易引發足潰瘍，最後就得截肢。視網膜血管如果受損就會變成糖尿病性視網膜病變，最後失明。這些都是糖尿病最糟糕的結果。

日本一年有多達 3000 人以上因為**糖尿病**失明，因為**糖尿病**洗腎的人一年超過 1 萬 6000 人，截肢的人一年也有 3000 人以上。

錯誤常識②：糖尿病可以治癒

我可以先在這裡告訴大家：**糖尿病不會有治癒的一天！**

糖尿病確實可以控制，可是只要被宣告得病，想要完全恢復健康非常困難。

胰島素也好，口服藥也好，作用都是為了降血糖。也就是說，這些都只是控制血糖的「對症療法」。目前醫學上還沒有藥物可以完全治癒糖尿病。

吃完東西之後，人體內的血糖會上升，這時候胰臟就會分泌胰島素來降低血糖。如果又吃點心，一天下來血糖不斷上升，就會造成胰島素大量分泌，胰臟過度疲勞，最後無法再自行分泌胰島素，就變成糖尿病。

糖尿病的潛在患者就是處於「胰臟疲勞」的狀態，因此這個時候還有恢復健康的可能。但是，一旦惡化成糖尿病，「胰臟製造胰島素的功能受損」，就無法恢復健康了。

很多人透過健康檢查發現「血糖過高」，卻放任不處理，幾年之後突然被醫生宣告「已經有糖尿病，必須注射胰島素」。

這時候得知「糖尿病不可能治癒，以後必須一輩子注射胰島素」，才發覺事態的嚴重性。

錯誤常識③：食量大、肥胖的人才會得糖尿病

很多人都以為食量大的人才會得糖尿病。每天大吃大喝，造成血糖急速上升，糖尿病的風險的確會變高。

不過，若是說食量小的人就不會得糖尿病，其實並不然。

高糖的甜點和飲料，就算少量也會造成血糖急速飆升。因此，經常吃甜食的習慣，其實非常危險。

除此之外,「胖的人才會得糖尿病」也是常見的誤解之一。肥胖的人確實容易有糖尿病,可是「過瘦」也會造成胰島素阻抗的狀況變差,令人容易變成糖尿病。

另外,**糖尿病的發病經常會出現暴瘦的情形**,甚至有人一個月就瘦了 10 公斤。所以,「瘦的人不會有糖尿病」是完全錯誤的觀念。

錯誤常識④:飲食是造成糖尿病的主要原因

糖尿病的原因不只是飲食,舉例來說,有研究指出,**睡眠不足的人罹患糖尿病的機率是一般人的 3 倍**。糖尿病也跟缺乏運動有密切的關係,**抽菸會讓糖尿病的風險增加 1.4 倍**,飲酒過量同樣也會提高風險。

除此之外,壓力也是糖尿病的主要原因之一,因為壓力會引發皮質醇分泌,皮質醇會造成血壓上升,影響身體保持血糖穩定的功能。

飲食固然是引發糖尿病重要的原因,但是睡眠不足、缺乏運動、飲酒過量、抽菸、壓力等,也都和糖尿病的發病有很密切的關係。切記,暴飲暴食、不規律的生活習慣和壓力就像「一記合體技」,會引發糖尿病的發病。

■糖尿病的預防方法

每年一次的健檢當中都含有「空腹血糖」和「糖化血色素」(HbA1c)兩個項目,倘若身體出現糖尿病的徵兆,這兩個項目的數值就會變高。

這時醫生就會告訴你「你的血糖偏高喔」。這就是命運的十字路口。就算被醫生告知「必須進行飲食療法,並且調整生活習慣」,很多人也會選擇置之不理,後果就是幾年之後演變成糖尿病。

我再重申一遍,剛被宣告「血糖偏高」的「潛在糖尿病患者」,是有可能恢復健康的。這時候應該想盡辦法防止糖尿病發生,包括飲食療法、

糖尿病的原因不只是飲食！

抽菸　睡眠不足　飲酒過量　壓力　缺乏運動

改善生活習慣等。此外，被醫生提醒「血糖偏高」的人，建議可以參加醫院或是地方政府所開辦的「飲食指引講座」，學習正確的飲食習慣。

47 從現在開始，「睡前90分鐘」泡澡

消除疲勞最快的方法就是泡澡。

我拍過一支影片，題目是「消除疲勞最有效的方法 BEST 3」。當時我才發現，原來很多人都不知道如何有效地泡澡。所以，接下來的內容要介紹的就是 5 種能夠徹底消除身心疲勞的最強入浴法。

最強入浴法①：泡澡勝過淋浴

很多人可能會因為覺得「等熱水很麻煩」而選擇淋浴。不過，如果想要消除疲勞，效果最好的方法還是泡澡。去除身體的髒汙靠淋浴就能辦得到，可是泡澡還有以下 3 個淋浴辦不到的特殊效果。

1 溫熱效果：泡澡可以提高體溫，放鬆肌肉，促進血液循環，所以能消除疲勞。

2 浮力效果：水的浮力為降低重力的影響，減少肌肉的負擔，達到放鬆的效果。

3 靜水壓力效果：水中的壓力和靜水壓力會刺激手腳的血管和內臟，有助於改善全身血液循環和消除水腫。

最強入浴法②：「睡前90分鐘泡澡」達到「深層睡眠」

關於這一點，在「40 從現在開始，透過優質睡眠改善自律神經」一節當中已經有詳細說明，請參考其內容即可。

最強入浴法 BEST 5

1. 泡澡勝過淋浴
2. 「睡前90分鐘泡澡」達到「深層睡眠」
3. 冷熱交替浴
4. 用入浴劑增加泡澡的樂趣
5. **黑暗中泡澡**

最強入浴法③：冷熱交替浴

「冷熱交替浴」是反覆以「42度溫水浴」和「18度冷水浴」交替進行的一種沐浴法。溫水浴具有「擴張血管的作用」，冷水浴則有「收縮血管的作用」。也就是說，透過血管反覆擴張與收縮，可以促進血液循環，帶走體內的疲勞物質。不只如此，溫水浴也會刺激副交感神經，冷水浴會刺激交感神經，達到自律神經的平衡狀態。

最強入浴法④：用入浴劑增加泡澡的樂趣

應該有人會覺得泡澡很麻煩，或是很浪費時間吧。對這些人來說，洗澡的目的也許只是「去除身體髒汙」而已。如果可以換個想法，把洗澡當

成「最棒的休閒活動」，就能擁有最享受的放鬆時間，轉換心情、紓解壓力的效果也會更好。

如果想要效果更好，可以在浴缸裡加入「自己喜歡的入浴劑」。只要讓泡澡充滿娛樂要素，例如「讓自己沉浸在芳香中」、「讓心情跟泡溫泉一樣」等，就算是覺得「泡澡很麻煩」的人，也會比較有動力願意嘗試。

我自己最喜歡的入浴劑是「鎂鹽」。鎂可以放鬆肌肉，提升睡眠品質，讓人睡得更香甜，隔天早上醒來神清氣爽，前一天的身體疲憊完全不見了。對我來說，**用鎂鹽泡澡就是「最好的放鬆」**。就算做高強度的肌力訓練，泡過澡之後就完全不會感覺肌肉疼痛。再怎麼疲累，用鎂鹽泡澡就能在一天內恢復活力，所以是我外出旅行必備的東西。

有研究顯示，鎂是人體很容易缺乏的一種礦物質，大約有6成的人都有缺鎂的情況。鎂很難透過飲食來補充，不過很容易經皮吸收（從皮膚吸收），因此作為入浴劑來使用可以說是效果最好的方法。

一包鎂鹽大約是1300日圓，可以使用15次，一次大約是90日圓。只要90日圓，就能擁有「深層睡眠」，達到「消除疲勞」，提升隔天的工作效率，這樣想來實在太划算了。

另一種也很推薦的是碳酸入浴劑，因為碳酸可以改善血液循環。只要找出自己最喜歡的入浴劑，泡澡就能變成每天「最開心的休閒時間」了。

最強入浴法⑤：黑暗中泡澡

「在黑暗中泡澡」從幾年前開始漸漸在SNS上形成一股熱潮。

作法是把浴室的燈全部關掉，在黑暗中泡澡。不過由於在完全黑暗的狀態下泡澡有點危險，所以很多人會點上蠟燭。這麼一來，原本的浴室就會變得充滿非現實的幻想氛圍。

我家的浴室是毛玻璃，所以我會關掉浴室的電燈，打開脫衣間的燈光，讓浴室透著微亮的光線，感覺心情也跟著放鬆了。

人的大腦在明亮的環境下會變得興奮，在黑暗中會放鬆下來。泡澡本

來就有放鬆的效果,**再加上昏暗的環境,放鬆的效果更好,對於消除眼睛疲勞也很有幫助**。

我在黑暗中泡澡的時候也會點眼藥,閉上眼睛休息幾分鐘之後,所有的眼睛疲勞一掃而空,舒服極了!

我也很推薦大家睡前 2 個小時盡量待在昏暗的環境中,可以促進睡眠荷爾蒙褪黑素的分泌。

睡前 2 小時若是待在辦公室或是像超商一樣光線明亮的地方,大腦會誤以為現在是「白天」,於是抑制褪黑素的分泌,使睡意全消。大部分的人家裡的浴室照明也都設計得很明亮,這麼一來就算「睡前 90 分鐘泡澡」,恐怕也會影響到睡眠品質。如果想要避免,最好的方法應該就是在黑暗中泡澡了。

column 我成為精神科醫生的原因

有一部電影我一直很想再重新回味一遍,那就是《腦髓地獄》(1988年)。

當我為我的 YouTube 錄音間裝設了高畫質的投影機和環繞音效設備,終於實現家庭劇院的夢想之後,作為值得紀念的第一部觀賞電影,我選擇的就是在 34 年前看過的《腦髓地獄》。

這部電影改變了我的命運,假如當初我沒有看過這部電影,也許今天我就不是「精神科醫生 樺澤紫苑」,而是「內科醫生 樺澤紫苑」了。

■躺在書店平台上、耀眼奪目的《腦髓地獄》

1990 年夏天,當時剛從札幌醫科大學醫學院 6 年級畢業的我,正為了不知道該選擇專攻哪一科而感到迷惘。

醫學院的 6 年級生會在 2 月面臨到醫師國家考試,為了準備這個考試,通常 6 年級生都必須在暑假結束之前,決定好自己的專攻科別(現在的醫學系學生從醫學院畢業之後,必須先接受 2 年的前期臨床醫學訓練,所以一般都是訓練結束之後才決定專攻科別)。

專科的選擇完全是個人的自由意志。我在剛進醫學院的時候,原本的目標是成為一個「平凡的內科醫生」。可是,在各個科系輪流進行醫學訓練的過程中,我對於以資料採集和檢查為主的內科開始產生遲疑。

內科的會議(病例討論)通常都只淪為數據資料的討論。我開始思考,這種作法是不是忽略了「患者也是活生生的人」?這真的是我以後想走的路嗎?

相反地,精神科在跟初診患者進行對話、診察的時候,經常一花就是 1 個小時的時間,這讓我感到「這是一份真實面對人的工作」。

我該選擇內科嗎?還是應該選擇精神科呢?這是決定我一生的重要決斷,而暑假卻開始進入尾聲了。

定義我人生的電影《腦髓地獄》

告訴吳一郎他因為「某個事件」而喪失所有記憶的人，正是九洲帝國大學法醫學教授**若林鏡太郎**，由知名演員**室田日出男**飾演。

主角**吳一郎**是個20歲的青年，是唐代畫家吳青秀的後代。飾演吳一郎的是當時因電視劇《家族遊戲》等作品而大受歡迎的**松田洋治**。

《腦髓地獄》中最重要的靈魂人物——九洲帝國大學精神病科教授**正木敬之**。他對吳一郎施行了自創的「解放治療」。落語家**桂枝雀**的詭異演出相當精采。

就在這個時候，為了轉換準備國考的心情，有一天，我走進一家看起來不錯的書店。才一踏入書店，平台上一本閃著光芒的書吸引了我的目光。

那本書的書名就是：《腦髓地獄》。

■看完之後會讓人腦袋變得怪怪的？

早在這之前的2年前，《腦髓地獄》的電影上映的時候，我就已經看過了。

喪失記憶的主角吳一郎（松田洋治飾）醒來之後發現自己身在精神病院隔離室，但是他完全不知道自己是誰，也不知道自己做了什麼、為什麼會在精神病院醒來。

後來，他為了解開謎團，從精神科的正木敬之教授（桂枝雀飾）和法醫若林鏡太郎教授（室田日出男飾）的對話過程中，發現了令人震驚的事實。

以上故事內容聽起來很簡單，但是實際上電影的故事架構和內容相當錯綜複雜，讓人看到一半就完全看不懂，彷彿陷入迷宮中，一直在同樣的地方重複打轉。

　　電影原作是推理小說家夢野久作的同名小說，從構想到寫作一共花了10年以上的時間，最後才在1935年正式發行（隔年夢野久作便離開人世）。與小栗虫太郎的《黑死館殺人事件》，以及中井英夫的《獻給虛無的供物》被稱為日本三大推理奇書的《腦髓地獄》，甚至有傳聞指出「看完之後會讓人腦袋變得怪怪的」。

　　當時看完電影之後，我告訴自己「一定要把原著小說找來看！」，可是後來因為忙著準備國考，就把這件事給忘了。

　　如今這本書就出現在我面前！我二話不說立刻把書買回家，全心投入地開始讀了起來。

　　「電影看不懂的地方，藉著讀原著小說，一切謎團都解開了。」這種情形很常見，因為小說改編成電影之後，受限於時間的關係，有時候會刪去一些細節描寫和內容。

　　但是，《腦髓地獄》的情形正好相反。原著小說愈讀愈讓人摸不著頭緒，或者應該說愈讀腦袋愈混亂。這正是這本小說的最大特色，也是最吸引人的一點。這是作者夢野久作設下的圈套帶來的混亂。

　　舉例來說，小說在一開頭就提到正木教授所提倡的「腦髓論」。

　　〈腦髓就跟「電信局」一樣，也就是說，人類的意識、感覺以及思考等，都是由全身的細胞各自運作進行，腦髓這個東西，不過就只是單純把細胞的意識和感覺做反射交換的中介功能罷了～〉

　　以這段文字為例來看，都會覺得混亂、看不懂。不過，當時的我正沉迷於各種心理學和精神方面的書籍，因此我彷彿在寫下「腦髓論」作為畢業論文的正木教授身上，看見了自己的影子。「人類的心靈究竟存在於哪裡？」的問題，深深打動了正開始對精神醫學產生興趣的我。

　　關於正木教授提出的先進治療法「解放治療」的內容，也讓我深受震撼，因為他將原本只是作為「收容設施」的精神病院，改成了「治療設施」。這在現在來說當然很正常，可是在夢野久作寫下這部作品的大正15年（1926年）當時，「解放精神病院」的內容可以算是前所未有、劃時代的想法。

此外，書中也花了數十頁的篇幅，透過正木教授吟唱的祭文，描述了當時一旦被送進精神病院，到死之前都出不來的可怕之處。

〈SUKARAKA CYAKAPOKOCYAKAPOKOCYAKAPOKOCYAKAPOKO～〉

這些完全語意不明的阿呆陀羅經，細讀之下可以發現，作者以充滿詼諧的方式，揭露了當時將精神患者隔離關閉的處置方式和差別對待的真實情況。

《腦髓地獄》雖然是以娛樂小說和推理形式寫成的作品，卻用現代也能理解的方式，揭露了精神醫療的差別及偏見（烙印）問題。從這一點可以再一次感受到夢野久作的遠見，以及對未來預測的過人之處。

■將一生全部奉獻給精神醫療的決定

很多人都覺得，《腦髓地獄》的小說讀到最後，或是電影看到最後，「完全沒有獲得救贖」。我的感覺正好完全相反。

精神疾病和精神醫學還存在著非常多未知和不可知的部分，表示還有這麼多等待解開的謎團。一直為將來感到迷惘的我，在這當中找到了無限的可能，無論是從做學問或是治療法的角度。

讀完《腦髓地獄》之後，我想到的是，精神疾病的治療果然充滿挑戰，而且很多都不是簡單就可以治癒的。可是正因為如此，才有去做的意義。

只有精神醫學，才是我這一生所應該奉獻的科別！如果我能為精神醫學帶來「希望」，哪怕只是一線光明，那該有多好！於是就這樣，我成了精神科醫生樺澤紫苑。

雖然《腦髓地獄》被說是看完之後會讓人腦袋變得怪怪的，不過該說是慶幸嗎？我的腦袋並沒有變得怪怪的。

等等！像我這樣10年來不斷做出「我要透過傳遞資訊來達到精神疾病的預防！減少日本的精神疾病人口！減少日本的自殺人口！」這種誇大妄想的發言，每天上傳最新影片，至今共計製作將近6000部影片的行為，是一般正常人會有的舉動嗎？這樣說來，我似乎已經掉進「腦髓地獄的世界」了也說不定……

擁抱健康幸福人生的 8 個方法

在這一節，我會從前面的內容當中，挑選出今後時代要擁抱幸福快樂的人生，一定要做到並且化為習慣，時時提醒自己的 8 個最重要的重點。大家可以把這一篇當成複習，好好地運用。

POINT 1：確實做到睡眠、運動、晨間散步

幸福人生的必備條件，當然非「健康」莫屬。為此，我希望大家都能記住一個口號，就是「睡眠、運動、晨間散步」。

「睡眠」指的是擺脫睡眠不足（睡不到 6 小時）的狀態，確保擁有 7 小時以上的優質睡眠。「運動」指的每週進行數次，每次 45 分鐘以上會流汗的中強度運動。也有研究顯示，每天健走 25 分鐘能延長 7 年的壽命。最後，「晨間散步」指的是早上起床之後的 1 小時內，在陽光下散步 5～15 分鐘（可以通勤代替）。

POINT 2：反覆輸入和輸出

日本人的讀解能力一向被認為不是很好。難得看完一本書，但是如果看不懂，一樣沒有意義。想要提升讀解能力，可以先養成看書的習慣，對於鍛鍊自我覺察力和解決問題的能力絕對會有幫助。

只不過，光是把書裡的內容輸入到大腦，並無法鍛鍊大腦。記得還要做到輸出，也就是把看完書之後的想法跟人分享，或是寫下來。這麼一來記憶才會深刻，書裡的內容才會變成自己的一部分。

POINT 3：建立聯繫

日本的單身人口有逐年增加的趨勢。根據日本總務省 2020 年的調查，40～49 歲的男性未婚率已經來到 26.6%，女性也有 17.8%。可以肯定的是，和他人之間的聯繫愈來愈淡薄的「孤獨人口」，今後想必只會愈來愈多。就有研究顯示，孤獨的人平均比一般人的壽命短少 5 歲。

因為新冠肺炎疫情的緣故，長達3年多的時間人們的行動受到限制，聚餐、跟人見面的機會也大幅減少了。選擇遠距工作的人、不到公司上班的人也愈來愈多，「不跟人碰面」成了常態。在這樣的時代中，我認為重新建立「聯繫」和「溝通」非常重要。

若是不找機會多跟人面對面相處，刻意增加溝通，就算朋友或是同事在心理方面生病了，自己也很有可能察覺不到。

跟人面對面開心聊天，就能刺激「幸福物質」催產素的分泌。催產素是一種跟放鬆有關的荷爾蒙，具有提升免疫力、預防心臟病的效果。換言之，跟人建立良好的溝通，除了開心以外，對健康也會有正面的影響。

POINT 4：宣洩壓力

有煩惱或是擔心的事情，就找人聊聊，好好地「宣洩壓力」吧。如果說是討論商量，感覺比較難跨出第一步，可能也有很多人會說「我沒有人可以商量」。既然如此，就用比較輕鬆的方式找人閒聊，順便宣洩一下情緒。趁著擔心還不嚴重的時候適度地宣洩、排解，就不會給自己造成多餘的壓力。

如果找不到人可以傾吐，記得自己要先展現出「願意傾聽」的態度，這一點很重要。可以互相傾聽、宣洩壓力，成為彼此療癒的對象。

職場上的閒聊也很重要。當工作發生狀況時，可以在問題尚未嚴重之前，藉由閒聊來請教對方解決的辦法。或者是透過喝酒聚餐的場合，用開玩笑或是說蠢話的方式來宣洩壓力。

沉默不會讓你交到朋友或是找到情人，你必須主動丟出溝通的球給對方接，鼓起勇氣積極地行動才行。

POINT 5：培養自制力

手機、電玩、利用串流媒體收看動畫和戲劇，這可以說是現代人的三大娛樂。可是一個不注意，這些很可能就會變成「偷走時間的小偷」。以電玩來說，如果事先規定自己「一天只能玩2小時」之類的，倒也無妨。但是如果玩得太入迷，影響到睡眠時間，不僅對健康不是一件好事，還有

可能陷入成癮當中。

今後的時代 AI 會更加進化，電玩和戲劇也會比現在更有趣、更吸引人。相對地成癮的風險也會更高。

因此，自制力就變得相當重要。也就是能夠控制「還想繼續」的念頭，在適當的時候停下來的勇氣。

順帶一提，有研究指出坐著不動 1 個小時，壽命會縮短 22 分鐘。這麼說來，一直坐著不動好幾個小時打電玩或是追劇，對健康果然不是一件好事。

POINT 6：勇敢採取行動

隨著 ChatGPT 的問世，時代已經從遇到不懂的事情就上網 Google 找答案，漸漸變成上 ChatGPT 問 AI 了。遇到問題的時候，透過 AI 快速就能得到「解決辦法」，只要照著辦法去做，一步步解決問題就行了。這樣的人不僅能快速達到自我成長，在工作上也可能獲得很大的進步。

另一方面，遇到問題既不會問 AI，也不會向人請教的人，只會停留在原地不會進步。在今後的時代，沒辦法採取行動的人，恐怕會過得非常辛苦。在公司可能會失去存在的價值，最後丟了工作也說不定。

「能夠馬上採取行動的人」和「遲遲無法採取行動的人」之間，今後可能會出現意想不到的差距。在這樣的時代下，「採取行動的勇氣」自然就變成更加重要。

POINT 7：時時懷著好奇心

「能夠馬上採取行動的人」和「遲遲無法採取行動的人」，究竟有什麼差異呢？「能夠馬上採取行動的人」對於踏出舒適圈，從來都是毫不猶豫。也就是說，他們對於挑戰新事物、認識新朋友、培養新的興趣和娛樂、嘗試新開的餐廳等，一向都是抱著積極的態度。這種行動力強的人，肯定也都有著一顆旺盛的好奇心。

人類有、可是 AI 沒有的東西，就是好奇心。好奇心旺盛的人，體內神經傳導物質乙醯膽鹼的分泌也會特別旺盛，而乙醯膽鹼就是靈感和創造

力的來源。人類要跟 AI 有所差異所需要的必備能力，就是創造力。

這種從無到有的創造力，一切就來自於好奇心。對事物充滿好奇心，覺得有趣就立刻付諸行動，這樣的人，才能活躍在接下來的 AI 時代中。

POINT 8：不忘親切與感恩

即便科技再怎麼進步，生活在這個世界上的依舊是貨真價實、活生生的人類。每個人都希望可以透過與他人的聯繫來獲得快樂和幸福，為此，最重要的是要對家人和朋友，對職場上一起打拚的夥伴，抱持親切的態度和同理心，以及感恩的心情。

待人和善親切，自己跟對方都能獲得「幸福物質」催產素的分泌。對人抱持感恩的心情，可以為自己和對方帶來強烈的「快樂物質」腦內啡。透過這種親切和感恩的互相往來，人與人之間就能為彼此帶來療癒，共同幸福快樂地生存下去。

> **結語── 對於 10 年後、20 年後，只有充滿期待的心情**

感謝各位能讀到最後。

這本書的內容如果能改變各位的人生，為你帶來值得期待的未來，對身為作者的我來說，沒有比這更開心的事了。

在這本書的最後，我想跟大家聊聊我心目中的未來。

我經常在訪問中被問到「10 年後的目標是什麼？」。

如果先從結論來說，我「沒有」10 年後的目標。更正確的說法應該是，設定 10 年後的目標「毫無意義」。

很多自我啟發書都會告訴你要「設定長期目標」，或是「設定 10 年後的目標」。決定好 10 年後的目標之後，再把它切分成 10 等分，成為「1 年後的目標」。接著再進一步分成 12 等分，當作「1 個月後的目標」。用這種方式把目標細分化，再一步步去達成，就能成功達成 10 年後的目標。只不過，用這種方法成功達成 10 年後目標的人，究竟有多少呢？

10 年後的日本，甚至是全世界會變成什麼樣子，完全無法想像。也許未來會變得像科幻電影描寫的一樣，「飛行計程車」在空中飛翔，搭載 AI 的機器人代替人類從事工作。又或者，也許世界會因為戰爭和糧食不足，像《瘋狂麥斯》系列電影那樣，變成一片荒廢的反烏托邦（跟烏托邦相反的暗黑世界）。

在世界千變萬化的過程中，就算給自己設定「10 年後我要晉升到部長的位置」的目標，恐怕也沒有什麼意義。因為一方面根本不知道 10 年後公司是否還存在，而且說不定上班族這種工作方式早就已經消失了。

與其設定目標，更重要的是擁有願景

這麼說來的話，重要的應該不是目標，而是「願景」才對。我雖然沒

有長期目標，可是我對於未來有著明確的願景，就是「透過資訊傳遞，達到精神疾病的預防」。

具體來說，「我希望可以透過出版和SNS，為降低日本的憂鬱症和自殺人口付出努力」。

所謂願景，指的是「方向」，自己應該朝哪裡前進，將來想變成怎樣，想做什麼事。而目標指的則是方向×距離，換言之，目標所呈現的是像用具體的數字來表現的終點。

我就以發行超過5億冊，堪稱日本國民漫畫的《航海王》為例子來說明吧。「草帽海賊團」的船長魯夫，他的願景是「成為海賊王」。這個願景讓其他夥伴因為感到認同，覺得「好像很有趣」、「想跟他一起實現」，於是陸續加入他的行列。

另一方面，魯夫的目標是「得到大祕寶」。然而，若是強調這個目標，聽起來就會顯得過於現實和功利，無法得到他人的認同，大家可能會覺得「隨便你，愛做就去做」。

願景具有強烈的他者貢獻、社會貢獻的意涵，而目標聽起來則有現實、功利的意味。人都容易對「夢想」和「理想」產生共鳴，所以如果想要借助他人的協助來實現夢想，手上高舉的應該是願景的大旗，而不是目標。

我的未來方向

一直到將近20年前的2004年為止，我都還是個平凡的醫院醫生，日復一日地替精神病患看診。我也見過很多因為企圖自殺而住進醫院的病患，就算這個患者3個月後好不容易可以出院回家，隔天又有別的患者因為自殺未遂被送進來……這一切讓我開始思考，「除非減少精神疾病的患者，否則這種無窮迴圈永遠沒有停止的一天。」疾病的治療當然很重要，可是我發現減少生病的人，也就是「預防」，其實更重要。

可是，當時幾乎沒有醫生提倡「精神疾病的預防」。上網搜尋「憂鬱症的預防」或是「失智症的預防」，也幾乎找不到任何完整的資訊。既然

如此，只有我自己來做了。

我早在 1998 年就已經架設了個人網站，因為我相信「接下來一定是網路的時代」。我心想，只要我在網路上提供精神疾病的相關知識和資訊，對於疾病的治療和預防，特別是預防，肯定會有幫助。於是，我在 2004 年創立了電子報，接著 2011 年成立推特帳號，2012 年加入臉書，2014 年成立個人 YouTube 頻道。到現在為止，這些全部加起來的粉絲追蹤人數已經超過 90 萬人了。

也就是說，我花了 20 年的時間，透過各種媒體和 SNS，不停地向大眾傳遞有利於預防精神疾病的相關資訊。

每當被問到「接下來的 10 年打算做什麼？」「你的目標是什麼？」，我的回答永遠都只有一個：「跟現在一樣，繼續傳遞有利於預防精神疾病和自殺的相關知識和資訊。」

以「全部戰略」創造無限可能

關於傳遞資訊，我非常重視「全部戰略」（詳細請見「17 從現在開始，提升危機應變能力」）。而且不只是傳遞資訊，這也是我面對工作和玩樂時，最強、最有用的戰略。

「全部戰略」指的是在有限的時間內「把能做的努力一一付諸行動」。這樣的結果不僅能獲得自我成長，也能得到最好的成果。

洛杉磯天使隊的大谷翔平、七冠棋士藤井聰太等各個領域的頂尖人物，每個都是「盡自己最大的努力善盡其事」的實踐家。

「全部戰略」當中的方法之一──將媒體和 SNS 的力量發揮到極致──非常重要。部落格、電子報、推特、臉書、YouTube、Instagram，以及製作短影片的 TikTok，透過這些媒介發送情報，才有辦法把資訊傳遞給所有人。

最近我也開始注意到時下最流行的 ChatGPT。在接下來的 10 年當中，世界肯定會進入 AI 的時代。「如何透過 AI 來減少精神疾病」也成了我最新的課題。除此之外，我也想嘗試或是提供專業知識來研發精神疾病和排

解壓力相關的應用程式、工具和服務等。

最重要的是「精神疾病的預防」，只要能達到這個目標，任何事情我都願意去嘗試。我夢想有一天可以透過使用 AI 等最新科技，及早發現「精神疾病和自殺的徵兆」，達到預防的目的。在我有生之年，也就是接下來的數十年之內，這個夢想的實現一點也不奇怪。

充滿無限可能的時代的生存法則

大流行病、人口暴增、糧食危機、國際糾紛與戰爭、大規模的自然災害……對於現今這個時代的我們來說，未來充滿著無限的不安。很多人會悲觀看待這樣的狀況，但是我卻相反。

AI、機器人、先進醫療、太空技術等，同樣也都發生在這個時代。對人類有幫助的科技，正以 10 倍的速度快速進步中。一想到接下來的 10 年、20 年後會是什麼樣子，我就興奮不已。

我雖然沒有辦法成為這些科技的研發者為世界付出貢獻，但是，若是將我 35 年來身為精神科醫生所累積下來的經驗，或者是在 YouTube 上回答超過 5000 則問題的實績等結合最新技術，應該會產生非常驚人的相乘效果。也許不再需要我一一回答每個問題，取而代之地「樺澤 AI 機器人」就能解決每個人心裡的煩惱。

我想大聲告訴我們的下一代，以及跟我同世代的人：「未來肯定是讓人充滿期待和興奮的時代！」

我也決定要抱著這樣的未來夢想，借助不斷日新月異的科技力量，充滿期待地打造「每天開心」的生活。

各位也一樣，請務必借助這本書的內容，為自己開拓充滿期待和興奮的未來。

10年後，說不定人人的家裡都有一個可以解答所有煩惱的「樺澤AI機器人」！

最近感覺有點累，做什麼事都提不起勁……

那就跟我一起去晨間散步，接觸一下陽光吧！

擁抱健康幸福人生，
精神科醫師建議的
理想生活指南圖鑑

精神科医がすすめる　これからの生き方図鑑

擁抱健康幸福人生,精神科醫師建議的理想生活指南圖鑑 / 樺澤紫苑作 ; 賴郁婷譯. -- 初版. -- 臺北市 : 春天出版國際文化有限公司, 2024.12
　面；　公分. -- (Better ; 41)
譯自 : 精神科医がすすめる これからの生き方図鑑
ISBN 978-957-741-963-7(平裝)

1.CST: 自我實現 2.CST: 生活指導

177.2　　　　　　　　　　　113014902

Better 41

作　　　者	◎樺澤紫苑	總 經 銷	◎楨德圖書事業有限公司
譯　　　者	◎賴郁婷	地　　址	◎新北市新店區中興路2段196號8樓
總 編 輯	◎莊宜勳	電　　話	◎02-8919-3186
主　　編	◎鍾靈	傳　　真	◎02-8914-5524
出 版 者	◎春天出版國際文化有限公司	香港總代理	◎一代匯集
地　　址	◎台北市大安區忠孝東路4段303號4樓之1	地　　址	◎九龍旺角塘尾道64號 龍駒企業大廈10 B&D室
電　　話	◎02-7733-4070	電　　話	◎852-2783-8102
傳　　真	◎02-7733-4069	傳　　真	◎852-2396-0050
E－mail	◎frank.spring@msa.hinet.net		
網　　址	◎http://www.bookspring.com.tw		
部 落 格	◎http://blog.pixnet.net/bookspring		
郵政帳號	◎19705538		
戶　　名	◎春天出版國際文化有限公司	版權所有・翻印必究	
法律顧問	◎蕭顯忠律師事務所	本書如有缺頁破損，敬請寄回更換，謝謝。	
出版日期	◎二○二四年十二月初版	ISBN 978-957-741-963-7	
定　　價	◎480元		

≪SEISHINKAI GA SUSUMERU KOREKARA NO IKIKATA ZUKAN≫
© SHION KABASAWA, 2023
All rights reserved.
Original Japanese edition published by Kobunsha Co., Ltd.
Traditional Chinese translation rights arranged with Kobunsha Co., Ltd.
through AMANN CO., LTD.